MINERVA福祉ブックス
1

ライフレヴュー入門

治療的な聴き手となるために

バーバラ・K・ハイト／バレット・S・ハイト
[著]

野村豊子
[監訳]

SOCIAL WELFARE

ミネルヴァ書房

The Handbook of Structured Life Review
by
Barbara K. Haight, Dr. P. H. & Barrett S. Haight, J. D.
Copyright ©2007 by Health Professions Press, Inc.
All rights reserved.
Japanese Translation rights arranged with Health Professions Press, Inc. in Maryland through The Asano Agency, Inc. in Tokyo.

日本語版への序文

　私は，本書日本語版への序文を書くことができることを，本当にうれしく思います。本書は，30年間の回想法とライフレヴューについて行った研究と実践の集大成をもとにしています。この手引きは実践のための基本的で詳細なマニュアルで，構造的ライフレヴューを読者が実践するために，一歩ずつ理解できるよう書かれています。構造的ライフレヴューの介入はエリクソンの人間の発達段階に対する理論に基づいています。聴き手は，語り手の発達段階に沿い，語り手に対してはじめから現在に向かって，人生を想起するよう促します。この書物は，読者の方々がライフレヴューを導く際に明確な指針となるよう説明しています。

　加えて，付録にあるライフレヴューフォームは1週間毎の聴き手が聞く質問群を示し，読者がライフレヴューを行うためのガイドとして提供されています。

　第Ⅰ部では構造的ライフレヴューの独自の特徴が述べられており，この方法がもっている多様な特質が具体的に描かれています。

　また，構造的ライフレヴューと他の回想法の比較も行っています。実際のライフレヴューに示されている物語はライフレヴューの過程における留意点と詳細を明らかにし，よりいっそう読者の方々が理論と実践を捉えられるように努めています。

　本書はライフレヴューの参加者についてもふれています。まずはじめに，治療的聴き手，それはあなたご自身ですが，その人がライフレヴューを導く人として述べられています。インタビューの技術とカウンセリングの技術を示し，ライフレヴューの実際の過程がわかるように現実の物語と実践例を取り入れています。

　さらに語り手については，人にはみな違いがあるように，個々の語り手には多くの違いがあり，語り手の回想のタイプに沿った実践の方法を示しています。例えば，物語の語り手，消極的な語り手，他者に自分の思いを分かち合わな

った人もいます。手引きでは，これらの異なったタイプの語り手が治療的なライフレヴューに楽しんで参加できるよう書かれています。

　第Ⅱ部では，実際のライフレヴューの導き方に焦点を当てています。はじめの出会いの後の関わりをしっかりと継続するための基本的な条件として，例えば，次回の訪問への許可をとることや，静かで明るいプライバシーの保たれる環境の提供が大切です。治療的な聴き手として，活動される人は，語り手の聴覚・視覚そして認知力の通常の能力を査定します。これらの内容は初回の訪問で行われます。第Ⅱ部は，ライフレヴューのプロセスの各回の方法に沿って展開します。そして，毎回の訪問時の手引きとしてライフレヴューを導く方法の理解を読者ができるように図っています。

　本書は第Ⅲ部でライフレヴューのさまざまな応用について述べています。ライフレヴューは認知機能に障害がある人，抑うつ感の高い人，また，独居の人や，かけがえのない方を失った人など多くの人に意義があるといわれてきました。加えて，付録部分はこの方法を支える理論研究から役に立つツールと資料を加えています。全体としてこの本は，ライフレヴューを実施することを望む対人援助専門職の人，とりわけ，高齢者への支援に関わる人に対して書かれています。

　この介入方法の研究のいくつかは，日本で行われました。日本での野村豊子氏と私の研究活動は1999年から2000年度のアメリカの科学振興助成金をもとに行われました。この研究助成では日本から協力してくださる研究者が必要であり，故高橋智氏の協力が得られました。高橋氏はアルツハイマー認知症の人と，家族の治療に関わる神経内科医でした。

　日本での私たちの研究は，アルツハイマー認知症の人とケアをする家族の一人ひとりに対して，また，認知症の人の認知機能の変化に合わせ，ライフレヴューの過程を変えて応用しました。私たちは認知症の人がそのライフレヴューの作業に，より参加していただけるようライフストーリーブックを作ることにしました。ライフストーリーブックは認知症の人自身が主人公で，聴き手と共同の作業を通して作成されました。将来的に自分たちの作った冊子を読み直す機会は，認知症の人と介護する家族にとり，幸せに満ちた特別な出来事を再び

日本語版への序文

思い出すことにつながるかもしれません。ライフストーリーブックは，とりわけ進行する病を患っている方の助けとなります。それは，アルツハイマー認知症の人自身がどのような人であり，何を成し遂げ，どこで暮らしていたかを思い出させてくれるものです。ライフストーリーブックは実在する個人に根ざし，その人をよく知るためにかけがえのないものです。また，ストーリーブックは人生の物語を語ってくださった認知症の人とケアするご家族への感謝でもあります。

何度も繰り返しますが，この本が日本語に訳されることはとてもうれしいことです。この手引きが英語圏の家族に役に立ってきたように，日本の家族にも役に立ってほしいと思います。日本での共同研究の成果を通し，このライフレヴュー過程が役に立つことを確信しています。語り手とご家族は安らかな思いと達成感をライフレヴュー過程に参加された後，感じられたと話されています。この書が翻訳されることで意義や技法を分かち合い，私たちが体験したような成果をもとにライフレヴューを応用する手助けとなることを望んでおります。

おわりに，野村豊子，長坂剛夫，青井夕貴，野村彩のみなさんのたゆまぬご協力により，日本の方たちにこの本をお届けできることに心から感謝申し上げます。

バーバラ・K・ハイト
バレット・S・ハイト

巻　頭　言

　バーバラ・ハイト，バレット・ハイトが私たちに紹介したかけがえのない実践の手引書には，人生を見つめ，人々が過去と現在を受け止め，将来へ挑戦することを助けるための役に立つ方法が示されています。彼らはこの構造的ライフレヴューというツールをエリクソンのよく知られている理論的枠組みに関連づけています。この枠組みは我々が成し遂げる必要のある，また形を変え多様な年齢と人生の段階において，直面する発達的課題を示唆しています。もしも，達成できるとするならば，平安をもたらし，自己を受容することに到達し，あるいはエリクソンが述べているとおり絶望ではなく統合へと結び付くでしょう。

　手引書は，明確に，かつ十分に，この順序立てたアプローチについて示しています。そして，ライフレヴューを個人が行う時に役に立つ多様な方法を与えてくれます。また，対人援助専門職が広範に用いることを可能にしています。本書には，実践上の英知が豊かに述べられており，深い示唆と研究成果および臨床実践からの提示が込められていて，それらは長い年月にわたり蓄積された広汎な経験をもとにしています。

　バーバラはこの方法を大学院の学生の時に始めました。そして，何十年もの長い間継続しています。彼女は国内の多くの地域や場で，また国際的にも多くの異なる国々で，専門職の同僚たちとともにこの素晴らしい領域を推進してきました。サウスカロライナ医科大学の看護学部の院生や諸地域の専門職，また，北アメリカ，日本そしてイギリスの国際的な研究者がバーバラから学び，彼らは，バーバラの同僚でもあり，親しい得難い友人でもあります。現在，バーバラは退職し，彼女の夫とともに，実証的な研究を基盤とした直接的な実践を提示することに努めています。

　わかりやすい言葉で書かれたこの手引書は，構造的ライフレヴューを行ううえで，実用的なツールになるでしょうし，またインタビューの方法としても活用できます。それは個人が長い人生の旅路を振り返り，受け止めることを助け，過去から現在へと旅し，旅をすることによってその先に何があっても向かい合

巻頭言

う勇気を培うことにつながります。この手引書は，どのように用いるかをていねいに示し，融通を効かせながら，人々が構造的な方法を活用することを助けてくれます。とりわけ高齢者にとって，過去を振り返りその経験を裏づけし，記憶の中にあるさまざまの受け止めてきた経験を学ぶことにより，豊かな繁栄へと展開します。

　ライフレヴューのそれぞれの段階は，ライフレヴューインタビューの蓄積された記録方法により，とても豊かになります。積極的に読み進めることにより，この書全体の理解度を高めます。明確な実践例は著書の至る所に含まれ，特定の段階の全体像を描き，発達課題と結び付くようになっています。初回から最終回のインタビューに至る，全体のプロセスは，予測し評価することを積み重ね，ていねいに探索されていきます。

　かんたんなアプローチのように見えながら，これはどのように行ったらよいかというガイドラインだけのものではありません。幅広い専門職と準専門職の人たちが，同じようにこのわかりやすい手引きを受け入れてくださるでしょう。そしてこの手引きは，実証に基づき効果的であり，人が自分の人生を語り，振り返り，評価することを促す意味のある方法です。語り手はもちろんのこと，物語の聴き手にとってもこのプロセスから得ることが豊富にあります。

　構造的ライフレヴューは人を中心とした暮らしの質を高め，あまり費用をかけずに手に入れることのできる方法です。治療的でもあります。とりわけ，自立して暮らすことが難しくなった方や人生の大きな変化に直面している方に適切です。それと同時に高齢者にも若い人にもすべての人に意味があるでしょうし，その健康状態の相違やどこに住んでいるかを問わず，意味があります。加えて，死という人生の普遍的な課題と避けがたく直面している方にとっては大きな意味をもつものと考えられます。

ウルスター大学社会福祉学部名誉教授
北アイルランド
フェイス・ギブソン

用語の使い方

訪　問
　アメリカでは，施設のスタッフであっても，入居者のお部屋を個別に訪ねることを訪問（visit）と呼びます。

リビングルーム
　アメリカのケア付き老人ホームやナーシングホームなどの施設では，文字どおり職場が入居者の皆さんの「ホーム」ですので，スタッフはみな入居者の「リビングルーム」の中にいるゲストという意識をもつように研修を受けます。

回想法
　回想とは，人生の折々の経験や出来事がごく自然に思い出される心理的過程のことであり，回想法はバトラー（Butler, R. N.）が1960年代初めにライフレヴューとともに提示した概念で，それまで否定的に捉えられてきた高齢者の過去への回想の価値を見直したものです。主な方法には2つあり，ひとつは個人回想法です。これは一対一で行い，通常，面接のセッションを系統的に継続して行う場合が多いですが，日常的ケアの場で，意図的に回想法を活用してケアに活かすことも重要だといえます。もうひとつは，グループの力を活かす方法と回想法を相乗させるグループ回想法です。認知症高齢者の回想法の効果としては，情動機能の回復・意欲の向上など多数の効果があげられています。さらに回想法は，介護職員や家族にとっても効果があることが示されています。

ライフレヴュー
　回想の中で，自分なりにゴールに向けて記憶を編集し，一定の調和の取れた総合体へと組み直していくことに重きがおかれているもの。また，人生の「評価」を中心に行うものであり，大きな葛藤が人生にあるならば，人生の出来事を再統合していくことをよき聴き手とともに歩むことが効果的です。

「エリクソンの発達段階」の日本語訳について

本書内で使用するエリクソンの発達段階の日本語表記と，原著者が使用する発達段階の日本語表記の対応を表1に示します。

表1　エリクソンとハイトの発達段階の対応

課題と危機	発達段階	
	ハイト	エリクソン
1）基本的信頼　対　不信	乳児期	乳児期
2）自律性　　　対　恥・疑惑	幼児期	幼児前期
3）積極性　　　対　罪悪感	児童期	幼児後期
4）勤勉性　　　対　劣等感	青年前期（思春期）	児童期
5）同一性　　　対　役割拡散	青年後期	青年期
6）親密性　　　対　孤立	成人初期	成人初期
7）普遍性　　　対　停滞	中年期	中年期
8）自我統合性　対　絶望	老年期	老年期

注：1）エリクソンの発達段階と比較するため，監訳者が作成した。エリクソンの発達段階については，藤永保監修（2013）『最新　心理学事典』平凡社，625頁に倣った。
　　2）本書内の発達段階の表記は，基本的にハイトのものを使用する。

序　文

　　ライフレヴューはごく自然に起きる普遍的な精神的過程であり，過去の体験や未解決の葛藤を意識へと徐々に蘇らせるものである。

ロバート・N・バトラー

　多くの研究により，特に高齢者にとって，構造的に人生を回想することは役に立ち，また治療的であることが明らかになってきています。本書は，良き治療的な聴き手がどのように構造的ライフレヴュー過程を行えばよいか，その手引きとなるものです。ライフレヴューはさまざまな方（語り手）が自身のこれまでの人生を振り返り，向かい合うことを支えてくれます。

　本書は構造的ライフレヴューの実践方法と治療的聴き手のあり方をわかりやすく解説します。ライフレヴューとは回想することのひとつの形で，回想することは人間として自然な行為です。私たち皆が身近に行っています。話の長さは人によって異なりますが，楽しかったことや辛かったことなど自分自身のこれまでの歩みを人に語るといったように行っています。専門的な見方からライフレヴューの意義が認められています。構造的ライフレヴューがもたらす効果は多様です。例えば，自身の過去と向かい合ったり，許しを受け入れることができたり，憂うつな症状の緩和，友人や家族との再会，人生に対する満足度を高めたり，自尊心の向上などがあげられます。

　これらの効果は，殊に高齢者の方にみられますが，戦争や惨事，また人生の分岐点になるような出来事（家族の死，長期的な入院，ホスピス，離婚，老人ホームへの入居，解雇，退職の予定など）を体験された方にも期待できます。この包括的な手引書は，保健・医療・福祉に携わる専門家や高齢者ケアに関心のある多くの人たちに構造的ライフレヴューの実践方法を示しています。ライフレヴューの良き聴き手の方法を学ぶために，その手引きとして活用していただければ幸いです。

序　文

この手引書の概要

　この手引書はライフレヴューの流れの背景に始まり，3つの部に分かれ，推薦図書，参考文献，付録，索引と続きます。3つの部は構造的ライフレヴュー過程の準備，応用，実施に焦点を当てます。
　第Ⅰ部は以下の項目を含みます。
・構造的ライフレヴュー過程の背景
・構造的ライフレヴューの基礎
・カウンセリングスキルと面接技術
・巻末付録Bにある構造的ライフレヴュー記録様式の使用
・治療的聴き手と語り手の役割

　第Ⅱ部の構造的ライフレヴューの実践においては，第Ⅰ部で紹介したものを8週間過程のライフレヴューに応用します。第Ⅱ部の各章は構造的ライフレヴューの1回の訪問にあたります。各章の冒頭にて治療的聴き手のポイントを示しています。各章において以下のことをします。
・役に立つ面接技術と必要なカウンセリングスキルの応用
・エリクソンの発達モデル（人間の8段階）の枠組みの関連
・ライフレヴュー記録様式にある重要な質問を焦点化
・あなたがこれから出会う，いろいろな語り手のタイプの細かな情報の提供

　訪問に適した間隔は，1週間に1時間です。状況によって，期間の長さや各週の訪問回数を調整しましょう。第Ⅱ部では，実際のライフレヴューからの例や抜粋も載せています。各章はライフレヴュー記録様式にある推奨の質問も記載し，その語り手の人生においてすべての主要な段階を振り返るように工夫しています。

　第Ⅲ部は構造的ライフレヴューの目的と結果で，さまざまな対象に合わせてライフレヴューの多様な応用と目的を紹介し，このガイドブックを締めくくります。推薦図書は構造的ライフレヴュー過程の理解の深化やこれからの研究のために活用できるよう背景的情報源として載せています。

治療的聴き手とは

　どのような人が良き治療的聴き手となり得るか？　答えは誰でもです。構造的ライフレヴューを進めることができるのは，ある程度の教育経験，この手引

書を読み，実践することができる勤勉さと知性，そして思いやりと配慮ある聴き手に欠かせない技術を学ぶ力があれば，誰でもできます。概念的には，ライフレヴューはシンプルです。しかし，実践となると，複雑になってきます。治療的聴き手として，日頃から人の話をよく聴く習慣を身につけ，カウンセリングの基本を習得し，適切なライフレヴューの実践方法を学ぶことが必要です。構造的ライフレヴュー過程を効果的に進めるためにはさまざまな語り手に出会い，その人に適切な方法を判断しなければなりません。この入門書全体に目を通し，その次に実際のライフレヴューのセッションと合わせて，適切な章を振り返ることをお勧めします。各章の概要は，その訪問セッションの事前準備と訪問時にすべきことを的確に把握するために活用してください。

　読者のすべての方と申し上げてよいほど，皆さんは構造的ライフレヴューから学ぶことでしょう。本書を通して学びを豊かにしていただけたらと願います。最終章では特定の語り手の人々への方法とその意義や効果について述べます。ライフレヴューの過程は，語り手と聴き手の両者にとって楽しいものです。多くの人々にとり，治療的意味をもつ大切な実践であると考えます。皆さまのご健闘を期待しております。

背　　景

> 高齢者は休むことなく過去を話し続ける。それは，彼らが回想することを楽しんでいるからだ。
>
> アリストテレス

　構造的ライフレヴューの過程は回想のひとつのタイプです。それは，老人ホームで生まれ，研究によって検証されてきたものです。1970年代以来，1000人以上の高齢者が構造的ライフレヴューの開発に関わってくれました。加えて別の高齢者は，学生たちが高齢者とどのようにコミュニケーションを学ぶか，ということに参加している折に構造的ライフレヴューを体験しました。年月を重ね，構造的ライフレヴューの過程は，ほとんどの参加者に対して好ましい数限りない成果を生み出し，そのプロセス自体を分かち合うことが喜ばれています。まず，実際にあったことから話しましょう。

開始：マージョリーの物語

　ライフレヴューの過程は，マージョリーという名前の女性との出会いのあった1977年に始まりました。ひとりの訪問看護師が，マージョリーを訪れ302-Dの扉をノックしました。ノックに応え，とてもか弱い声が聞こえてきました。「お入りください」。看護師が中に入ると，汚れたしわだらけの洋服を着た女性が寝室から出てきて，サポートのための歩行（補助）器に寄りかかっていました。午後3時でしたが，彼女は寝間着を着て，髪の毛はぼさぼさでした。歩く時には両腕と両足は震えが止まらず，がたがたと鳴っていました。彼女の爪はとても長く伸び，後ろにそっているぐらいでした。彼女は靴を履いておらず，住んでいる環境と全く関わりをもたず，まるで霧の中にいるように見えました。看護師が部屋に入ると，マージョリーは座り，煙草を吸い始めました。

　看護師は椅子に座り，自己紹介し，はじめて訪問した者にドアを開けることが，どれほど戸惑うことかと気遣い，また，休んでいるときにお邪魔したことを申し訳ないと伝えました。その時マージョリーは混乱し，認知力が限られて

いて，すぐには答えることができない状況でした。看護師がこの様子を理解しようとしていると，マージョリーは飲み物についてたずねました。看護師が冷蔵庫を開けると，ソーダと煙草があるだけで中は空っぽでした。マージョリーがソーダを飲んでいる間に部屋を見回すと食べ物が何もないことがわかりました。マージョリーは，6年間アパートから出たことがないと話しました。そして，ソーダと煙草を雑貨屋さんに電話をし注文したとだけ，やっと思い出すことができました。

　マージョリーが適切な栄養を摂っていないのを見て，看護師はマージョリーが食事を翌日からできるように図りました。看護師は卵とパンを隣人から借り，マージョリーのためにその晩夕食を作りました。マージョリーはお腹を空かせていたので，それを食べ，翌日に再び看護師に会うことに同意しました。その日以来，看護師は1週間に2回訪問するようになりました。マージョリーは，だんだん混乱せず，話をはっきり伝え，いい加減な話はしないようになってきました。看護師は彼女から基本的な病歴を聞くことができましたが，マージョリーには自分自身の思いがあり，自分の方法で初めから話したいと望みました。そこで看護師は話を聞くことにしました。

　マージョリーは1920年代に生まれ，貧しいけれども，親しく愛すべき家族たちとの暮らしを楽しみました。彼女は5人きょうだいの3番目で，姉妹たちと遊んだ楽しい時を回想しました。彼女は自立することを学び，ゲームが好きで，物がなくとも楽しみを見つけることができました。学校が好きでしたが，家族を金銭的に助けねばならず，仕事をするために学校をやめました。彼女はウェイトレスとして3ドル75セントの収入を得ました。マージョリーが18歳の時ジェフに会い，彼女の両親は反対したのですが，ジェフと結婚しました。ジェフは，頼りにならない人でした。彼は第2次世界大戦で出兵するまでしばしば仕事を変えました。出兵して5年後，前とは異なる人として帰ってきました。頼りにならないのはそのままですが，暴力的で四六時中お酒を飲んでいました。

　ジェフとマージョリーの結婚生活は，マージョリーが腕と足と腰と背中のけがをし，病院で目覚めた朝に終わりました。彼女は伴侶の暴力の犠牲者でした。それ以来ジェフには再び会うことも考えませんでしたし，両親の家に戻ることもしませんでした。マージョリーはこのことを話し，涙を浮かべ，こんな状態になっていることを恥ずかしいと言いました。この日まで，彼女は暴力にまつ

背景

わる話は恥ずかしいと思い，話すことなく過ごしてきました。しかし，思い出を語り，十分に涙を流した後，彼女の行動は変わり始めました。周囲のことに関心をもち始めました。精神状態がはっきりし，毎日の行動が生き生きとして若くなったように見えました。それ以来彼女は看護師と会話もできるようになり，相互に交流もできるようになりました。

看護師はマージョリーとの間で，何かが変わってきたと感じました。大学院の彼女の指導教授のコンサルテーションを受け，看護師はライフレヴューの概念を学び，図書館でロバート・バトラー（Butler, R. 1963）博士の素晴らしい論文を見つけました。その論文には，人生を振り返る高齢者の傾向はごく自然なものだと示されていました。彼女はマージョリーがライフレヴューを始めていることに気が付きました。そのライフレヴューは，彼女の2番目の結婚について話し始めるまで，何回もの訪問でずっと続きました。

マージョリーは，彼女の両親の家で少し休んでいる間に，初めの夫の暴力の思い出を癒し始めていました。まもなく彼女は家族の友人であるテリーに会いました。彼女は彼と，ジェフと法律的に離婚が成立した時に再婚しました。この再婚は貧しかったけれども幸せでした。彼女が病気になるある晩まで幸せは続きました。マージョリーは苦痛と薬剤の副作用で今のような体つきになってしまったことを悔しそうに話しました。家から，200マイルも離れたところに入院することになり，彼女を見舞うためにテリーはバスに200マイルも乗ってきました。そしてバスの停留所で眠り，次の日彼女を見舞い，また家に帰るために200マイルバスに乗りました。彼は毎週週末にこの旅をしました。彼女の病の思い出は，テリーが何と言ってくれたかが多く語られ，病気の話は霞がかかっています。はっきりとは覚えていないのですが，テリーが面会に来てくれたことは覚えています。

彼女は病院から退院しましたが，障害をもってしまいました。彼女はテリーの家に戻り，テリーは彼女自身が外の人と話せる唯一の人であり，介護者でもありました。彼女は，閉じこもり気味で，テリーにすべてのことで依存していましたが，幸せでした。彼らは一緒にラジオを聴き，野球を楽しみました。また，一緒に料理をし，その時には彼女は車椅子でテリーと料理をしました。彼らは，車を持たず，また運転をどのようにするかわからなかったので，アパートから離れることはありませんでした。テリーは雑貨屋に歩いていき，あるい

は何か買い物が必要ならば，バスを使いました。この愛の物語はテリーが1976年に亡くなるまで数年間続きました。

　看護師の次の訪問までの間，マージョリーはテリーの病と死の物語を話しました。テリーは舌癌でしたが，彼はけっしてマージョリーに告げませんでした。彼は不治の病になったことを怒り，マージョリーが心配し愛しているということを拒否することでその怒りを表現しました。ある晩，風呂場で倒れ，彼は血を吐きました。彼は彼女に大きな声で救急車を呼ぶように叫び，傷痍軍人病院に入院しました。救急隊員が彼をストレッチャーに乗せている時に，彼は「どうしてこんなことを私にするんだ」と叱りつけました。マージョリーはそれ以来彼の声を聴くことも，彼に会うこともできませんでした。クリスマスの夜，病院からテリーが亡くなったことを告げられました。彼女は彼女の一生をかけた愛と，外の世界との唯一の繋がりであったテリーを失いました。次の月に，彼女はひとりで閉じこもり，昔の回想だけで暮らしました。そして看護師が彼女の家に来たのです。

　マージョリーが話を続け，看護師はその物語をていねいに聞き，答えていきました。マージョリーはなぜテリーが自分の病で彼女を責めるのか理解できませんでした。彼女は，テリーを愛してはいましたが，彼の言葉に傷つき，そしてその彼はもういません。マージョリーは，彼の最後の言葉を何回も繰り返し，看護師はそのテリーの最後の言葉をマージョリーが違った見方ができるように，見方を変えることが大切ではないかと気付きました。

　看護師は，次のようにマージョリーに示唆しました。「テリーは，病のために怒り，誰でもするように怒りをぶつけたのでしょう。彼は，彼の病があなたのせいだという必要はなかった」。その後，会話の中で看護師はマージョリーにエリザベス・キューブラー＝ロスの死の受容のプロセス（Ross, E. K. 1972）を紹介しました。マージョリーと看護師は，一緒に死に至るプロセスでの怒りについて読みました。マージョリーは，テリーの怒りを理解し始め，「どうしてこんなことを私にするんだ」という彼の叫びは，病への深い絶望感に根ざすものではないかという看護師の解釈を受け入れました。マージョリーは，彼の病のことを話し，最後の日のことを泣きながら毎回繰り返しました。彼の死による悲しみを繰り返し，彼女の涙は彼女の感じている苦しみを少し楽にしました。繰り返しは，マージョリーにとってカタルシスとなったのです。

背景

　マージョリーはゆっくりテリーの死にまつわる悲しみ，そして彼女がしたことに向かい合い，今後どうしたらよいか少しずつ明らかにしていきました。看護師は，雑貨屋にタクシーで行くことを勧めました。雑貨屋に行くと手軽な食べ物やテレビディナー（訳注：セットされた冷凍の調理済み食品）が売られていることに，マージョリーは驚きました。タクシーに乗るようになると，彼女は次には美容院に行き，足の病医にもいきました。マージョリーは少しずつ良くなると，高層アパートの他の入居者と関わりをもち始めました。受付のパートタイムの公募があり，マージョリーはその仕事につくことができました。そして彼女の一日一日が多くの人々によって満たされました。彼女は，他の入居者の暮らしを考え，彼らに何ができるかを考えました。マージョリーは，自分の後悔を克服し，新しい暮らしに至りました。

　マージョリーの長い物語は，看護師である私の見方からすれば，孤独な軽症の認知症の人に対してのライフレヴューの意義が示されています。マージョリーの場合，認知症の進行は栄養不足，罪悪感と抑うつ感と，そして人間関係からの疎遠さの重複から起きたものかもしれません。これらの要素は，私が訪問した時にわかりました。しかしながら，過去を活かしてもう一度生きなおそうとすることは，ライフレヴューの力によってより一層可能となりました。

　マージョリーとの関係から得られた理解を，マージョリー自身がごく自然に体験したと思われる構造的なプロセスへと発展させていきました。マージョリーの記憶は，生まれてから現在まで語られていましたので，人生の多様な体験を人間の発達段階に沿うように構造化することは，適切なのではないかと思いました。エリック・エリクソンの「人間の8つの発達段階」（Erikson, E. 1950）とマージョリーのごく自然な体験には共通点が多くありました。その類似性から，巻末付録Bにあるライフレヴューフォーム（LRF）が，構造化されたインタビューのプロセスに用いる質問として開発されました。成人の発達について述べている2つの論文（Gorney, J. 1968, Falk, J. 1969）に示されている質問から私はいくつかの質問を選び，新しい質問を加え，個々の人が人生の発達段階を過ごす時に共通のものとなるように修正を加えました。この構造化の理由は，人は多様であってもライフレヴューの体験はよく似ており，またライフレヴューの過程に異なった人が参加していてもその効果がはかれるように考えたからです。インタビューの展開とLRFの質問はこのようにテストされ，さ

まざまな人への研究プロジェクトとして用いられました。明確な成果として，これらの研究では構造化ライフレヴューの検証がされ，LRF は治療的な効果をもつこと，例えば抑うつ感を減少し，人生満足感を高め，自尊心を高め，その他にも多くの心理的な効果があることが検証されました。

　このようにエビデンスに基づく治療的な介入として効果が検証されましたので，他の人に用いていただけるよう本書を執筆しました。私たちはこの手引書を執筆し，知識を分かちあい，読者の方々に構造的ライフレヴューによる成果を蓄積していただけるよう望んでいます。

エリクソンのモデル
　マージョリーの過程はエリック・エリクソンの人間の 8 つの発達段階というモデルに適合しています。エリクソンは人生の発達段階を描き，最終の 8 つ目の段階を統合と絶望の対立として示しています。生きて今あるように自分自身の一生を受け入れなければならないとし，それは統合，英知，幸せに結びついていくと述べています。エリクソンは，もし人が生きてきた全体を受け入れることができないならば，絶望し希望を見失うことで人生を終えると述べています。エリクソンは，統合について「自分のあり方を受け入れ，今までのそうであったことをよしとし，他に変わるもののないかけがえのなさ」としています。

　エリクソンは，児童から青年期までを通して，はじめての心理社会的な発達モデルを提示したことで知られています（Erikson, E. 1950）。エリクソンの前には，発達心理学者は，児童の発達段階のみを示していました。それは，青年期を過ぎると発達は止まるという想定のもとでした。エリクソンはしかしながら，児童から高齢期までを人が階段を上るように成長して上昇するという見方で，8 つの発達段階を述べました。エリクソンの発達段階は，心理的課題に焦点を当てており，段階や年齢を厳密に特定しているわけではありません。そのことについて以下に述べていきます。

　エリクソンは，このような時系列的なシステムは成長のために欠かせないと提唱しています。彼は，個々人は次の段階に移行するためには，まず前の段階を成功裡に達成する必要があると述べています。ライフレヴューの過程は，人生の後半にきて過ぎ去った過去を解決し，早い段階での達成しなかった課題に向かい合うことを助けるという考え方に基づいています。エリクソンの時系列

的な導きを心に留めていると，各週ごとに異なった段階がライフレヴューの過程で見えてきます。

　以下は，エリクソンによって示されているそれぞれの人生の発達段階を示したものです。人の一生で，ある段階に失敗すると機能が障害を受けると述べ，それぞれの発達段階を十分に成功裡に完成していくことにより，健康な成人期を送ることができると述べています。構造的ライフレヴューの研究は，人はライフレヴューの間に以前の未達成の段階を振り返ることができると提示しており，自分自身の構造的なレヴューの間に失敗した段階を，再度見つめ，統合へとたどり着くこともできると示しています。

人生の8つの段階

　エリクソンのモデルのはじめの4つの段階は児童期です。そして残りの4つの段階は青年期・老年期のものです。ライフレヴューのセッションは，エリクソンの段階のひとつないしそれ以上のライフレヴューを応用しています。このように，各応用した章は，エリクソンのステージのひとつないし2つをどのように応用しているかを伝えており，それは各章に特定の訪問やセッションとして描かれています。

　① 基本的信頼 対 不信（乳児期）

　第1の段階で，乳児期に信頼することが始まります。幼児は，彼が何かをしたいと思った時に信頼を学びます。お腹が空いたことで泣き，食べ物を得ることができます。気持ちが悪いと示すと，おむつが交換されます。信頼は，通常親の適切なケアにより発達します。信頼の逆は不信です。ニーズが達成されないと，子どもは誰にも頼ることができません。その結果，がっかりして不信感を伸ばしてしまい，他の人を信頼することが難しくなります。この不信感は，一生続くかもれません。それは他者や出来事がそのニーズを満たしたり，信頼できない人が彼ら自身を変えるようになるまで続きます。

　② 自律性 対 恥・疑惑（幼児前期）

　2番目の発達段階の焦点は自律性であり，それは早い幼児期におきます。この段階では，児童はいくつかの選択肢のあることに向かい合います。もし選択肢が選ばれ，支援されると，その子どもは自尊心や自律心を発展させます。この自由な選択が拒否されると，子どもは自分自身を疑いはじめ，恥を感じ，自

信を見出せません。自律性を高めていない人は，自分自身の感情がどのようになっているか見分けるのが難しく，一生を通して自分の能力や行動に疑いをもちます。エリクソンによれば，自律性は幼児期に生まれ，人生が進展すると高められ，子どもが成長するにしたがって意欲が増していきます。

　③　積極性　対　罪悪感（幼児後期）

　積極性は，人生の3つ目の段階であり，児童が彼自身または彼女自身で適切な達成課題を成長させていき，そして，これらの課題を獲得できるようプランニングを行います。児童は成長し，他の人との関わりを望み，時には競争を通じて人から学びます。計画を立てることを十分に知っており，計画に責任をもち，その計画を遂行します。場合によっては，その計画は適切ではない場合もあり，失敗する時もあります。失敗によって児童は，罪悪感を感じることもあります。このように児童は，当たり前の成長として成果を理解したり，後退することも教えられます。児童は，責任について遊びを通して学びます。

　④　勤勉性　対　劣等感（児童期）

　学童期の児童はこの段階で，実行することの倫理と能力を発達させます。児童は生産的な状況に置かれます。ほとんど多くの児童にとって，学ぶ環境は学校です。他の児童たちにとっては，状況の中で仕事について学ぶことも含みます。これらの学童期の児童たちは，達成感を経験すると同時に，失望も体験します。もし，児童がこの時期に失敗を繰り返し，貧弱な達成しか得られないとすれば，彼らは自分の自尊心を低め，不適切感や劣等感を伴い，自己責任を見失います。このような時に，親や親戚やメンターの勇気づけが必要となります。

　⑤　同一性　対　役割拡散（青年期）

　児童期が最終の段階を迎え，子どもは青年期に入っていきます。成長する若者として，青年期の若者はどのように彼らが他者から見られているかに大きな注意を払います。他の人と同じようにあることが大切で，この段階の間に代表的な仲間に所属していることが大切です。所属は，自分のアイデンティティの発達を助け，グループにとっての自分の役割を試します。所属していなかったり，所属していると思えなかったりすることは，役割の混乱を招き，自己の同一性に対して疑問が湧いてきます。

　⑥　親密性　対　孤立（成人初期）

　6番目の段階は，成人初期です。成人初期は，アイデンティティを探し，他

者との関係の中でアイデンティティを確立していきます。成人初期の人たちは，自分の位置を確かめ，それに一生懸命関わることを準備するでしょうし，場合によっては，関わること自体が，時には妥協点を必要とする場合もあるのですが，関わること自体がとても重要となります。性的な欲求を満たすことは，この段階で起きてきますし，愛が生まれます。他者と関わることに失敗したり，あるいは難しかったりすることは，長い間その人が孤立する傾向へと結びつきます。孤立化した人は，一生を通じて，他者との付き合いを避けます。他者との付き合いは愛情深い関係に導いてくれるのですが，そのことを避けてしまいます。その結果，孤立感を一層増してしまいます。

⑦ 普遍性 対 停滞（中年期）

普遍性は成熟のひとつの見方です。それは次の世代を導いていくものです。成熟した大人は，親・教師・指導者となり，次の人へ知識を伝えることによって，多くのことを学び取ります。他の世代に何も貢献しようとしない人は，自分自身を台無しにしてしまうし，違和感を感じます。そして成人として，十分に成長することをやめ，他者への責任を果たすことが難しくなります。

⑧ 自我統合性 対 絶望（老年期）

統合（人生の受容）を手にすることは，老年期の全体的な課題でもありますし，求めるゴールです。統合は，生きてきた暮らしと人生を受け入れ，どのようなものであってもそれをあるがままに認め，他のいかなる人生にも代えがたいものだと信じられることです。言い換えると，統合にたどり着く語り手は，生まれてから今までの彼らの生き方のまとめを受け止めています。もしも人生がこの段階で受け止められなかったりすると，しばしば絶望の思いを増すことになります。というのは，この段階で別の選択肢をとることはとても遅すぎますし，また，少なくとも語り手は遅すぎると信じているからです。絶望する人は，死を恐れているかもしれません。それは，まだ未完了の仕事を抱え，残された時にその課題を適切に完了することはもはや難しいと思っているからです。

エリクソンのモデルのライフレヴューへの応用

治療的な聴き手は語り手がライフレヴューの過程をたどることを助ける人ですが，その人は6週から8週のライフレヴュー過程を特別な発達段階への質問を促しながら訪ねていきます。とりわけ各段階を振り返るように進める理由は，

語り手が聴き手のガイドによって，ひとつの段階の記憶を再現して見直すことができるからです。そしてその段階というのは，過去に十分には成し遂げられなかった段階です。読み替えを通して語り手は，今現在必要とされる適応を図ることができます。また，その時には，ライフレヴュープロセスと，聴き手の力をかります。言い換えの結果，そして洞察とともに，語り手はその時にある段階の見直しを会話をしながら完成させることができるかもしれません。また，統合に極めて近く移っていくことができます。ライフレヴューフォーム（LRF）の質問群は，エリクソンの質問群に特に関係しており，巻末付録Bにそれらの質問群を示しています。LRFとエリクソンのモデルは，ライフレヴューが展開される構造を提供しています。

回想とライフレヴューについてのバトラーの説

この研究分野の先駆者であるロバート・バトラー博士の業績について示すことなしにライフレヴュー過程を検討することはできません。ロバート・バトラー博士は高齢者の回想について，次の研究論文で展開しています。その論文の表題は，「ライフレヴュー──高齢期における回想の分析」(Butler, R. 1963)です。バトラーの論文はそれが刊行されて以来，数限りない議論を呼び起こしてきました。彼の先駆的な指摘のいくつかは検証され，また，いくつかは誤解をされています。しかし，彼の論文は今なおライフレヴューの最も重要な文献としてその位置を獲得しています。

バトラーが現在極めてよく知られているこの業績を1960年代に発表した時，回想は高齢者に起こる現象であると捉えられていました。回想は心の浮遊する目的のない行為だと言われていたのです。バトラーは目的のない心のさまよいという見方に反論し，高齢者はごく自然に過去を思い出すものだとしました。彼は回想とライフレヴューの両者を定義し，次の構造的ライフレヴューの基礎として用いている定義を展開しています。

バトラーは再統合について，それはライフレヴュー過程として再体験することであると意味づけています。彼はライフレヴューを述べる時に，パーソナリティを変え，再構成する可能性もあるものとして高齢者を捉えています。彼は，より大きな葛藤が人の人生にあるならば，より一層全体として受け止めるために，人生の出来事を再統合していく必要があると述べています。

バトラーはまた，ライフレヴューの過程が聴き手がいない時に孤立へと向かってしまい，そのような時に絶望として否定的な結果を導くこともあると述べています。

別の論文でバトラー（Butler, R. N. 1974）は，高齢者がひとりで振り返るよりも，高校生のボランティアであったとしても相手になった方が良いと述べています。それは，語り手が振り返りのときにフィードバックを必要としているからです。どのような聴き手でも，反響板として役割をもつ場合は，語り手を助けるフィードバックを提供できます。バトラーは高齢者に関わった経験を通して，高齢者が過去の人生を想起することは，危機を呼び起こすこともあり，それは例えば病や予期できない死までも誘発する場合もあると述べています。バトラーのライフレヴューの中心的な仕事は高齢者でしたので，ライフレヴューは主に高齢者を対象としていますが，今日では他の年代も含まれています。

ライフレヴューの発展

1960年以来，ライフレヴューあるいは回想についての文献の数は200を超えています。臨床の中でライフレヴューに関わった治療家と，ライフレヴューの介入方法に関心をもってきた人は，驚くほどの望ましい結果が見られているとしています。しかしながら，研究報告は限られており，それは概念としての回想とライフレヴューの用いられ方が不明瞭なところからきています。現在の研究では，より精緻で熟慮を重ねた高齢者への広い見識に基づく研究となっています。多くの分野の研究領域の研究者たちは，プロセスだけを見ているものではなく，ライフストーリーという重要な成果についても検証しています。回想の表現方法と回想の用い方は時を越えて発展してきました。劇や芸術領域では人生史がドラマで表現され，保健・医療専門職は，治療的効果を生み出すよう活用し，心理学研究者は，回想とライフレヴューの多様な意義について検証し，研究してきました。

研究は進展しており，明確な定義と成果をめざした介入が回想をもとにした多くの取り組みの特徴を検証し，それぞれの多様性を明らかにすることでしょう。

構造的ライフレヴューの過程

　この書物の議論と方向性は，構造的ライフレヴューの過程という特別な回想法アプローチをご理解いただけるように組まれたものです。この過程はここで述べてきているようにエリクソンのモデルを基礎とし，バトラーの研究成果に基づき，また多くの研究プロジェクトに裏付けられています。語り手にとっての構造的ライフレヴューのゴールは，統合（人生の受容）を獲得することです。バトラーのライフレヴューの定義は，エリクソンの統合の定義へと近づくあり方を示しています。構造的ライフレヴューのプロセスは地図です。ライフレヴューを行う人（治療的聴き手）は，プロセスを示すガイドであり，語り手が統合という全体的で明確なゴールにたどり着くことを助けます。人が人生を振り返り，受け止め，全体として受容できる過去に再統合する時，彼らは統合を手中にとらえています。治療的聴き手は，ライフレヴューフォームのカギになる質問文を用いて，ライフレヴュープロセスを構造化し導きます。

　この手引きは治療的聴き手になるために知っておくべきことを伝えています。どのような新しい技術でも学びが必要です。大変よい聴き手やガイドになるためには現実に時間も必要となります。しかし初心者であっても，この書をご理解いただいた読者の方は，人生の振り返りを伺うことに同意してくださった人たちへ，平安と満足と喜びを運んでいくことが可能となると考えます。

目　次

日本語版への序文
巻　頭　言
用語の使い方
序　　文
背　　景

第Ⅰ部　構造的ライフレヴューの基礎

第1章　構造的ライフレヴューの過程……………………………………3

 1　ライフレヴューのゴール　3
 2　ライフレヴューフォーム　4
 3　スケジュール　8
 4　ライフレヴュー過程の特徴　11
 5　ライフレヴューに関する他の留意点　18

第2章　参　加　者………………………………………………………31

 1　よい聴き手　31
 2　ライフレヴューの語り手　50
 3　む　す　び　58

第Ⅱ部　構造的ライフレヴューの実践

第3章　訪問初回：はじめに……………………………………………61

 1　訪問初回：聴き手のガイドライン　61
 2　ライフレヴューの語り手と予測される人との出会い　61
 3　自己開示　62

  4 書面による同意　63
  5 録　音　63
  6 名　刺　65
  7 評価テストと測定　66
  8 環境のアセスメント　67
  9 語り手のアセスメント　71
  10 ライフレヴューの語り手の記録　77
  11 次の訪問に向けての準備　78

第4章　訪問第2回：幼児期　79

  1 訪問第2回：聴き手のガイドライン　79
  2 準備的課題　80
  3 ライフレヴューの語り手の個人的な問題　80
  4 エリクソンモデル：幼児期　81
  5 ライフレヴュー記録用紙の使用　84
  6 カウンセリング技術：受容　90
  7 面接技術　90
  8 語り手の分類　95
  9 訪問第2回の終了　97

第5章　訪問第3回：青年前期　99

  1 訪問第3回：聴き手のガイドライン　99
  2 準備的課題　99
  3 訪問第2回のフォローアップ　100
  4 エリクソンモデル：幼児後期と児童期　101
  5 ライフレヴュー記録用紙の使用　105
  6 カウンセリング技術：ケアリング　110
  7 面接技術　112
  8 ライフレヴューの特徴：構造　114
  9 語り手の分類：対外的な語り手　116
  10 訪問第3回の終了　119

目　次

第 6 章　訪問第 4 回：成人初期 ……………………………………………… 121
　　1　訪問第 4 回：聴き手のガイドライン　121
　　2　準備的課題　121
　　3　語り手にとって重要なセッション　122
　　4　訪問第 3 回のフォローアップ　123
　　5　エリクソンモデル：青年期から成人初期へ　127
　　6　ライフレヴュー記録用紙の使用　130
　　7　カウンセリング技術：無条件の肯定的受容　135
　　8　面接技術　136
　　9　ライフレヴューの特徴：期間　138
　　10　語り手の分類：創造的な語り手　139
　　11　訪問第 4 回の終了　140

第 7 章　訪問第 5 回：中年期 ………………………………………………… 141
　　1　訪問第 5 回：聴き手のガイドライン　141
　　2　準備的課題　141
　　3　訪問第 4 回のフォローアップ　142
　　4　エリクソンモデル：中年期　142
　　5　ライフレヴュー記録用紙の使用　144
　　6　カウンセリング技術：共感　151
　　7　面接技術　153
　　8　ライフレヴューの特徴：個別化　155
　　9　語り手の分類：拒否的な語り手　155
　　10　訪問第 5 回の終了　158

第 8 章　訪問第 6 回：まとめと評価 ………………………………………… 159
　　1　訪問第 6 回：聴き手のガイドライン　159
　　2　準備的課題　160
　　3　訪問第 5 回のフォローアップ　160
　　4　エリクソンモデル：老年期　161
　　5　ライフレヴュー記録用紙の使用　165

xxv

6　カウンセリング技術：調和　171
　　　7　面接技術：まとめる　172
　　　8　ライフレヴューの特徴：評価　174
　　　9　語り手の分類：苦しみに苛まれる語り手　176
　　10　訪問第6回の終了　178

第9章　訪問第7回：統合　179

　　　1　訪問第7回：聴き手のガイドライン　179
　　　2　準備的課題　179
　　　3　訪問第6回のフォローアップ　180
　　　4　エリクソンモデル：老年期　181
　　　5　ライフレヴュー記録用紙の使用　184
　　　6　カウンセリング技術：全容の振り返り　189
　　　7　面接技術　190
　　　8　ライフレヴューの特徴：4つの要素すべてを検討する　192
　　　9　語り手の分類：語り手のタイプを把握する　193
　　10　訪問第7回の終了　193

第10章　訪問第8回：終結と成果　197

　　　1　訪問第8回：聴き手のガイドライン　197
　　　2　専門家への紹介　198
　　　3　連絡先　199
　　　4　感謝の手紙やその他のカード　200
　　　5　評価と結果　201
　　　6　まとめ　210

第Ⅲ部　構造的ライフレヴューの目的と結果

第11章　構造的ライフレヴューの多様な目的　213

　　　1　転居と移動　214
　　　2　うつ病の予防　215

3　依存症からの回復　216
        4　終末期の人　217
        5　喪と別れ　218
        6　認知症高齢者　219
        7　その他ライフレヴューを語る人　226

推薦図書　229
参考文献　237
付　録　239
　　付録A：ライフレヴュー過程のチェックリスト　241
　　付録B：ライフレヴューフォーム（LRF）　245
　　付録C：同意書（見本）　252
　　付録D：身体機能チェック表　253
　　付録E：語り手のベースライン評価　254
　　付録F：心理社会機能チェック表（気分尺度）　256
謝　辞　257
監訳者あとがき　259
索　引　263

第 I 部

構造的ライフレヴューの基礎

第1章
構造的ライフレヴューの過程

親身になって聴き，ていねいに応答することは，会話という芸術において我々が得られる理想である。　　　　　　フランソワ・ド・ラ・ロシュフコー

　構造的ライフレヴューの過程は，エリック・エリクソンの人生の発達段階のモデルに沿っており，巻末付録Bに示すライフレヴューフォーム（以下，LRF）の質問例をもととしています。構造化された過程は通常6回から8回の毎回1時間の訪問より成り，LRFが高齢者の人生の記憶を導き出すように構成されています。治療的な聴き手はその過程を熟知しており，LRFを用い，良き聞き手として話し手が旅路を歩むことを促すものです。

　本章は，構造化された過程の全体像を示します。読者の方は，ライフレヴューについて他の回想のタイプや療法と何が異なるかの基本を学んでいただけるでしょう。本章は次の4つの点に焦点を当てています。

・ライフレヴューのゴール
・LRFの質問の用い方
・ライフレヴューの間にどのように対応するか
・ライフレヴュー過程の4つの特徴：構造，期間，個別化，評価

　また本章ではライフレヴュー過程を実施するうえで気を付けなければならないことがあります。それは，役割，自分自身，繰り返し，力と統制，スーパービジョン，守秘義務，記録，さらに親戚が同席するライフレヴューです。

1　ライフレヴューのゴール

　ライフレヴューの主要なゴールは，回想する人が統合できるように援助することです。エリクソンは，統合をその人が生きてきたままに人生を受け止める

としています。また，統合は人生の最も達成した段階です。エリクソンは，発達の初期の段階の成功が次に続く段階に影響していると述べています。しかし，ライフレヴューをしている間，昔からのわだかまりを行きつ戻りつしながら向かい合うこともできます。良き聞き手は臨機応変に，回想する人が訪問するごとに自分の人生の振り返りを促します。

　さらに，回想する人が自分の人生の葛藤を見直し，統合に向かっていくように導きます。また，回想する人は次のような治療的結果を得ることもあります。

・抑うつ感の軽減
・より一層の人生満足感
・他者との関係の再形成　例えば，家族や友人達との関係
・自己受容
・結び付きの強化
・浄化
・今までにない新しい関係性の促進
・心の平安，そしてその他

　統合にたどり着くことは，望むべきゴールですが，統合にたどり着くことが難しい語り手もいます。構造的ライフレヴューという介入ひとつでは変えられないほど人の一生を通して多くの要素がその人のパーソナリティ形成に影響を与えています。ライフレヴューは統合に向けて今までの生き方の再評価を促しますが，病理を治療したり，パーソナリティを変容させたりすることは限られています。統合という目標に完全にはたどり着かない人であってもおおかたの人は過去を想起する過程を楽しみ，ライフレヴューの過程自体を前向きにとらえることができます。ライフレヴューの過程を楽しめなかった人達は，例えば，途中で放棄することもあれば，またより深い支援を必要とする場合もあり，さらにそのままで留まることを選ぶ場合もあります。

2　ライフレヴューフォーム

　付録Bのライフレヴューフォーム（LRF）は，ライフレヴュー訪問面接のためのガイドラインとして活用します。LRFのフォーマットは，エリクソンの人間の発達段階説に基づいており，語り手の幼少期から現在に至るまでを導き

ます。ライフレヴューは，発達に沿って捉えられますが，厳密に時系列にというわけではなく，語り手が人生を語る過程でひとつの段階から他の段階へと行きつ戻りつするものです。LRF は，語り手がその人生のすべての段階をまとめるよう導きます。質問群は，2 つの未刊行の著作がもととなっており，語り手の特別なニーズによって時を超えて変化したものです（Falk, 1969, Gorney, J 1968）。現在の LRF は，実践研究を通して確証され，発展してきた適切な質問群です。過去のライフレヴューの語り手は，この LRF を試し，修正してきました。例えば，高層アパートに住むひとりの老人は，自分のライフレヴューが終了した時にとてもがっかりし，彼の人生で重要な質問を聴いてくれなかったと言っていました。彼は次のように語っています。

　　彼は同性愛者で他の誰とも性のことについて話す機会はもちませんでした。ずっと一緒に暮らした母が亡くなった後，年老いるまでひとりで暮らしました。82歳の時に彼は高層アパートに移り，人目をはばかる暮らしを続けていました。彼の言葉によれば，彼の時代には人と違うことについて話すことはできず，自分が同性愛者であると公言することはけっしてなかったと語っていました。人生の締めくくりの時を迎え，過去を振り返り，子どもながらに自分が他の子どもたちと違うことに気付いた時にどれほど苦しかったか，またそのように生きることがその後の人生をどのように定めていったかを語りたいと望んだのです。彼は同じような葛藤を抱えた他者と学び合い，また同性愛者であることの意義を見つめ直したいと望みました。

彼のライフレヴューは満足いくまで続けられ，何回かの訪問が追加されました。彼はその時，それほど自分が他の人と違わないと気が付き，彼の指摘は，他の語り手の場合においても，見落としてしまっているトピックがあるという事実に気付く重要性を教えてくれました。LRF は，子どもの時のセクシュアリティのトピックを質問に加えるようになっています。それは，「女の子（男の子）であることを満喫しましたか？」という質問です。

LRF の質問群

　LRF の質問群は，ライフレヴューを構造化します。治療的聴き手は，このフォームをガイドとして使用し，新しく学び始めた不慣れな学生がするような

ガイドの文面を文字通りに用いることはするべきではありません。学生はLRFのフォームを肌身離さず持ち，まるで訪問がテストであるかのような使い方をしてしまいます。彼らは，すべての質問をすることや，実際には答えを聞かないのに「正しい」質問をすること，そして会話の情緒的な対応に適切に答えなければならないことにとても神経質になっています。それとはまるで反対に，ライフレヴューを行う人には，積極的な治療的聴き手が望まれます。聴き手は，自分自身が積極的な治療的聴き手であることを心に留め続けなければなりません。LRFの質問は，人生を語るきっかけを導くことに限られており，すべてを網羅して答えなければいけないものではありません。ただ，LRFの質問群は，過程の構造化を助けますので，すべての場合に用いることを勧めたいと思います。

質問群と語り手

人はそれぞれ人生を多様に振り返ります。それぞれが異なっているので，治療的聴き手は，どのような方法や質問がさまざまな語り手にとって良いか，この質問群が助けになります。語り手のタイプのひとつとして物語の語り手を例にとると，ライフレヴューの過程を学び始めた聴き手が行っているようなすべての質問が必要だとは限らず，聴き手はすべての質問をする必要がないものです。彼女はライフレヴューの訪問の後，興奮ぎみにスーパービジョンに出席しました。1時間の訪問の間，たったひとつの質問しかできないと言っていたので，どのようなことが訪問で起きたのかたずねてみました。

> 彼女はとても話好きの，独居の老婦人を訪れました。若い聴き手は，人生の一番初めに思い出すことをたずねました。聴き手は，その問いにより語り手が堰を切ったように話し始めたと言いました。語り手は，初めてのクリスマスについて話し，きれいな明かりで飾られた木とクリスマスを祝う人々そしてお料理とその付けあわせ，また贈り物としてもらった人形やその人形が着ていた洋服について次から次へと話しました。老婦人は話すにつれて，微笑んだ後笑い，目は輝き，元気になり，その時の記憶の一部始終を再び体験しているような様子でした。彼女は物語の語り手タイプで，別の週に訪れた時にも多分同じように話されるでしょう。

この聴き手は，老婦人が会話を十分に自分自身のものとするよう努めました。

聴き手は，たったひとつの質問しかできなかったことを不満げに言いましたが，語り手は訪問の間，ずっと彼女の最初のクリスマスのライフレヴューを語り続け楽しみました。ひとつの質問だけで十分な時もあること，また，次の訪問時に聴き手は別の質問をする機会もあるかもしれないと伝えました。この物語りの語り手は，エピソードを描写豊かに共有するという彼女のスタイルを始めからそうであった様に続け，そのまま終わりを迎えて，ライフレヴューとして実らせました。このような場合，聴き手の課題は，語り手が人生のそれぞれの発達段階を語られるかどうか見守っていくことです。LRFの質問群は，記憶を刺激する素材であり，人生の重要な出来事を呼び起こすことを助け，ライフレヴューが成り立つように枠組を与えてくれます。質問群をすべて用いることが重要であるわけではありません。

質問群と構造

質問群が最も重要なのは，ライフレヴュー過程の構造を重視するからです。例えば，クリスマスの初めの思い出を初回の訪問面接の間，話し続けた語り手に対して，2回目の訪問で子ども時代や思春期の思い出で話してみたい大切なことがあるかどうかをたずねてみます。この質問は，聴き手が語り手のライフレヴュー過程に寄り添っているとすると，語り手が幼い時に何か戸惑ったことを話すきっかけを作ります。語り手がためらうような場合，聴き手は（前回の訪問のまとめを少しした後で）思春期につながるような学校の質問へと移っていくことができます。ほんのわずかな質問で，聴き手は振り返りを構造化し，語り手がすべての発達段階を移動するように導くことができます。

質問群とエリクソンの発達段階

LRFの質問群はエリクソンのモデルの構造に沿っており，ライフレヴューの発達的な土台を形作っています。治療的聴き手は，訪問時の話の流れに合わせて適切な質問をすることで，それぞれの段階に焦点をあてることができます。例えば，子ども時代に十分な愛情で満たされていた語り手は，自分たちの人生に「信頼」を確信しながら，エリクソンの段階の初めである，基本的信頼か不信かの課題を乗り越えていきます。本書の後半の章で，他の段階の必要な質問を加えていきます。そして，エリクソンの枠組みに関連することを示します。

第I部　構造的ライフレヴューの基礎

表1-1　発達段階モデルとライフレヴュー過程の対応

課題と危機	発達段階	訪問回数
1） 基本的信頼　対　不信	乳児期	2
2） 自律性　対　恥・疑惑	幼児期	2
3） 積極性　対　罪悪感	児童期	3
4） 勤勉性　対　劣等感	青年前期（思春期）	3
5） 同一性　対　役割拡散	青年後期	4
6） 親密性　対　孤立	成人初期	4
7） 普遍性　対　停滞	中年期	5
8） 自我統合性　対　絶望	老年期	6 & 7

注：エリクソンの発達段階の日本語訳との対応は，本書 vii 頁，表1参照。

表1-1は，エリクソンの考え方と構造的ライフレヴューの関係性を示したものです。

3　スケジュール

　ライフレヴューのスケジュールは，融通性がありますが，大体毎回1時間の訪問を計8回で，実際にライフレヴューを行うのは6回となります。初回の訪問は，語り手との出会いの時で，住まいの場所，語り手の身体面や精神面の状況などについて概略をアセスメントします。最終回の訪問は，ライフレヴューを終了する時です。本書の第II部で示すとおり，第2回から第7回までの訪問は，実際のライフレヴューのセッションとなり，エリクソンのモデルとLRFを元に各発達段階に沿って行います。語り手は厳密に6回ないし8回の訪問を決める必要はありませんが，著者の経験によれば，それが妥当かと考えます。しかしながら，この回数は必ずしもこのとおりではなく，例外的な場合もあります。語り手によっては，あまり語ることなく，6回の訪問より前に全過程を終了する場合もあります。このような場合には，語り手は繰り返しがあると自分で気が付いていて，少し短く全過程を終了することでよいだろうと示してくれます。また一方で，毎回1時間の計8回の訪問より多くの回数を必要としたり，30分より長く時間を必要とする場合もあります。スケジュールは一人ひとりの違いを大切にして変更することが欠かせません。

融通性

　治療的聴き手はライフレヴューを8週間に区切って行いますが，その一方で語り手を型にはめてはなりません。高齢で病弱である場合，1時間ずっと話し続けることで疲れてしまいます。そのような場合には各回の訪問は半分の時間，30分で1週間に1回でもよいし，適切な別のスケジュールがよい時もあります。例えば，病院の骨髄移植を受けたガンを患う患者には長い期間をとって短い訪問を続けることが，適していたことが先行研究で示されています。病は重く30分の訪問であっても疲れが増しました。そして，このようなスケジュールを考えました。スケジュールの修正は大切なのですが，その場合にも，8回の訪問と6回の実際のライフレヴューという枠組みは欠かせません。そして，治療的聴き手は，語り手のこの違いを十分に理解して応用することも望まれます。

毎週の訪問

　ふつう各週1回の訪問が最も良いと思われます。ただ，このことも融通性をもって考慮する必要があり，語り手は訪問の間に自分の考えを進める点も大切です。多くの人は，聴き手が1時間の訪問を終え，去った後も，自分自身のライフレヴューを続けて進めていくものです。この一人ひとりが振り返るライフレヴューはライフレヴューそれ自体を成功させることにつながり，語り手が自分自身で記憶を編集し，また統合する機会ともなります。語り手はまた，その訪問自体の意味を考えていきます。このことは，自己の振り返りの評価の一部でもあります。

　人は，思い出したことに驚き，ライフレヴューに参加している時に思い出したのはどういう意味があるのだろうかと考えます。驚くほどの記憶は，語り手が熟考する必要のある新しい記憶のようなものかもしれませんし，乗り越えるべきものかもしれません。その訪問の時のことを考えれば考えるほど，記憶ははっきりとし，再統合や編集のしるしにもつながります。週に1回の訪問は，この捉え直しのための時間をもつことのできる最適な間隔であると思われます。

プロセス

　第Ⅱ部で詳しく述べられるライフレヴューの過程は，6週から8週の間でライフレヴューフォームを用い治療的聴き手が導いていくものです。全体として

第I部　構造的ライフレヴューの基礎

8回の訪問はアセスメント，応用，成果の評価，終結より成っています。

　初回の訪問はとても重要です。とりわけ，準備を重ね，進み方を理解しておかなければなりません。ライフレヴューの語り手と会うことへの心構えを十分にもち，会ってくれたことへの感謝をお伝えすることは，第一印象をとても良くします。初回の訪問はまた，巻末付録Aで示しているようなチェックリストを用い，語り手のライフレヴューの開始のベースラインを把握する時でもあります。継続していく訪問の前に，訪問時の特別の課題に関わるこのハンドブックの該当するページを見直し，自分で確認するために，各章の聴き手のガイドラインの部分のコピーを持参することが望まれます。友人のようにオープンであると同時に，自分自身をライフレヴューの聴き手として自覚してください。その自覚が相手を理解する，よい聴き手としてのあり方や方法に結びついていきます。開始の時には，ライフレヴューの語り手との間でしっかりとした信頼関係を築きましょう。

　2週目から7週目の訪問はライフレヴューフォームに示す枠組みを応用し，エリクソンのモデルを用い，子ども時代から語り手のライフレヴューを促進します。翌週から5週間は，人生全体の段階に沿ったライフレヴューを進めます。4回目の訪問は，語り手にとり，ひとつの転換点である場合が珍しくありません。語り手はライフレヴューの過程に慣れてくるか，もしくは，以前には感じてもいなかった多くの出来事を他の人に話したことを後悔する場合もあります。4回目の訪問は転換点でもあることに着目していると，語り手がその時に生じている何らかの課題に対処し，しっかり結び合っていることもありますし，または，後悔のためにライフレヴューから退くこともあります。

　8回目の訪問は，関係を終了し，成果を評価し，そしてこの体験から得たさまざまな良い発想を伝え合います。過去の経験からですが，何人かの聴き手は，語り手が自分を頼るので終了のまとめをすることが難しいのではないかと心配していました。しかし，実際は逆かもしれません。ライフレヴューの終わりは，ふつう好ましく受け止められるもので，それは聴き手とともに歩んできたことを支えにして，語り手に達成感があり，自分の人生へと移っていくことができるからです。8回目の訪問は，また，プリテストで用いた書式（巻末付録D，F参照）を用い，筆記しながら，主観・客観両側面から評価を行うこともできます。今までの私たちの経験では，点数による評価は，ライフレヴューの終了

直後よりもその後の時期の方が高い成果が得られると考えられます。例えば，テストの結果は，終了直後より6か月後の方が効果を示しています（Haight, et al., 1998）。ライフレヴューの経験の終了が充実し幸せなものであるならば，8週間のさまざまな気付きや満足感は，語り手の今後にも影響していきます。

4　ライフレヴュー過程の特徴

研究成果を通して，構造的ライフレヴューの過程は他の回想の形とは異なっていることが示されています。ライフレヴューの4つの特徴を次にあげますが，それらは，他の回想の形との相違点を示しています（Haight & Dias 1992）。

・構　造
・期　間
・個別化
・評　価

これらの4つの特徴が，構造的ライフレヴューの効果を生み出しています。以下では，それらの特徴について詳しく述べていきます。

構　造

ライフレヴュー過程は，語り手が人生の発達段階に沿う記憶を促す点に独自性があります。構造はこのライフレヴューの方法において核になるもので，語り手がもしかすると気が付いていない段階を含めて，すべての発達段階を振り返ることにつながります。完全に「構造化」されたライフレヴューは生まれてから現在に至る前の段階の振り返りを必要とします。エリクソンのモデルはこの構造の基礎を与えてくれますし，またライフレヴューフォーム（以下，LRF）の質問は，この構造に応用できます。治療的な聴き手はこの質問を卓越した面接，カウンセリング技術を用い，語り手がすべての段階の見取り図を描けるように体系的に，また，しっかりと焦点をあてて支えます。

ライフレヴューの構造化の諸要素は，他の回想の形とは異なります。他の回想は，相互共有されており自由ですが，構造化されていません。この構造化されていない，相互共有されている回想は楽しみにはなりますが，目的が明確ではなく，焦点があまりはっきりしていません。しかしながら構造的ライフレヴ

ューは，語り手の発達段階に沿い，何が重要か，また話の焦点が展開していきます。

構造的ライフレヴューは，構造が厳密なので，批判も受けています。例えば，ベンダー（Bender et al., 1999）は，「時間限定のチェックリストを使うことは，日の当たる部分と影の部分を見失ったり，質問を浴びせかけられるので，答えるままに人生を組み立てられてしまうことにもなる」と述べています。確かに，厳密すぎる構造は記憶の力をそぎ，その大切な部分を見失わせてしまう危険性もあります。しかしながら，治療的な聴き手が，その構造を十分に理解し，ライフレヴュー過程の中で，語り手と共有し，融通性をもち，個性の違いを大事にして，質問をていねいに，また流れに合わせて用いることができれば，上述のようなこともなくなります。

聴き手には，LRF が構造化を進展させる一方で，その質問群は，記憶を想起する際のきっかけであることに常に気を付けてほしいと思います。語り手の思い出すことを助ける類似の質問も，同じように役に立ちます。第 II 部で述べていますが，聴き手は，質問群にはあげられていない直観的で前から予定してはいない質問を，語り手に合わせて用います。経験の豊かな聴き手は，このことをかんたんに行っていますが，未経験者にとっては難しく，そのため適切な質問には十分注意を払う必要があります。

技術の差は別として，聴き手の重要な役割は，語り手の全人生に着目し，各発達段階をすべてカバーできるように構造化することです。

ライフレヴュー過程は，構造化されていますが，臨機応変に質問を変え，また自然に記憶が想起できるようになっています。エリクソンのモデルと LRF の質問群は，時系列に沿っていますが，記憶はその順序どおりに展開される必要はありません。全体として思い出されればよいのです。時間の流れに沿わない出来事の回想は，さまざまな理由によって生じます。例えば，子ども時代の外傷体験は，語り手が児童期の話をしている時に語られることはほとんどありません。語り手がよく使う対処機能では，記憶の底に外傷体験や思い出したくない記憶を沈め，重荷を引き出すことはしません。聴き手はこのような可能性に気が付き，必要に応じて質問を適応させ，応用する必要があります。また同時に，一人ひとりの語り手が聴き手を信頼し，結び付きを高めていくことができるように図りたいものです。このしっかりと結ばれた語り手と聴き手の絆に

よって，秘密があった場合に，それを語ることへの安心と守られている保障を感じられます。

　時の流れに沿わない人生の出来事の別の例としては，語り手が自分自身の子ども時代の何かの出来事を，自分の子どもがその体験をした時に重ね合わせて思い出す場合などです。そのような場合，語り手は子ども時代から成人期に時を移します。聴き手は，できる限り臨機応変に様子を察知し，子ども時代に話を戻すことのできる機会まで，十分語り手がその時代を話せるようにはかります。語り手が，1回の訪問時に記憶をその時代に戻すことが難しい時には，その訪問時に，焦点となった前回のまとめをし，語り手にやさしく，例えば「子どもの時にどなたか誉めてくださいましたか」あるいは，「ご病気になられた時のことを思い出されますか」など，子ども時代のことをそっと聞きます。予定された1時間の訪問時に，語り手は，ひとつの発達段階から別の段階に移ることもありますが，すべてのライフレヴュー過程の間に全発達段階が総じて含まれていればよいのです。

期　間

　ライフレヴュー過程に必要な頻度は，1時間，6回から8回の訪問ですが，語り手と聴き手の双方によって決めます。語り手と聴き手にとって，人生の詳細を語るのに十分な時間が必要です。

　先行研究では，6週間の介入は信頼，関係性の進展，人生の回想の進展に適切なことが示されています。この構造化された過程の長さは，構造的ライフレヴューから達成される成果に反映されていると考えられます。とりわけ，より短い回想法の介入効果と比べて，そのようなことがいえます。ライフレヴューから得られる成果が，6週間で起きるというのは本当に驚くべきことでもあります。

　語り手は，ふつう，4週間の訪問時（実際のライフレヴュー3回目）まで，問題のある課題を話すことはあまりありません。聴き手は4週間目くらいに，このままライフレヴューを進めていくか，場合によっては中止するかをお互いに確認します。もし，中止することになれば，語り手があまりに多くのことを語ってほったと感じているか，あるいは他の理由で心地よくないことが影響しています。4週目の体験は，誰もが共有した時間の経過と構造化された過程の結

果だと考えられます。それはまた，ライフレヴューを始めたばかりの聴き手にとっても語り手と同じように体験することでもあります。

　他の回想法の聴き手の技術では，時間を大切な要素としてはあまり考慮に入れません。グループ回想法では，しばしば一対一の介入（訪問面接）より効果があるともいわれますが，そのようなグループでは，ふつう，より長い期間を必要とします。一般的に人はグループが展開する中でよりよい成果を示すもので，それはグループの介入の長さを反映したものであり，グループの介入の行われる頻度によるものでもあります。反対に，一対一介入で1回から2回の短期間の訪問ではよい成果をみせていません。このように私たちは「もっともよい成果は，時間なのだろうか，方法なのだろうか」というジレンマに向かい合います。私たちは，時間が重要と考えます。介入の期間はより良い成果を生むという測定結果を示しますから，介入を計画する際には考慮することが望まれます。

個別化

　個別化は構造的ライフレヴューが，ひとりの聴き手と語り手の間で行われることを意味しています。ライフレヴュー過程の中で，一対一の交流はグループ回想，ストーリーテリングなど，別の形の回想に比べて，より良い成果をもたらします。構造的ライフレヴューの中では，プライバシーが守られ，秘密が保持されますので，語り手の安全性が保たれ，そのことはライフレヴューの成果を導くための，正直で信頼に基づく自己開示や人生の自己評価を促します。個別の訪問だとしても，語り手が聴き手という他者に自己の人生を分かち合うためには十分な信頼関係が必要であり，そのような秘密の守られるセッティングだからこそ，少しは楽に望むことができます。聴き手は，その秘密が守られること，また，語り手にとっての安心できる場であることを必ず心にとめておかねばなりません。

　ライフレヴューが最も有意義に働く人は，知らず知らずのうちに長い人生で個々の私的なライフレヴューにおいて表面化する重荷を負っている人です。バトラー（Butler, R. 1963）は，ライフレヴューを過去の体験や未解決の葛藤を徐々に意識へと蘇らせるものだと定義しています。グループに参加している個人は，その人の人生の秘密となっている未解決の葛藤について話すことはあま

りありません。集団居住の場所ではそのような話は分かち合われることはないでしょう。集団居住の場ではプライバシーが守られません（例えばケア付き住居など）。なぜなら辛い個人的な体験は，通常自分の中に秘められていますし，グループの話題にはならないものです。しかしながら，信頼できる治療的聴き手との間では，重荷を抱えてきた語り手は，一対一のプライベートな関係のもとに実りある機会を得ることができます。

　私たちが訪問したひとりの女性は，幼少時に叔父から性的虐待を受けたことを話しました。彼女はそのことをしばしば思い出すけれど，夫や子どもたちにはけっして話さないと言い，話すことはとても辛く悲しいと語っていました。現在彼女はアルツハイマー病を患っている夫を介護しており，夫は彼女がもし話したとしても，その話を理解することは難しい状況です。聴き手は，子どもたちに話してはどうかと勧めましたが，語り手はこの暗い出来事について話すことはせず，そのまま心に留めておきました。彼女はその秘密を一対一で聴き手に話した折に，大きな救いを体験し，そのことを表情で表していました。このように，他の人と分かち合うことはその重荷から逃れることを助けます。一対一のプロセスのもうひとつの意義は，ライフレヴューの語り手と聴き手の間で起きる相互交流が特別の親愛の情と，しっかりした絆を発達させることです。人によっては，今まで親しい信頼できる友人がなかったり，友人に信愛の情や深い関わりを抱かなかった人もいます。悲しいことですが，他者と関係を結び，しっかりとした信頼関係をもつことを難しいと考える人がいます。彼らは孤独です。ある女性が，皮肉にも次のように言っています。「私は孤独に生まれたのです」。その方のライフレヴューでは，今まで本当の友達をもったのはこれがはじめてと言っていました。彼女は82歳でした。しばしば，聴き手と語り手は特別な絆を分かち合い，一対一の関係はライフレヴュー過程のとても大切でユニークな要素となります。

評　価

　評価はライフレヴューの最も重要でユニークな特徴です。語り手は人生についてライフレヴューの過程の中で査定し，重みづけをし，また，評価をします。ソクラテスは「再検討しない人生は生きていく価値がない」とも言っています。ソクラテスは過去を振り返り，その体験のもつ意味を現在と将来を見返しなが

ら，その真の影響を見渡さなければならないと言っているように思います。難しい出来事と折り合いをつけ，他者の存在を意味づけ，すべてが視野を深めることに関わっていると理解します。過去の人生を生きてきた理由そのものを理解し，受け止めることがカギになります。これにより，新しい意味づけが生み出され，ライフレヴューのゴールである統合，すなわち，過ごしてきた過去そのものを享受することに近づくのです。

多くの人々はごく自然に評価を行っており，自分自身で振り返り，また，場合によっては毎日評価をしているともいえます。自分自身で休むことなく過去を見渡し，自分自身の落ち着きどころを探していますが，それは，ライフレヴューの過程の中で，治療的な聴き手が勇気づけているものと同様です。評価とは，聴き手によって導かれる必要のある主観的な経験であり，語り手の内面的な働きによるものです。徐々に，聴き手の方向づけと導きは必要なくなり，語り手は話しながら，自然に評価を始めていきます。

ある人々にとっては，評価は自然に，また，自動的に起こるものではありません。多くの語り手にとって過去を深く見つめ直したり，また，そのことが現在にどのように関わっているのかを振り返ることは，ほとんどはじめての体験となります。聴き手は，自分の意見や思い，判断をつけ加えることなく過去について話す人が，評価をしていない人だと次第にわかるようになるでしょう。語り手が，評価の方法を知らない時に，聴き手はライフレヴューをどのように評価するか伝えなければなりません。例えば「そのことであなたはどのように思われましたか？」また，「そのことはあなたにとってどのような意味がありましたか？」などといった，適応に焦点をあてた質問をたずねます。機械的に話を吟味し，評価を重ねているうちに，語り手は，自分でも気付かないくらいあたりまえに，評価することを無意識のうちに行うようになります。ライフレヴューを行う中で評価の過程を確かに行えるようにすることはきわめて大切であり，そのことは治療的聴き手の真性でもあります。その聴き手に対するスーパービジョンの場面は，評価質問が必要とされる訪問ライフレヴューにおいて，評価が重要であることを示しています。

　　　　私たちは，自分たちの録音とスーパービジョングループの学生たちの録音を聞いていました。ひとりの学生が，きれいな身なりの明るい女性で，奔放な，また，ごくふつうのそれほど劇的な人生を歩まれたとは思われな

い人と会っていました。語り手は，聴き手に昔の高校時代のボーイフレンドから昼食に誘われたことがあった体験を話しました。語り手は50年も経った昔のボーイフレンドからの電話をとても喜び，夫にも本当にうれしいと伝えて，昼食をその男性と食べました。語り手が，この昔のボーイフレンドとの久しぶりの出会いを話していると，学生は彼女がどんな洋服を着ていたのかと余計な質問をしてしまいました。洋服のことを彼女が話した後に，その学生は，昼食に何を食べたのか，どのレストランか，男性はどんな服装だったのかを聞きました。聴き手が多くの全く無意味な質問をしたので，その時間は過ぎていき，ライフレヴューの時間は消えてしまいました。

　もしかすると，次のように展開すればよかったのかもしれません。聴き手が「彼に会った時にどのように思われましたか？」とたずねたらどうなったでしょう。語り手は思いを語っているうちに，もしかしたら夫と昔のボーイフレンドとを比べていたことにふれ，夫とともに人生を歩んでいる今をあらためて幸せだと見つめ直すことになるかもしれません。未解決の課題や悲しみを話し合ったかもしれないですし，彼女は自分の人生のある章の幕を閉じ，バトラーが言っているように「未解決の何らかの葛藤を探索し，再統合」したかもしれません。

　未解決の葛藤を探索することは，語り手が自分の心の中で過去のわだかまりを見つめ，葛藤を評価し，洞察を深め，解決へと導くものでもあります。語り手は人生のまた別の事柄に移るために，洞察によってその葛藤を受け入れ再び統合することができます。再統合は今ある様を受け止め，人生の１ページにきちんと記すことをよしとします。再度述べますが，評価はライフレヴューの最もユニークな特徴であり，過去を探索することには欠かせません。評価は次のようにいくつかの部分に分けられます。

① 語られていることを聴き，文意のニュアンスと込められている思いを把握する。
② 適切に応答し，明確化する質問をし，語り手がその状況を見つめることができるように促す。
③ 語り手の考えや思いが評価を導くことができるように質問する。
④ 語り手が①〜③をすべて行うことができる時間を準備し，聴き手である

あなたが反響板となり，十分振り返ることができる時間をとるようにはかる。
⑤　語り手に広がってくる考えが，その人自身の人生に統合できるようにはかる。

5　ライフレヴューに関する他の留意点

構造的なライフレヴュー過程に特徴的な4つの要素に加えて，構造的なライフレヴューでは他の回想と区別する重要な留意点があります。以下ではこれらの留意点について示し，説明をしていきたいと思います。

難しい作業

1番はじめの留意点は，ライフレヴューは難しい仕事で，それは語り手にとって自分の人生全体の深い評価を達成することを課題としています。ライフレヴューの探索をしていくことは語り手に，思い出したり分かち合ったりしたくない不幸せな出来事を想起させる場合もあります。思い出した時に，語り手はしばしば起きてしまった不快な出来事を，今と折り合いをつけるように作業をすることになります。統合するために，語り手は出来事を再び思い出しそれを評価し，治療的な聴き手とその記憶を分かち合うかどうか決めていきます。そして，それをもしも分かち合うならば，語り手はさらに再び不幸せな記憶を体験することになります。例えば，愛する者の死は思い出すことが難しいものです。ひとりの語り手J氏（男性）は，彼のライフレヴューの途中で，家族の死とその悲しみの体験を話しました。

> 私は今でも姉を失った悲しみを抱いています。子どもだった時に一緒に遊んだことを思い出します。私は，彼女が新しい楽しそうな本を読むのをやめさせたことを今でも悔いています。その当時姉が，彼女と彼女の友達と私を一緒に遊ばせなかったことを，私がとても怒ったのを覚えています。彼女と彼女の友達が1年になった時に，私はひとりぼっちでとても小さかったので，置いていかれたように思いました。彼女のことを思い出す時はいつもさみしく思い，後悔します。

J氏は亡くなった彼の姉への思いを理解しようとしていました。彼はその過

程を楽しんではいなかったのですが，彼女に対して今でも抱き続けている悲しみと孤独感を解決する必要がありました。このような困難な記憶に向かい合い，それらを読み解いていくことはかんたんではありません。しかしながら，長い時間はかかりますが，残りの人生で少しでも思い出すことを楽に，また，生きやすくすることに役立ちます。

　ライフレヴューと対象的に，回想はほとんどが楽しみで，例えば，学校，友人，楽しんだゲームなどを思い出す，などです。回想する人は，悲しい体験も思い出しますが，それを読み解くことはあまりしません。全体として回想する時に，楽しむように行います。笑いがしばしば起き，心地よい時を過ごします。例えば，土曜日の午後の会にナツメのお菓子を食べながら，ロイ・ロジャースが悪漢を退治し女の子を助けた映画を観る時などを思い出します。確かに，これは別の悲しみや難しい記憶を話すよりもかんたんです。しかし，ライフレヴューの質問はライフレヴュー過程に構造を与え，その注意深い活用が，難しい作業を語り手ができるように促していきます。

自　己

　回想が，ライフレヴューになるためには，その物語の主な特徴が自己を巡るものである必要があります。その自己は人としてのアイデンティティです。自分を内在化させ，「私はこれをして，その時こう思いました」というような表現が含まれます。自己が主要な特徴として表されていないと，語り手は単に過去の出来事を話しているにすぎません。語り手が，その出来事があった時に何を思い，何をしたかではなく，単にその出来事を話している場合には，深い感情は少なく，語り手は自分の物語から幾分か離れたところにいます。主要な特徴としての自己を含まないライフレヴューは，語り手が多分大切な役回りをしていた自分の物語を眺める代わりに，まるでテレビ番組について話しているのとほとんど同じです。

　一方，回想する人は，自分自身への影響をみることなしに，1日中でも出来事について話すことができます。例えば，第2次世界大戦の大切な出来事を話し合うというように。これらの話題は，最もよく記録される出来事として，個人の体験なしに話すこともできます。戦争の影響が個人のレベルでどのようであったかを話す時には，自己が大切になってきます。誰でも戦争の影響を感じ

第I部　構造的ライフレヴューの基礎

ています。以下の文章は，物語の中で第2次世界大戦の話題を自己と関わらせて語っているものです。

　　少女だった頃，バターとガムがとても少なかったのを覚えています。4年間あんなにガムがないとは思っていなかったし，本当に残念だったわ。私は，お肉屋さんのお料理の油を持ってきたのだけれど，何でか覚えていません。私たちはまた戦争の影響で，食べ物の缶詰の缶をすべてひきのばして雑貨屋さんに持って行ったことを鮮明に覚えています。靴やガソリンは配布スタンプがなければ得られませんでした。母親はいつもストッキングがないことをこぼしていましたよ。私たちは爆撃に備えて，暗い中でしばしば過ごしたけれど，少しでも光が入るようにしたものでした。消灯の時にお風呂場にいたことを覚えているけれど，それはお風呂場には小さな窓しかなく，外からあまりその光が見えないので籠っていたのです。浴槽の中に枕を入れて，妹と私はそこで眠ったものです。眠る前に母は，かすかな光の中でロッキングチェアーに座りながら，物語を読んでくれました。父は兵隊さんを支援するボランティアの役割を担っていて，お風呂場での楽しみや物語の面白さは別にして，父が帰ってきてくれるまでとても心配して待っていました。戦争中だったけれども良い記憶も思い出されます。

　この女性の物語は，歴史的な出来事に個人としてどのように関わり感じたかという，いい例です。彼女は物語を家族の戦争体験として話し，戦時を過ごした方法について，あたたかい思い出を分かち合っています。この物語を語ることで，彼女は自分自身について心地よく感じることができました。

　反対にR氏は，まるで自分自身は個人的に戦争を体験しなかったかのように話します。

　　第2次世界大戦は1940年に始まりました。新聞はいつもこのニュースを載せ，大統領はラジオに出ていました。みんないつもこの話でもちきりでした。ノルマンディー上陸はとても大きな出来事で，ある人は戦争後ドイツ人の戦争花嫁と結婚したようです。暮らしは皆似たようなものでした。

　R氏は自分自身のことを無視していました。R氏のような人には，ライフレヴューとは自分自身の暮らしのことであって，出来事が個人的に何を意味するかを語ることなしに，進むことができないことを伝える必要があります。このような人は，次のような質問をすることでライフレヴューが展開するとがあ

ります。「ラジオで大統領が話している時には，どんなことをされていましたか」，「大統領の言っていることを理解できましたか」，「家族が十分に暮らせるかと心配されていましたか」。回を重ねるにつれて語り手は，自分自身や思い，そして話している物語の中の自己への影響を含んできます。これが評価を導いていきますし，ライフレヴューの大切な部分です。

繰り返し

　繰り返しは，何回も何回も同じ記憶を呼び覚ましていくものです。多くの高齢者は繰り返します。とりわけ過去を回想する時には，しばしば彼らの近くにいる人は，繰り返しをすることに文句を言います。というのは，家族にとって繰り返しは何の意味もなく，うんざりすることだからです。家族は，同じ物語を何回も何回も聞くことに疲れてしまいますし，聞くことをやめてしまいます。繰り返しは，落ち着かなさや物忘れをする表れだとみなされ，語り手に対してその話はもう前に聞いたことがあるからと告げてしまいがちです。

　実は，繰り返しがひとつの焦点なのです。繰り返しは，語り手が自分の人生の問題となるような事柄について振り返ることを助けます。繰り返しを促すことは，ライフレヴューのユニークな特徴です。治療的聴き手は，語り手が葛藤する出来事に向かい合うことを，適切な繰り返しを促すことで行い，語り手は意識して，あるいはごくふつうにその葛藤をもち出すことができます。繰り返しをしばしばすることで，語り手はもうそのことが問題にならないような思いになるまで続けます。話すことで何かを追いやることは楽ではありませんが，少なからずその出来事の重荷は軽くなりますし，その出来事をよりかんたんに受け入れることにつながります。結果として繰り返しは，ライフレヴューで起きていることの汚れをきれいにすることになりますし，特別の物語に伴う心配から逃れ，浄化作用ともなります。次のライフレヴューは繰り返しのことについて示しています。

　　K氏は日本の農村地域で生まれました。彼はとても貧しく，子どもの時から家族のための食べ物を集めなければなりませんでした。第2次世界大戦中，食べ物はとても少なかったので，見つけた食べ物を盗んだこともあります。いつもおなかをすかせ，その記憶は飢えと食べ物を盗んだことの後悔でいっぱいです。今90歳になり彼はアルツハイマー病を患っています。

そしてこの飢えの記憶がより一層強くなっています。娘さんと一緒に住んでいますが，食べ物ではなく花を育てている娘さんを繰り返し咎めています。最近彼は夕食中に食べ物を取り，自分の部屋に隠し始めました。彼の家族にとって，飢えと食べ物への強迫的な行為は問題となり始めています。

3回の訪問で，K氏は子ども時代のけっして止まらない飢えについて話しました。4回目になって彼は笑い始め，今は食べることも十分だし，食べ物の心配もしないで済むと語りました。娘さんの咲かせた花も楽しむようになるかもしれません。残りのライフレヴューで，彼はよりはっきりと人生での良いことと悪いことの描写を始めました。飢えの辛い記憶から離れることができたため，彼は食べ物以外のことに目を向けられるようになりました。彼は終わりに，今のようにあることを感謝をこめて語っています。

繰り返しは，しばしば過去の過ぎ去った葛藤の解決とその話を促します。問題が語り手の心の中でいったん解決すると受容することが始まります。意味のある繰り返しは，一対一の状況でのみ起きます。というのも，治療的聴き手が，語り手の話す問題をていねいに聞くからです。人が回想する時，特にグループでは繰り返すことで問題を解き放つ機会を得ることはできません。話題にはあげられるし，それについて話もしますが，グループではしばしばその話題が他の人に回されて終わってしまうことにもなります。問題を抱えた人に対して，癒やすことをしないで，傷口を開けたことにもなってしまいます。構造的ライフレヴューは，語り手が癒やすことができるまで，その問題と向かい合っていくことを保証します。しかしながら，繰り返しの物語はこのように深い意味をもっていない時もあることを忘れないでください。むしろ語り手はその話が好きで，聞いている人が飽きているなどと思わないで繰り返していることもあります。

力と統制

　力と統制は，治療的関係の中で大事な要素です。伝統的な治療関係の中で，関係形成を促す力と決定力は治療者の側にあります。いったん関係性が示されると，治療者は深い質問をたずねたり示唆する話題を決めていきますし，それもクライエントが彼ら自身を見つめ直し理解し始めるまで，目標となります。ライフレヴューではこれとは異なり，力は語り手に依拠します。治療的聴き手

は人生全体をカバーするよう努めますし，場合によっては強調もしますが，それは語り手がはじめて話す新しい話題の時などであって，その話題を話したり，質問したりし始める時に限られています。

　ライフレヴューを他の公式的な療法と相違させている視点が力の置きどころです。ライフレヴューのごくはじめの過程では，聴き手は語り手の話にとても興味があると伝え，語り手が語りたいままに話を進めます。語り手はライフレヴューフォーム（LRF）に沿って話題を紹介しますが，その先の質問を重ねていくことはしません。LRF のきっかけとなる質問を除いて，聴き手は語り手がはじめに話題を出してくることを促します。そしてこれらの話題が２人の会話の中心となります。さらにいえば，語り手のあげている話題を頼りにするのは，良い療法とはいえないかもしれませんが，ライフレヴューにおいては適切です。ライフレヴューを他の療法から違えているこのかんたんな相違は，語り手にとってとても安全な環境を生み出します。語り手は，この環境を得て，聴き手を頼りにすることができます。

　ライフレヴューは，語り手が大事な発達段階を振り返っている時に過去の出来事を見つめることを促します。しかしながら，治療的聴き手は語り手がその生き方を変えるようにたずねはしません。聴き手がすることは，語り手の物語を聞くことだけです。特に変化が起きない場合もありますが，それは内部で起きるものですし，何かのきっかけで起きる場合もあります。どんな変化が起こったとしても，語り手がライフレヴューに参加し，その人生を評価しているため，語り手自身によってもたらされたといえます。ケティーの物語は，語り手がライフレヴューの過程を自分で統制するための能力を示しています。

　　ケティーは，私たちが老齢学の学生を教えていた時にケア付きの住居に住んでいました。彼女は，私たちが学生を教育している時，４回のライフレヴューに参加して，そのあとでさらにボランティアとして参加しました。私たちは，ケティーが自分自身を見つめることが重要で，その４回の間にすべてを行うことが難しかったからではないかと想像しました。彼女が，子ども時代を話す時，彼女はいつも母と祖母に支配的であった思いやりのない父のことを話します。彼女の父親は，大酒飲みで地域の飲み屋に始終いました。彼女は，けっして彼女の父親の犠牲のひとりだったとは言いませんが，ケティーは父親を怖がっていました。父親を怖がっていることは，

別のことを話す時でも明らかでした。彼女は，男性に興味を示さなかったと話し，成長してから男性と恥ずかしくて話すこともなかったと言いました。彼女は，いつも自分が汚いと感じ，お風呂に入らず他の子どもたちのようにきれいな着物も着なかったと言っています。

　　毎回のライフレヴューのあとで，ライフレヴューはどうしたかと彼女にたずねました。彼女は思い出すと恐ろしいし，怖いし，こんなことはもう一度忘れたいと言いましたが，新しい学生たちにも彼女の過去を話し続けました。

　ケティーの子ども時代に，とても大きな外傷体験があったことは明らかですが，そのことに触れようとするといつも話を変えました。ケティーは，明らかに自分のライフレヴューを統制し続けていました。その力は彼女のものであり，維持されていました。誰も彼女の話をさらに深く聞くということは許されません。別の人，例えばセラピストに話すように勧められましたが，それはしませんでした。そのためケティーは，今でもその重荷を背負っているかもしれません。

　聴き手は，語り手が自分のライフレヴューを統制していることを覚えておかなければなりません。もし語り手が話題をあげてこなければ，あるいは，何かあげてきたテーマに答えなかったら，その時は聴き手が責任をもってそのテーマを無視することが必要です。語り手が自分で統制するように信頼関係を保持することは，ライフレヴューの約束です。語り手はいつも内容について統御しています。聴き手は自分自身にこんなふうに聞いてもいいかもしれません。「語り手は，聴き手がライフレヴューフォーム（LRF）の質問を用いている時にどのようにその内容を統制しているだろうか」。聴き手は，これらの質問群をきっかけとしてのみ用いていますし，6週間の発達していく段階の過程を導くために用いています。けれども，内容の終わりと会話を全体として統制するのは語り手自身です（Dunn et al., 2002）。

　こうあるべきだというルールはありません。多くの語り手は，自分の個人的な秘密を話すきっかけがあれば話します。しかし，もし語り手が秘密のままにしておいたり，言いたくない時には，治療的聴き手は語り手の選択を尊重しなければなりません。

スーパービジョン

　スーパービジョンとは，ここで用いられているように精神衛生の領域で仕事をする実践家がその仕事を見渡すために，より熟練した実践家に相談することです。多くの実践家は，スーパービジョンをクライエントとの交流を見つめ直すために必要とします。多くの専門職は，ライセンスを得る試験の前に多くの時間をスーパービジョンのために必要とします。精神科領域では，スーパービジョンは大切です。それは，クライエントに話しかけたりクライエントの話を聞いている時に，他の仲間たちから離れてほとんどひとりで過ごしているからです。スーパービジョンは，フィードバック，客観的な見方，賞賛，また勇気づけを与えます。同じようなことが，ライフレヴューの聴き手にも応用できます。スーパービジョンは，一対一の方法，また，仲間やより熟練したスーパーバイザーとのグループで行われます。

　ライフレヴューを行ううえで，スーパービジョンは，フィードバックを得ることのできる社会的な機会でもあります。他の聴き手とともに訪問を行い，技術や課題を学ぶ機会です。聴き手が特定の語り手やその話に戸惑ったような時のことを質問すると，自分のもっている技術を確かめ，他の人から意見や示唆をもらうことができます。

　もし聴き手に仲間やスーパーバイザーがいない時には，インターネットを通じて，また，他の医療・ケアに携わる組織やグループで関心のある聴き手の人を探すこともできます。ライフレヴューの過程で起きたことを話すことはいつでも有効で，他の聴き手の人の体験から学ぶことができます。しかしながら語り手について話す時には守秘を徹底しなければならないことを改めて確認してほしいと思います。

　理想的にはスーパービジョンは1週間に1回の頻度が望まれます。もし，聴き手の日程が難しければ隔週に1回の場合もあるでしょう。聴き手の人がグループミーティングの予定をしていない時にフィードバックを必要とする場合には，実際の場面の録音を仲間のひとりに聴いてもらうこともできます。その録音には語り手が誰かを特定することを防ぐために，訪問の日時と番号のみを記します。ライフレヴューを行っている聴き手だけが，誰が語り手であるかをわかっています。そのため録音の中の語り手の名前は変えておき，秘密を守ることが欠かせません。予定されたスーパービジョンのミーティングがない時に

は，仲間のひとりとの録音の振り返りが，週に1度のミーティングの補助となり，時を得たフィードバックの機会ともなります。

守秘義務

　守秘義務は，語り手にとってさまざまな理由で大切です。それは，語り手と聴き手の関係性を強め，一対一の関係性の中で展開します。もし，語り手が秘密が守られていると思うことができれば，心にゆとりができて心底話すことができるため，より効果的なライフレヴューにつながります。語り手は，はじめて他の人に人生の何らかの決定を話すことになるかもしれません。また，今あるいは前にはじめて出会った人なのに話せるという信頼関係をもつことができます。ライフレヴューの出会いはその場限りのもので，ライフレヴューが終われば，秘密を共有したことも思い起こされることはないので安心して話すことができます。どのような場合にも，語り手の秘密を守ることは語り手に安全な環境を保証します。

　守秘義務は，その人が亡くなったあともずっと継続します。けっして途絶えることのない守秘義務は，ライフレヴューの本質として強調されるべきです。家族は，通常，父や母が聴き手に対してその人生を語っていることを知っています。私たちの実践の対象が高齢者であるため，家族にとってその大切な人たちの物語が記録されている際中に亡くなられることもあります。家族はしばしば両親の思い出としてその記録した録音がほしいと望まれます。しかし，聴き手としてはこの依頼を断り，その録音を消します。守秘義務は，聴き手の問題として残されているからです。

　聴き手が家族の依頼によって特別の記録や録音を作成するよう強く請われた例を次に示します。

　　　アメリアは，高齢者支援施設の責任者です。高齢者地域支援サービスのひとつとしてライフレヴュープロジェクトを大切にしています。アメリアは，彼女の父のライフレヴューをできるかどうか依頼してきました。その父は，ひとりで住み，孤独で抑うつ的になっていると思われています。アメリアには，週に1度の訪問が父を元気にさせていると思われました。私たちは，できるならばアメリアの父を私たちのプロジェクトに参加できるよう考えました。アメリアの父親は，私たちのプロジェクトに参加され，

第 1 章　構造的ライフレヴューの過程

8 週間の訪問でひとりの治療的聴き手に彼の人生を話しました。ライフレヴューは，彼の抑うつ的な感情を軽減し，彼は他の人と交流するようにもなりました。彼は，亡くなるまで 2 年間の幸せな年月を送りました。

　私たちは，高齢者サービス機関で仕事をしていたので，アメリアと私と聴き手はしばしば会っていました。アメリアは，私たちが彼女の父親を援助していることを喜んでいました。彼が亡くなったあと，アメリアはその録音を渡してくれるかどうかたずねました。それが，彼を失った母と家族にとって安らぎになると思ったからです。私たちは，断りましたが，どうしても録音が欲しいと繰り返し述べました。終いに，聴き手は疲れてしまい，アメリアに渡すわけにはいかないけれども，聞いてもらうことはできると伝えました。録音の中で，父親の物語の最も治療的な部分は，彼が大人になってからのことでしたが，父親が選んだ結婚を本当に愛した人をあきらめてせざるをえなかった後悔を話しました。そして，結婚してとても早く子どもをもったために，より専門的な勉強をしたかったができなかったことを話しました。彼は事実，望んでいない結婚をし，早く親になったので，自分の可能性をつぶしてしまったと話しました。ライフレヴューが進むにつれ，彼は自分の選択を受け止め，見直し，良い部分を見つけ出し始めていました。しかし，娘のアメリアにとってその話は傷つくものでした。彼女は，父親が自分の家族に不満であったことを知り，とても辛い思いをしました。

　アメリアの経験は，守秘義務の大事さを強調するものです。どのような人とのライフレヴューであっても，別の人と，録音を分かち合うことはないように気をつけるべきでしょう。

録　音

　録音には，ライフレヴューで何が起こったかを振り返り，記録することに役立つばかりではなく，たくさんの目的があります。録音は，またスーパービジョンの良い資料となります。というのは，プロジェクトの指導者が，聴き手の活動状況を確かめ，プロジェクトの進行具合を検証するために極めて多くの録音を聴くことができるからです。録音は，実際に口述史となります。誰が語ったかを省いて，語り手の許可のもと，語り手を明記せず記述された録音は，将

来の研究の重要な題材となります。記述されることで質的な研究の資源ともなります。加えて，ライフレヴューの方法について教える時に助けとなります。録音についてはさまざまな留意点がありますが，ライフレヴューの過程に大変重要な役割を果たします。

　録音する時の留意点のひとつとして，誰のものかが問われます。つまり，語り手か聴き手か，誰がテープの所有主でしょうか？　ここで大事なことは，聴き手のもと，あるいはプロジェクトの一部であるならばプロジェクトの指導者のもとに置き，語り手のもとには置かないことです。録音の中味が語り手の語りであっても，録音自体は語り手の手元に置くべきものではありません。自分で録音を聞いたり，他の人にあげたり，自分史を書くために，語り手が自分自身で録音を望む時もあります。録音を所持したいという望みを拒否することは難しいことですが，聴き手の元においておくことはどうしても必要なことです。語り手は，録音を再度聞いた時に，どれだけ自分がオープンだったかを覚えていないこともあり，ここまで話していたかと内容に驚いてしまうことさえあります。

　ある語り手の手元に録音を置いた時に問題が起きました。この語り手は老人ホームに住んでいました。彼女は，机の引き出しに録音を隠していました。毎朝起きると，それがあるかどうかを確かめ，同じように夜もそうしていました。しばらくして，認知症を発症し，妄想的になり，その録音を誰かに聴かれてしまっているのではないかと恐れ，それが大きな心配の種になりました。何年も録音は妄想を増幅させ，心の平安を妨げました。このケースから考えられるように，聴き手が，録音を手元に置くべきであり，語り手に渡すことはせず，録音が役目を終えた時には厳重に保管するか破棄すべきです。

　録音に関して忘れてはいけない留意点は匿名性です。守秘義務のところで述べたように，録音それ自体には，誰かを特定することができないように，例えば，3回目の訪問で447番というように参加者の番号をつけるべきです。聴き手は，自分のノートやコンピューターのオリジナルリストにジョーンズ氏が447番であると明記しますが，それだけがその人であるとわかる資料であるべきです。録音は，聴き手にとって大変役に立ちますが，録音に記録されている人を守るのは聴き手の責任です。

第1章 構造的ライフレヴューの過程

親類とのライフレヴュー

　ライフレヴューについて学んでいる多くの人は，祖父母や両親のライフレヴューを行いたいと望みます。ただ，家族とのライフレヴューを行うことは，お互いにライフレヴューを望んでいる場合を除いて，あまりお勧めしません。パートナーや他人である治療的聴き手との間にあるような距離感を多くの親戚はもち合わせていません。語り手である親戚が，辛い情報がある時には，たじろいでしまいます。なぜなら，治療的聴き手の想いやうわさや他の理由を考えてしまうからです。結果として，他人である聴き手ほどライフレヴューの治療的効果は期待できません。

　肉親や親戚とのライフレヴューは，しばしば家族の歴史を記録する意向，またライフストーリーについて学びたいという想い，あるいは孫たちのために語り手の物語を残しておきたいという目的に基づいています。これらの理由で，ライフレヴューへの意欲が求められるのであれば，書店で良い本がありますし，カードを売っている店で役に立つものがあることでしょう。市販されているこれらの本では，ページの1番上に語り手への質問があり，それに続いて語り手の答えの空欄があり，ページを物語で埋めるようになっています。うつ病，社会的孤立，孤独感，あるいは不安感という理由から，親戚関係にあたるその語り手に，ライフレヴューが必要であるとの考えでしたら，その語り手にとって他人である同僚で，守秘義務を守り，より治療的な効果を見出せる人がいいでしょう。つまり，全く別の人生を歩んでいる他人が1番の治療的聴き手であるということです。

第2章
参 加 者

　人の話はその人の最後の一言まで聴くものだ。多くの人は，そのように聴いてはいない。　　　　　　　　　　　　　　　アーネスト・ヘミングウェイ

　ライフレヴューの過程には2人の積極的な参加者がいます。ひとりは，ライフレヴューの語り手であり，もうひとりはよき聴き手です。それぞれの参加者は，ライフレヴューの過程で特定の役割を担っています。本章では，ライフレヴューの全体の過程で語り手と聴き手がどのような役割を果たしたらよいのかをみていきましょう。また，この章では，よい聴き手として活躍するために必要な技術やスキルについても詳述します。

1　よい聴き手

　よい聴き手はライフレヴューを発達的に捉えるよう促します。この手引きをもとにライフレヴューの過程を学ぶ人は誰でも，役に立つよい聴き手に近づいていきます。聴き手であるために重要なポイントは，ライフレヴューフォーム（以下，LRF）を参考にして質問を予測し，語り手の話を心をこめて聞き，適切に応答を重ねていくことです。「治癒的」という言葉は，ライフレヴューの過程で聴き手として語り手とのつながりや信頼関係の形成をもとにしてよく反応し，支援的であることを示しています。語り手は自分のライフレヴューから多くのことを学んでいます。
　聴き手の重要な役割は，積極的な傾聴ですが，それに加えて，語り手が十分に人生を振り返るのを促すために必要なスキルや技術があります。受け止めるという行為だけではない聴く技術であり，聴き手がライフレヴューの進捗を導きます。本章では，いくつかのカウンセリング技術（Rogers, C. R. 1961）やイ

ンタビュー技術（Ivy, A. E. 1971）の中からあなたが，卓越した聴き手になるための技術をみていきます。

多くのさまざまな分野の聴き手といわれる人々は，自分たちの仕事や会話の中で直観的にこれらのスキルや技術を用いているでしょうし，またこれから，学ぶ必要のある方もいるでしょう。以下によい聴き手であるために習得したいインタヴュー技術をあげます。

インタビュー技術

治療的聴き手としての役割を果たすことを難しいとは思わずに，自分の力とするためには，いくつかの学ぶべきインタビュー技術があります。これらの技法は，聴き手がより有効なコミュニケーションを行い，ライフレビューを進めていくことを適切に助けてくれます。これらの方法は，良い面接にとって基本的な方法ではありますが，ここで改めて述べ，読者のみなさんに思い出し，使い方に触れてもらいたいと考えます。とても幸いなことですが，これらのインタビューの技術は容易く学ぶことができ，多くの人がごく自然にすでに用いているものでもあります。聴き手は，これらの技術を友人や家族や同僚との，ごく当たり前な会話の際にも自然に用いています。

① 関わり行動

関わり行動では，聴き手が語り手と密接に関わり，その折に彼らが何を思い出しているかを理解する必要があります。この技術は，ライフレビューを通して用いられます。語り手や語り手が現在話していることに全神経を集中して，興味をもっていると示すことが基本です。聴き手が語り手に耳を傾け，彼や彼女が話すことに興味を示し，特にその関心を非言語的表現・アイコンタクト等を通して語り手に伝え，語り手の言葉に適切な応答をしなければなりません。

関わり行動は，次の3つの実践的な内容を相互補完的に用いています。

(1) 語り手がゆっくりできるように自然な立ち居振る舞いで座り，リラックスした雰囲気を醸し出す

積極的に聞き，適切なところで頷き，親密感を作り出すことはライフストーリーを話すことを促進します。それらの行為に含まれている心地よさによって，聴き手は語り手の話を一層よく聞くことができ，語り手のその人らしさと尊厳を高めます。

(2) アイコンタクトを適切に行う

　語り手とのアイコンタクトは，思い出を展開することを促すような，関心と関与の雰囲気を作り出します。聴き手が時計を見たり，もっと悪いのは自分の腕時計を見たり，あるいは物語が語られているときにスケジュール帳をめくったりすることは，語り手をがっかりさせます。今が何時かがとても重要ならば，自分の時計もしくは掛け時計をどこかにわからないように置いておいてください。そうすれば，必要に応じて見ることができます。聴き手が関心を示さないことは，語り手にとって重要なカギとなります。しかしながらアイコンタクトは，語り手の快適さに基づいて，変わる可能性があります。ある文化では，直接的に目を見ることは失礼にあたると言われます。文化の相違に関わらず，一対一で直接的に視線を合わせることで，気分を害する人もいます。そのため，技術のある治療的な聴き手は，アイコンタクトをひたすら続けようとする前に，語り手を含めた状況を見極めるでしょう。聴き手は，語り手がアイコンタクトをどのようにしているかをよく見る必要がありますし，1週間ごとにどれくらいアイコンタクトの回数が増えているかということは，2人の間での，行動を映し出している鏡のようなものです。聴き手が，心地よさと信頼感を築いていくことができると，おそらく2人の間でのアイコンタクトは増していくでしょう。

(3) 語り手の話を促す適切な質問や応答の活用

　さまざまな応答は，語り手の話の内容や気持ちのレベルを両方とも反映したものであるべきです。例えば，語り手がその人の愛していた人の死の悲しみを示しているならば，聴き手は語り手の悲しみを受け止め，同時に今でも続いている語り手の悲しみに，言葉で応えます。顔の表情も言葉と同時に語り手の抱く思いを表すことができます。

② 繰り返し

　繰り返しとは，ライフレヴューの語り手が過去に対して大きな不安を感じたり，将来を見直すことを妨げてしまうような，外傷体験の詳細を何度も何度も語ることを許し，促す行動です。語り手がライフレヴューのある段階にとどまってしまい，そのことが失望へと向かってしまう時に，繰り返しから得られることが役立ちます。聴き手が語り手の物語を聴いているとき，通常はとりわけ葛藤している人生の出来事を把握できるものです。なぜならば，第1には語り

手はすべてを話しはしませんし，第2にはその特別の話の後ではしばしば落胆する思いが示されるからです。

このような話を聞くとき，また，語り手が失望しているとわかる時には，話の残りの部分をゆっくりと促すことができます。翌週聴き手が再び語り手に会う時，そのテーマを再度示すことができます。例えばですが「Hさん，私は，先週あなたが話してくださった，お母様の死とあなたが養子に出された時の話のことを考えていたのですが，もう少しお母様の死の原因を巡る状況についてお話しいただけますか」。また，「養子に出された時の思いはどのようなものでしたか」や，「ご家族と離れてさみしい思いをされましたか」などが考えられます。語り手がこのテーマに難しさを感じるとき，今後の，また，継続していく週のライフレヴューの別の部分に移ることもできます。この例では，次の週また会う時に「今日はあなたの青年期の頃についてお話していただけたらと思うんですが，その前にお母様の亡くなられたことについて，なにかお話しても良いということはありますか」という言葉で始めるといいかもしれません。語り手は，そのテーマを再び繰り返すかもしれませんが，3回目になりますと，何らかの読み替えや受け入れが続きます。そして，語り手は葛藤を見直し，ライフレヴューのその先の段階に移ることもできますし，人生のその先を生きることができます。

③　言い換え

言い換えとは，過去の出来事を見直し，新しい視点から再度理解できるように語り手を促すことによって，ある出来事の異なった見方や過去の新しい見方を聴き手が提供することです。言い換えはひとつの話が多くの視点からみられるときや，語り手が今までしていたのと違う解釈で過去の出来事をみつめる可能性のある時に役立ちます。言い換えはたいてい，否定的な傾向をより肯定的な傾向へと変えます。言い換えは，新しい考えや新しい解釈，もしくは証拠や以前と違った見解を再検討することで得られた新しい見識によって，出来事に対して以前と違う評価や判断をするよう語り手を促す方法です。例えば，Uさんは，彼女のライフレヴューの間で聴き手の言い換えを次のように受け止めています。

　　Uさんは，働く母であったため，子どもたちが成長するときにほとんど家を離れていたことを，とても申し訳ないと思っていました。彼女は成人

期の頃の話をするといつもこの罪悪感を示していました。彼女は子どもたちのコンサートや試合のいくつかを見逃したことを悔やみ，その罪悪感は彼女の成人期の大きな部分を占めていました。罪悪感とともに子どもたちが人生で成功している話も示していました。それはすべての子どもたちが大学に行き一生懸命勉強し，思いやりのある子どもたちであったことです。

　聴き手はこの話を聞き，もう1度全体を見ました。すると，聴き手の描いた像は異なっていたことに気付きました。聴き手は一生懸命仕事をする夫人が，子どもたちの人生での成功を保証するために多くの犠牲を払ってきたとみて，その見方をＵさんに伝えました。「あなたはいつも学校が終わってから子供たちを優しく迎え，彼らが宿題をする時には手伝いました。夕餉には暖かい夕食と，短いですが寝る前の物語を語ってあげました。たくさんのお仕事をあなたはされたので，子どもたちは大学教育を受けることもできました。私は，あなたがお子さんたちのために出来る限りのことをなさったと思いますし，すまなかったと思うのではなく，ご自分自身を自慢されてもいいのではとも思います。」

　言い換えた解釈はＵさんにとって新しい見方でした。彼女は聴き手の見方を考え始め，この新しい見方もまたひとつの真実かもしれないと徐々に受け入れはじめました。この異なった受け止めの仕方は，働く母として彼女自身をいままでとは異なったように考え，彼女が事実子どもたちに対して，自分が想像以上のことを成し遂げたと思えるようになりました。結果として，彼女は成人期の暮らし，母としての仕事も役割を含めより一層受け入れる見方ができました。

④　返　答

　この技術には，ライフレヴューの中で語り手が共有する出来事に対する聴き手からのふさわしいリアクションが含まれます。例えば，語り手が，本人にとって重要だった昇進について語っている時，聴き手には語り手の誇らしさや喜びの気持ちを分かち合うことが要求されます。あるいは反対に，語り手が幼少時の不面目な出来事について語っている時には，聴き手は驚きを見せずに，むしろ受容とともに傾聴するべきです。このように，返答の声のトーンやタイミングは非常に重要であり，これからどんな出来事が共有されていくかに影響を及ぼしかねません。リアクションは，話の内容や文脈に合致していて，語り手

にとって適切に感じるものでなくてはなりません。

　返答の主旨は，語り手に「どうぞお話を続けてください。とても興味深く聴かせていただいています。理解しています」というようなメッセージを発信していくべきです。そうした洞察に満ちたリアクションと反応によって，語り手は，ライフレヴューが進行するにつれて，場合によってはもっと嫌な思い出をも安心して共有することができるのです。

　また，返答は，受容されていることを強く確信できるものでなくてはなりません。あるいは，「大丈夫ですよ」「あなたが悪いわけではありませんよ」「誰にだって起こり得ることですよ」という想いを伝えるものでなくてはなりません。語り手が，これまでおそらく誰にも話したことがないような外傷体験について話すことがしばしばあります。そのような時，語り手は，きわめて不快な自分や出来事を再確認させられるような，聴き手のこわばった顔や憤った反応を予想しています。そのような反応ではなく，返答が共感的で，理解されている，受け入れられていると感じるものであるなら，語り手は「自分（あるいは，出来事）は，それほど悪いもんでもなかったのかもしれないな」というふうにこれまでの自分自身の捉え方を変えていくことができるのです。多くの人が，けっして誰にも話したことがない秘密を心に抱いているものです。そして，この秘密を明かすことや，それにもかかわらず受け入れられているということが，ライフレヴューの過程がもたらすセラピー効果の一部なのです。返答は，上手な聴き手やセラピー的なライフレヴューの働きに効果的に役立つものです。ですから，聴き手は，語り手の行動と同じくらい自分自身の行動を照合しながら波長を合わせていなければなりません。

　⑤　想いへの対応

　面接技術としての想いへの対応とは，思い出しながら語り手が表した感情を認識し，本人に返していくということを意味します。想いへの対応は，まだ語り手にも聴き手にも認識されていない，語り手の話の一部である感情を，ベールを取るように明らかにしていきます。想いを映し出すことで，聴き手は見て取れた感情を白日のもとにさらし，語り手と聴き手の双方に評価を促します。想いへの対応は，語り手の話の奥に隠れた感情を承認します。想いへの対応は，言い換えに似ていますが，何を強調しているのかという点が主に異なります。想いへの対応では，聴き手は語り手の話の感情的側面に焦点をあてます。そう

することで，語り手の気持ちを承認し，本人に返していくことができます。言い換えれば，聴き手は，言葉やその意味に焦点をあて，言葉の意味を明確にしていきます。経験豊かな聴き手は，両方の技術を同時に駆使し，語り手に対して最も効果的な反応を返していきます。しかし，初心者はまずそれぞれの違いと使い方を理解することが大切です。

　ライフレヴューのセラピー効果の大部分は，過去のぼやけた出来事や抑制された出来事を新しい見方で理解することから得られます。もし聴き手が語り手の想いを返しながら，しっかりと聴き，語り手の言葉を言い換えることができたなら，語り手の過去の出来事に関する自己認識と自己理解を促すことができます。例えば，子ども時代の孤独について話している語り手は，過去の孤独な出来事について思い出していると同時に，現在の悲しみを経験しているかもしれません。あるいは語り手は，いまだに悲しいと感じている自分に気付いていないかもしれません。子どもの頃の寂しさについて語り手が話す時，聴き手は蔓延する孤独感に気付いて，それについてコメントを返します。語り手は，そのような観察や意見に驚くかもしれませんが，現在の自分の気持ちに過去がどれほど影響しているのかという洞察を得ることでしょう。

　想いへの対応という面接技術を練習するためには，感情を表す表現を注意深く聴かなければなりません。例えば，「母が兄にそんなことをして，私は本当に腹が立ちました」というような表現です。また，聴き手は，顔の紅潮，話すスピード，声の大きさ，怒声などの行動を見落とさないようにしなければなりません。このような行動は，話している語り手自身もまだ気付いていないような感情を明らかにすることもあります。このような感情の表出への対応では，共感的聴き手は，語り手の話す体験について感じ取った情動を認め，表明する必要があります。例えば，怒った声のトーンへの対応としては，「お母さんがお兄さんに理不尽に折檻したことに対して，今でも怒りを感じますか」といったものが考えられます。そのような対応は，語り手に内省を促します。そして，語り手は今感じている感情を見つめ直し，今でも怒りを感じていることに気付くかもしれませんし，怒りはもうないと否定するかもしれません。このような心の目を開かせる技術を駆使し，聴き手は語り手の自己認識，自己反省，自己理解を促します。これを上手に行うために，聴き手は，語り手が今この瞬間どのように感じているのかを理解し，理解していることを語り手に伝え，共感す

るよう努力しなければなりません。

　ライフレヴューの最中，語り手は過去の出来事に関する自分の想いについて語り，評価することを奨励されます。これは，統合につながっていきます。もし情動がはっきりと伝わってこない場合，よく使われるフレーズですが「その時どう感じましたか」とたずねることで，語り手がその出来事を自分で検証し，評価するきっかけになります。ライフレヴューが進行していくにつれ，語り手は大事なライフイベントに関連した自分の想いを無意識に振り返るようになることでしょう。ライフレヴューが終了するまでに，語り手は，出来事にまつわる自分の感情を自分で評価するすべを学ぶことになります。無意識に評価し，統合し，そしてひとりの時でも自分でこの技術を実践するようになり，その結果として，過去と折り合いを付け，実際のライフレヴューが終わってずっと経ってからでも，人生について心の平安に至ることがあります。

　⑥　分かち合う行為

　分かち合うとは，対話に参加し十分に貢献していることを意味します。聴き手は，語り手がその時語っているライフステージに関連したテーマ，出来事，あるいは想いについて話してかまいません。分かち合う行動は，ライフレヴューが停滞したり，語り手が何を話せばいいかわからないように見えたりした場合に使います。そのような場合，聴き手は語り手が興味を示しそうな短い話をして，同じような過去の記憶を思い出せるようにします。分かち合いの行動は，何も話すことがないとばかり言うような，いわゆる「消極的な語り手」とライフレヴューをする時に特に役に立ちます。分かち合いを行う聴き手は，語り手が思い出そうとしているライフステージに関連した話をすることで誘い水を差し，しばしば語り手の記憶を呼び起こしたり，語る気を起こさせたりすることができます。

　例えば，ある聴き手は，語り手の地元ということに関連して，同様の町では最寄りの島へ続く橋がひとつもなかった頃，誰もが連絡船で行き来しなければならなかったことを皆が覚えているという話をしました。聴き手が連絡船について話したところ，それに続いて何人もの語り手が，自分自身の人生の中で同じように週末港へ行ったり，連絡船に乗って市場に農作物を売りに行ったりした経験を思い出しました。同じ人々は，また，本土と島がついに橋でつながった時の連絡船の終焉についても思い起こしました。このように，その地域

に住む人々は連絡船と橋の両方にとても親しみをもち，出来事の共通性が語り手に類似する記憶を呼び起こさせました。

　初心者の聴き手は，分かち合いの行動を用いることが難しいと感じる場合がよくあります。なぜなら，経験が浅く，語り手から聞いた話の引き出しがまだ少ないからです。このような場合には，地域の年表や語り手の世代の時代について書かれた歴史本を事前に用意しておくと役に立つでしょう。アメリカでいえば，1960年代から1990年代までの主な出来事には，ケネディ大統領の暗殺，月面歩行，スペースシャトル・チャレンジャー号の爆発などが含まれているかもしれません。ほとんどの人がこれらの出来事を覚えています。ですから，聴き手は，大統領の暗殺や，月面歩行，チャレンジャー号の爆発などのニュースを聞いた時，何をしてどう感じたのかを語り手にたずねることができます。そうした歴史的出来事についての質問に，語り手も関連した自分の周囲の出来事を呼び起こされ，反応するでしょう。

　例えば，ある語り手は，ケネディ大統領についての質問に「テレビでケネディ大統領の国葬を観た時，私は小学生でした」と答えたことで，学校の思い出や子どもの頃に知っていた人たちについての思い出の世界へと記憶の扉を開くことになりました。語り手が大統領の暗殺にまつわる思い出を語り終えた時，聴き手は，「小学校について他に何か覚えていることはありますか」「家でテレビを観たのですか，それとも学校で観たのですか」「誰と国葬を観たのですか」「他に家族とはどんなことをしましたか」というふうにたずねることができます。経験の浅い聴き手であっても，語り手の世代に関連づけられる歴史的出来事からであれば，分かち合える話を思いつくことができます。

　分かち合いをする時，聴き手はこれから話そうとする話題に興味と関心をもち，語り手に関連づけるように話さなければなりません。聴き手は，リラックスした姿勢で，語り手と視線を交わしながら，同時に自分の心の中で記憶をたどる必要があります。しばしば，聴き手は，「消極的な語り手」の様子に注意しながらその場にふさわしい話を短く話せるよう思考をめぐらせなければなりません。自分の話をしている時，聴き手は，脱線しないように自分を管理し，テーマと語り手の両方から焦点をずらさないようにするべきです。最後に，聴き手は，自分の話を終えるタイミングを見極め，語り手が再び主導権を握れるようにするべきです。熱心に話すことと関連づけることは，一般的には話を相

手にとって興味深いものにしますが，聴き手は話を短くすることが大切です。

⑦　言い換え

　言い換えという面接技術もあります。これは，語り手の言葉を言い換えて，聴き手が聞き，理解した意味とともに，語り手へ返すというものです。言い換えは，主に聴き手にとって混乱しそうな内容や複雑な内容を細部まで明確にする時に使われます。聴き手は実際に言われたことを言い換えるだけですが，聴き手にとっても語り手にとっても，語り手の考えが明確になることがよくあります。言い換えには3つの目的があります。

(1) 語り手に，聴き手がしっかりと聴いていて，話の要点を理解しようと努力していることを伝えること。

(2) 語り手のコメントをより正確に，簡潔に繰り返すことで，語り手の考えを明確にすること。言い換えにより，何を言わんとしているか語り手自身が理解することを手助けし，聴き手も理解していること，あるいは理解しようと努力しているというメッセージを伝えること。

(3) 聴き手に，語り手が語っていることを本当に理解できているかどうかを確かめ，自分の認識をチェックする機会を作ること。使うタイミングを注意深く選択することで，あいまいで混乱するような内容や意図を明確にしたい場合に言い換えは，非常によく機能します。

　以下は言い換えの例です。

　　語り手：私の息子は本当に悩みの種です。訓練もほとんど積まず，ちゃんとした教育も受けていなくて，指示に従うってことができません。

　　聴き手：では，息子さんは能力がないとお考えなんですか。

　　語り手：いいえとんでもない，無能だなんて言ってるつもりはないんです。ただ，ちゃんとした訓練を受けていないってことですよ。

　あるいは

　　語り手：やっぱり無能なんだと思います。これまであまり思ったこともなかったですが。

⑧　自己開示

　自己開示とは，分かち合いの行動と同様に面接技術であり，聴き手に，語り手が思い出している記憶と関連した聴き手自身の個人的な話をすることを許します。自己開示が分かち合いの行動と違う点は，分かち合いの行動が関連した

歴史的出来事に言及することに対して，自己開示は聴き手にとっての個人的な出来事を関連づけて話すことです。自己開示は，特に「消極的な語り手」にライフレヴューをしてもらおうとする時に役に立ちます。聴き手が自己開示を通して分かち合う話は，「消極的な語り手」に興味をもたせ，語り手自身の人生の中で同様の出来事を思い出させ，語るよう鼓舞します。しかし，共感的聴き手は自己開示を注意して用いなければなりません。聴き手が共有しすぎてしまう危険，あるいは語り手から主導権を奪ってしまうという危険が常に存在します。ここでは，自己開示は短く，すばやいものであり，利用するのはひかえめにすることが大切です。

　自己開示は，聴き手と語り手の間の絆の形成過程に寄与し，2人の関係の違和感を軽減していきます。この手の共有は，引っ込み思案の語り手が話すことを後押しします。しかし聴き手は，語り手の気持ちと同調し，会話の方向を意識していなければなりません。自己開示は，聴き手が話す機会というだけでなく，その時の語り手の気持ちがどこにあるかということと一致していなければなりません。共感的聴き手には，自分のことを話している時に，大変な繊細さと認識力が必要とされます。聴き手は，自分の話で対話を支配してしまってはいけません。例えば，「私は3年生の頃が一番好きですね。何年生の頃がお好きですか」というようなものが，短い自己開示と質問の良い例です。

　自己開示は，語り手に，聴き手の個性を少しだけ知らせることを許します。初回のセッションの中で，ライフレヴューの過程は見知らぬ2人の人間の共同作業であり，ひとりがもうひとりに人生の細部を開示してく過程であると述べたことを思い出してください。聴き手による自己開示は，最初のぎこちなさを取り除き，ライフレヴューが進む中で聴き手と語り手は，お互いのことを少しわかり合えたと感じていきます。

　⑨　語ることの奨励
　語ることの奨励とは，共感的聴き手が用いる面接技術のひとつで，語り手が話している内容に興味をもって聴いていることを示し，会話が活発に進んでいくように用いる技術です。聴き手は，簡潔に反応を示すコメントによる奨励を用い，語り手の話に興味をもってついてきていることを示します。まず語り手が語ることを手助けし，ひとたび語り手が人生について話し始めたら，聴き手の次の役目は話し続けることを手助けすることです。少しの奨励で話せる語り

手もいれば，もっと必要な語り手もいます。必要であれば，語り手の話が途切れた時に，聴き手の上手な一言二言で，当時の気持ちやさらなる話を引き出すことができます。最小限の言葉で語ることを奨励するこの技術は，語り手に，共感的聴き手がその話に同調していることを示し，より詳細なライフストーリーを語らせます。

　最小限の奨励とは，ライフレヴューの語り手自身が話の内容ややりとりをどうするかの主導権をもつべきだということを意味します。ですから，奨励の言葉かけは，短いフレーズでするべきです。語り手が言ったばかりのカギとなるフレーズを繰り返すことが，たいていの場合，好ましい結果をもたらします。また，「電車にひとりで乗ったんですか！」「それからどうなったんですか」「例えば？」のような反応を示すフレーズが，対話の流れを維持するでしょう。「なるほど」と言うのも聴き手が注意して聴いていることを示すのに役に立ちますが，頻繁に使い過ぎても聴き手が退屈であるかのように見えます。奨励の言葉は，会話の主導権を奪わずに語り手が会話に積極的になる手助けをします。語り手の回想を遮らないようにすることがとても大切で，ライフストーリーを語ることを促すように心掛けましょう。

　⑩　まとめる

　まとめるという面接技術も役立つ技術です。ライフレヴューの中では最も使う頻度の高い技術で，語り手によって思い出された話の要点を言い換えることで行います。まとめるとは，聴き手がそれまで聴いたことを述べることで，語り手と聴き手の両方にとって内容が明確になることを意味します。特に，各セッションの終了時に，語り手の話がどこまでたどり着き，次回はどこへ向かって行けばよいのかを明確にする時に用います。また，聴き手は，セッション中思い出された出来事を何度もまとめて明確にしてもかまいませんし，あるいは各訪問の最後まで待って，それからセッションの全体をまとめてもかまいません。聴き手がまとめることで，語り手は誤解を正すこともできますし，聴き手の要約をそのまま受け入れることもできます。ですから，語り手にとっても聴き手にとっても理解が明確になることを助けます。聴き手のまとめは，未だに気になっている過去の出来事に再度向き合う機会を与えます。

　語り手のために聴き手が各セッションをまとめるため，それまで聴いた話を明確にし，語り手から承認してもらうために言い換える様子を見るうちに，語

り手はまとめるという技術を身に付けることができるでしょう。まとめることは，評価する力と統合する力を伸ばし，構造的ライフレヴューの過程の最後の２セッションでは語り手と聴き手の両方によって使われる技術です。人生をまとめ，評価し，そして歩んで来たそのままの人生を受け入れるという過程を経て，はじめてライフレヴューは成功します。振り返りを通して要約する体験をした語り手は，自分自身でまとめ，評価するというすべを身に付けていきます。

⑪　統合する

　統合するとは，ひとつひとつの部分を結び付けること，折り合いを付けること，そして全体として受け入れられるものとなるようにすることからなります。この技術は，これといった要点がなく共通点のない出来事が，理解するだけでも難しいにもかかわらず非常な勢いと強い感情とともに語られた様子から，語り手にとって重要な何かを意味する話でライフストーリーが成り立っている時に最も役に立ちます。以下に示した例では，聴き手がさまざまな話の道筋を折り合わせることで，双方がその出来事を理解し合えるまで語り手の考えを統合する手助けをする様子に注目してください。

　　聴き手：では，10代の頃に引っ越しをした別の町では，なじんだとは感じなかったんですね。

　　語り手：そう，そう，それで兄も弟もみなアメリカンフットボール部の選手だったんだよ。

　　聴き手：あなた自身は読書家だったとおっしゃいましたよね。

　　語り手：俺は読書家で，やせていて，うまく溶け込めなかったんだ。

　　聴き手：アメフトをしていたら，あなたももっとうまく溶け込めていたんじゃないか，ということですか。

　　語り手：アメフトが大人気の町だったんだな。みんなアメフトの試合に行ったよ。行かなかったのは俺だけ。

　　聴き手：当時はアメフトの選手として町になじめなかったということが寂しかったんですね。でも，あなたはチェス部についても話してくれましたし，ドラマ部でできた友達についても話してくれたのを覚えていますよ。その時はなじめたと感じなかったんですか。

　　語り手：そう言えば，そうだな。

　　聴き手：では，なじめたということですね。ただし違うグループに，違う

形で。

　語り手：なじんでいた，ということかな。そんなふうに考えたことなかったよ。

　統合された出来事を例えるなら，タペストリーを思い浮かべるのがふさわしいでしょう。裏面を見れば，タペストリーは糸がもつれているだけのようで，絵は浮かび上がってきません。しかし，正しい面を見れば，はっきりと絵が見えます。裏面のもつれた糸の固まりは，ライフレヴューをする前の人生です。ライフレヴューの過程は，共感的聴き手を道具にして，明快な絵を浮かび上がらせます。上記の例の聴き手は，語り手が，それまではばらばらだった不幸な記憶を，包括的で容認できる絵にするのを手助けしました。

　聴き手は，語り手がつながりのない一見無意味な，しかし強い感情に満ちた話をしている時，統合することを手助けする必要があります。上記の事例に従って，語り手が認識しあなたも理解ができる完全な絵が浮かび上がってくるまで，語り手の言葉を繰り返し，つなげてみてください。語り手が統合するのを助けるためには，たくさんの技術が必要になってきます。語られた話が最終的に聴き手と語り手の両方の理解にたどりつくまでには，まとめる，明確にする，捉え直すといった技術が要求されます。

⑫　面接技術のまとめ

　ここまで紹介した面接技術は，より良い共感的聴き手になるのに役立つものです。効果的に聴くということは，ライフレヴューの過程において，助けになるパートナーの本質です。これらの面接技術は，語り手にライフストーリーを語ってもらうのを援助するため，過去の出来事を評価してもらうのを援助するため，そして最終的に統合に至るのを援助するために意図されています。これらの技術を日々実践してください。そして真の共感的聴き手となるよう励んでください。あなたが出会うライフレヴューの語り手は，彼ら自身必ずしも良い聴き手ではないかもしれませんが，そのこと自体を問題にすることはやめましょう。あなたがなり得る最高の聴き手になることに集中してください。

カウンセリングのスキル

　この節では，ライフレヴューの過程で共感的聴き手がずっと効果的であり続け，結果として全体的にライフレヴューを成功させるために重要な5つのカウ

ンセリングのスキルを紹介します。上記の面接技術とこれらのカウンセリングのスキルの両方が，ライフレヴューフォーム（LRF）を使用する際と質問の応答の際の聴き手の熟練度に加わります。以下のスキルは，良い共感的聴き手にとって生まれつきもっている技術の一部で，スキルというよりは行動のようなものかもしれません。しかし，もし本能的なものでないのであれば，効果的で敏腕な聴き手になるために身に付けなければならないスキルです。効果的なカウンセラーは，これらのスキルをカウンセリングの正式な手法として臨床に取り込んでいます。共感的聴き手にとっても同様に身に付ける価値のあるものです。

　カウンセリングのスキルは，相手（語り手）への思いやりやいたわりをさまざまな形で映し出すものです。援助者のほとんどの人，特に経験を多く積んだ人にとって，これらのスキルは無意識的な行動の一部です。初心者の聴き手は，たとえ語り手の語ることと相容れない場合でも，個人的な価値観をわきに置いておくことで，これらのスキルを身に付けたり，磨いたりすることができます。これらのスキルは，語り手や語り手の話に対して理解と受容を伝えます。事例から学ぶのが一番の方法ですので，おそらく経験豊かな聴き手が実践で使っている様子を聴いて，どのように語り手に思いやりを伝えているかを学ぶのが良いでしょう。これらのスキルを先に紹介した面接技術と結び付けることで，共感的聴き手は，効果的な聴き手になるために必要な基本的な特性や行動を上達させていくことができます。これらのスキルをすべて理解し，ライフレヴューの行程を通して織り交ぜて使えるようになるために，以下にスキルをひとつずつ説明しています。これらの5つのスキルとは，「受容」「思いやり」「無条件の肯定的受容」「共感」そして「調和」です。

① 受　容

　受容とは，ライフレヴューを行う機会に感謝しながら，語り手を包み込むように歓迎することを意味します。受容は，ライフレヴューの全体を通じて語り手に感じてもらえるべきものです。誰かを受容する時，聴き手は相手が欠落しているものに合わせて，違いに折り合いを付けます。それはちょうど長く続いている結婚生活や友情のようです。もし聴き手と語り手との間に生来の違いがある場合でも，受容は態度で承知したことを示します。ライフレヴューを共感的に行うことができるよう，語り手に合わせ，違いをわきに置いておくことは，

聴き手としての仕事です。

　受容するには，聴き手は自分自身の偏見を認識していなければなりません。例えば，もし聴き手がアルコール依存症の家庭で育ったなら，家族を捨て，仕事を失ってしまい，自分も家族も多くを失ったにもかかわらず後悔はしておらず，現在は酒を止め，むしろ止められたことに誇りをもっている依存症の語り手の話を聴くのは難しいかもしれません。もし語り手の個人史をあらかじめわかっていて，聴き手にとって受け入れられない事柄がある場合，そのような語り手の過去に不愉快な想いをせず，心から受け入れることのできる人にライフレヴューを行ってもらうよう，かわりの聴き手を見つけるべきです。共感的聴き手は，他の人を援助する以前に，まず自分を熟知している必要があります。

　②　思いやり

　カウンセリングのスキルとして，思いやりには，ひとりの人が別の人に示す心配，興味，そして愛情の気持ちという特色があります。思いやりは，ライフレヴューの全過程を通じて実践されるべきであり，共感的聴き手の一貫したペルソナの一部であるべきです。聴き手による思いやりは，ぬくもり，寛大さ，許容，そして語り手に対する積極的な興味や心配を体現するものです。思いやりのある関係では，聴き手の語り手への興味や心配は，一見してわかるもので真実のものでなければなりません。聴き手は，語り手の話に対して同情的理解力と感応性を示し，信頼関係を築き，強めていかなければなりません。共感的聴き手は，語り手が言っていること，感じていること，していること，それから語り手が快適かどうか，またライフストーリーの進み具合はどうかなど，偽りのない状態で気にかけなければなりません。思いやりは，語り手への聴き手の言葉や行為からも明白に伝わるものであるべきです。このスキルは，この章で説明しているその他の技術やスキルすべてを体現するものです。

　③　無条件の肯定的受容

　無条件の肯定的受容とは，語り手と語り手の話に対して映し出されるぬくもりや高揚感であり，条件無しに尊重することです。無条件の肯定的受容のもつ受容の雰囲気は，構造的ライフレヴューの過程を通じて常に，すべての語り手に対して与えられるべきです。聴き手は，語り手を心から受容し，また，語り手の話を広く許容することを示さなければなりません。この姿勢は，わが子に対する無条件の愛情に似ています。無条件の肯定的受容は，善し悪しの評価，

条件，価値判断なしに，好意を示すことです。

　それぞれの言葉をひとつひとつ吟味することは，このカウンセリングのスキルを理解するのに役立つかもしれません。「無条件」とは，制限をする境界線や決まりがないこと。「肯定的」とは，前向きで，楽観的で，心強いこと。「受容」とは，この場合，配慮，尊敬，尊重を意味します。それゆえ，もし聴き手が無条件の肯定的受容を示すなら，語り手に対する聴き手の前向きな尊敬には，制限はありません。聴き手は，語り手が心に浮かぶことは何でも自由に発言できると感じられるように，常に受容性に富み安心できる態度で受け答えしなければなりません。

　他のカウンセリングのスキルと同様に，無条件の肯定的受容は，ライフレヴューの間は聴き手の継続的なペルソナの一部でなくてはなりません。聴き手は，友人と話している時にごく自然な習慣となるまで，このスキルを練習する必要があります。もし語り手に対して双手を広げて広い心で尊重できなければ，その人はライフレヴューを行うべきではありません。効果的な共感的聴き手であるためには，語り手の価値観と相容れない場合，個人的な価値観や評価的な考えを水面下にとどめておく必要があります。

　④　共　感

　共感とは，感情，考え，他者の体験を把握し共有することです。共感するには，他者の物の見方が要求されます。そのためには，相手のために感じるのではなく，相手とともに感じることができる必要があります。聴き手は，ライフレヴューという潮の満ち引きの中で語り手と同じ気持ちを感じ，映し出さなければなりません。しばしば共感は，経験豊富な聴き手やカウンセラーにとって自然なリアクションとなり，語り手の人生の感情的な出来事への返答の中に現れます。

　多くの人が共感と同情を取り違えています。とはいえ，おそらく共感という概念は同情と比べた時によりわかりやすくなるでしょう。同情とは，他者の喪失を，その喪失が実際にどのように感じられるのか真に理解することなく，哀れんだり悲しんだりすることです。共感とは，自分ではなく語り手の立場からその喪失を理解し，そのうえで自らのうちにその気持ちを内面化し，さらに，この理解を語り手に伝えることをいいます。同情はどちらかといえば客観的，それに対して，共感はより主観的といえます。ライフレヴューにおいて，共感

には，適切な傾聴と，語り手の強い感情を分かち合いながらも聴き手の感情を反映するタイミングのよい返答が要求されます。それゆえ，同情は「お気の毒に」という意味を暗に含み，共感は「わかりますよ，そしてあなたの痛みも感じていますよ」という意味を暗に含んでいます。

　語り手が話をするごとに，自分が感じているのが共感なのかそれとも同情なのか，あなた自身の感情を検証してみてください。これらのスキルに関して繰り返し内省し，そして違う場所で友人と継続的に練習すれば，あなたは共感するのが習慣になるまで上達し，より効果的な聴き手になることができるでしょう。

⑤　調　和

　調和とは，一見してわかるような語り手との一致です。ここでいう「一致」とは，語り手の気分，感情，意図と釣り合うこと，そしてそれを反映することを意味します。調和は，心からの協和と親和という意味を暗に含みます。調和するには，ライフストーリーを語っている語り手の想いに上っ面ではなく誠実に，率直に返答しなければなりません。聴き手の感情は正確に，しかし正直に表されなくてはなりません。共感的聴き手が調和を示す時，語り手は，よりライフレヴューの状況に調和感を感じます。言い換えれば，聴き手は，語り手と「ひとつ」にならなければなりません。これは，2人が釣り合い，ぴったり合い，そして考えが調和している状態です。

　また調和とは，語り手が映し出している感情と同じ感情を感じながら，あるいは少なくともそのような感情を受け入れながら，過去の話に傾聴していることを意味します。もしも悲しい話であれば，語り手とともに悲しみを感じることが聴き手にとってふさわしいことです。誰かと分かち合った時にさらに大きくなる喜びについても同様です。調和は，ライフレヴューの最中，語り手と聴き手が感情的にも知性的にもかみ合う時に，さまざまなレベルで生じます。

　調和を生み出す責任は，語り手の立場から話を理解しようとする聴き手にあります。もしこの一致感が自然に感じられないものであったなら，調和を生むのは大変なことですが，それでも共感的になるためには必要なことです。共感的聴き手は，もしも語り手の立場から語り手の話を理解することができなかったなら，調和することができません。

　時には聴き手は，調和するために自分の価値観をわきに置いておかなければ

なりません。年老いたキリスト教牧師のライフレヴューを行った元軍隊士官の看護学の大学院生の例について考えてみてください。

　　第2次世界大戦中，私はアメリカ中西部のドイツ語をしゃべるルター派の教会の牧師でした。田舎の小さなコミュニティで，住人たちは私の教区員のことを理解しませんでした。教区員の何人かは，近所の人たちよりも市民になって長かったにもかかわらずですよ。教区員は，地域の人たちの手によるひどい仕打ちに途方に暮れていました。ですから，彼らを元気づけるために，戦争運動のためのチャリティーを催しました。しかし，そのお金をドイツ赤十字に送って，みんなに一杯食わせたんです。

大学院生は愛国心が強く，彼女はこの牧師が60年前に国家反逆罪を犯したと捉えました。しかし牧師はそれをおもしろい話だと思っていて，偏見を受けた苦しみからの気晴らしを教区員にもたらすことができたことに誇りを感じているのでした。聴き手役である大学院生は，愛国心をわきに置いて，牧師のお手柄に対する喜びを受容しなければなりませんでした。彼女は，自分自身で調和を保ち，牧師の立場から理解し，過去の賢いふるまいついての喜びを受けとめました。そして彼女は，適切に返答し――調和させ――牧師の誇りを傷つけることなく別れることができました。しかし，彼女は，正しいことをしたのだと自分自身が納得するために，その出来事について何度も向き合い考えなければなりませんでした。

⑥　カウンセリングのスキルのまとめ

カウンセラーが用いるスキルを強調したのは，聴き手と語り手の交流と信頼関係を促すためです。これらのスキルは，聴き手が将来ライフレヴューを行い，話を引き出すさまざまな人たちと心を通わせるのに役立つことでしょう。聴き手は，これらのスキルである行動を内面化し，練習し，日常的に語り手に使っていかなければなりません。聴き手は，自分の行動を継続的に評価していかなければなりません。聴き手は，ライフレヴューの過程のセラピー効果を追い求めながら，語り手との絆をより速く築き，信頼を勝ち取ることでしょう。それゆえ，聴き手は語り手と調和し，無条件の肯定的受容で受け止め，語り手とその話を受容し，共感を示して，とりわけ無私に語り手のことを気にかけていかなければなりません。

2　ライフレヴューの語り手

　ライフレヴューで最も大変な人はライフレヴューの語り手です。8週間の過程で注目の的となる人です。通常，ライフレヴューの過程は語り手にとり，自分の話すことに関心を示している人がいることで特別な意味をもちます。しかし，この章のはじめで述べたようなスキルと技術をもつ聴き手が話を聞くことができれば，それは語り手にとって，より特別な時だと感じられるでしょう。

　従来，ライフレヴューは高齢者のための方法と捉えられてきましたが，現在では，それはすべて正しいとはいえません。若い世代の人々も同じように回想を楽しんでいる報告をしていますが，構造的ライフレヴューは，若い個々人が外傷体験や大きな喪失体験をもつ場合に適用可能といえるかもしれません。本書のほとんどの語り手は少なくとも50歳以上であるため，高齢者層からのライフレヴューに限られます。ほとんどの高齢者は，ライフレヴューを歓迎し，過ぎてきた人生で培った英知から，若い世代に何かを伝えたり，教えることもあると考えています。ライフレヴューは療法とは思われていません。また，そのとおり，療法ではありません。しかし多くの場合過去を振り返ることは治療的でもあります。

　ライフレヴューは自然に語られる物語の過程ですが，抑うつ感が高いにもかかわらず，精神科領域のサービスを拒んでいる方にも応用されます。そして，高齢者が体験する居住の移動——例えば，老人ホーム入居，より小さな家への移動，子どもたちの近隣への転居など——は，短期的な居場所の変化に伴う沈みがちな気分を呼び起こすこともあります。さまざまな文献からも，ライフレヴューは施設への新規入居といった変化に対応する時，助けになるものです。もし新しい入居者が，前より重度の介護が必要な人の施設に新しく入居した時に自分の人生を話す機会があれば，スタッフのひとりに親近感を感じ，スタッフはその人自身とニーズを理解することができます。語り手は，過去を振り返り話すことにより，治療的とはいいませんが，友人を得ることにもなります。

　他方，とりわけ新しく移動して来た時など，自分のことを話すようにたずねられる経緯をいぶかしく思う語り手もいます。プライバシーをしっかり守り，そのような機会に参加することを拒否される人もあります。参加を促すひとつ

の最良の方法は，ライフレヴューについて，高齢者グループの人全員の集まり，例えば，高齢者センター，教会，退職者ホームなどで伝えた後に，参加する人を募ることです。

ケア付き老人ホームや老人ホームで仕事やボランティアをしていれば，そこには話をすることを望み，ライフレヴューにより暮らしの楽しみを増やせる人はすでにいます。ライフレヴューの方法を学び，その過程を自分の仕事としてごく当然のことのように行うこともできるでしょう。例えば，入居者の居室で同僚と昨晩のデートの話などすることにかえて，入居者にその人の人生を直接聞くこともできます。

周囲には，この過程を役立て楽しむことができる潜在的な語り手が多くいます。語り手の姿は限りなくあり，年齢や居住する場所にも限りはありません。自らの人生全体やある部分を振り返ることに意義があるかどうかが，この方法を活用する重要な見極めとなります。語り手には，落ち込んでいる人，孤独な人，病いを患っている人，また悲嘆にくれている人もいます。最近の出来事で，外傷体験や喪失感，暮らしの中の困難な変化，例えば，離職，死，転居，施設入居などの体験をしている人もいるかもしれません。このような人々の中にも，ケアの心に溢れ，熟練したライフレヴューの聴き手を通して，自らのライフレヴューが治癒の過程となる人もいます。

語り手のタイプ

人には多くのタイプがあるように，ライフレヴューの語り手にも多くのタイプがあります。誰も皆，独自の方法で自らの人生を語ります。以下に示すライフレヴューの語り手のタイプは，けっして人々の回想する力にラベルを貼るものではなく，人がライフレヴューの語り手として，それぞれ多くの相違をもっていることを聴き手に気付いてもらうために示します。異なった傾聴方法，カウンセリング，面接の方法などの組み合わせが語り手の相違により必要となるでしょう。大切なことは，ライフレヴューの語り手が自らをコントロールしていながら，聴き手がライフレヴューを構造的に導くという，その両者のバランスです。例えば，「物語の語り手」タイプは，話を進めるためにほんの少しの励ましのみが必要で，聴き手を上手に話相手として活用していくことができます。反対に「消極的な語り手」は，他の人の極めて多くの話を聞くことが自分

の回想を想起することにつながります。良い聴き手は，ライフレヴューの多くの語り手のタイプを熟知し，それぞれのライフレヴューを促すために最も助けとなる方法やスキルを理解する必要があります。ライフレヴューの語り手のそれぞれのタイプを次に示します。

① 物語の語り手

物語の語り手は人生を話すことを楽しみ，重要な出来事の描写をたくさんの例を用いて語ります。物語の語り手の話は長く続くので，話す人のニーズを分かち合うことが大切なグループでは問題であるといわれます。物語の語り手タイプのおかげで，聴き手はライフレヴューを行いやすくなります。物語の語り手はゆっくりと話す時を待っています。そのため，機会が訪れると最大限その時を活かします。本当の物語の語り手はどのような話でも展開し，また楽しんでいるのです。

物語の語り手への問いかけは，発達段階に沿うように話の進捗を保つことができるかどうかが重要です。物語の語り手は，ライフレヴューが構造化しないくらい話が拡散していき，一方通行の会話になってしまうこともあります。物語の語り手は，また，会話の相手を楽しませたいと思い，ライフレヴューの評価的な部分や個人的な部分を省略してしまうこともあります。聴き手は，ライフレヴューとその語り手との話を楽しみますが，時には差し止めることも必要になります。治療的な聴き手はその話の中で，例えば，「その時，どんなふうに思われましたか」「その結果，どのようになられたか，もう少し教えていただけますか」と楽しませる話をただ続けるのではなく，ライフレヴューの評価的な部分に焦点が当たるよう促します。

次に，物語の語り手に治療的聴き手が留意する点は，ライフレヴューが全体として展開する（ということはそれぞれの発達段階が含まれるのですが）その期間は6週間から8週間のうちであるべきということです。発達段階は構造の大切な部分であって，ライフレヴューフォーム（以下，LRF）の質問がその過程を促します。各発達段階を示すことが，現在までの全人生を振り返ることにつながります。特にある段階が辛かったり，また恥ずかしかったり，人と分かち合うことが難しい時には，避けたり，またそのままにしておきがちです。すべての質問への受け答えが長すぎるようでしたら，少し止まって，聴き手は各週の流れからひとつの質問を前もって選び，次のセッションではその質問から始め

ることもあります。

　例えば，次のような聞き方は物語の語り手にはよいかもしれません。1週目「最初の思い出は何でしょうか」，2週目「ご自分のご家族について教えてください」，3週目「ご結婚はお幸せでした？」，4週目「お仕事についてお聞かせください」，5週目「人生の中で最もがっかりなさったことはどんなことですか」，6週目「人生の中で一番誇りに思われることはどんなことですか」。これらの前もって予期できる質問は，各発達段階の出来事に対応しており，語り手の話しが次から次に及び留まらない様に焦点を合わせて，人生の大事な出来事や決定もたずねることができますが，必要な時にはLRFに戻り，再度確かめながら補完していきます。

　少し話を留めて他の話題に移すようなテクニックも，話し手の人生全体を見返してのライフレヴューを促すためには必要です。ただ，話を妨げることは，現に展開中の話への関心を失ってしまったかのように話し手に伝わりますから，好ましいものではありません。物語の語り手の話しの治療的聴き手は，話し手自身が洞察と評価が進むように6週間のうちに発達段階を移動しながら促すことが望まれます。話を聴くとともにこれらのことを心に留めておく聴き手は，語り手にとり意義あるライフレヴューを促すことになります。

　②　消極的な語り手

　消極的な語り手とは，あったとしても言葉少なにポツポツとコメントをしたり，応答するタイプです。この語り手のタイプは，あまり社会的に誰とでも話すことはせず，また過去のことを普通は話したりすることはありません。消極的な語り手は，物語の語り手の反対ともいえます。この語り手は，ライフレヴューに賛同したとしても，質問に対して一言以上答えることは難しいと感じています。この語り手は，話を展開することは容易ではなく，語り手と聴き手の双方にとり，ライフレヴューの進展が困難となります。

　ステレオタイプのような「消極的な語り手」は，独居の，家族のいない，社会的会話に慣れていない人かもしれません。読者の皆さんは，簡易宿泊所や高層アパートに住み，他の居住者とかかわらず，社会的参加の呼びかけにも応えないこのような人に会ったことがあるのではないでしょうか。治療的聴き手は，このような隠れている，また予測される語り手の存在に気を付けるべきでしょう。それは，閉じこもりを防ぐことにもなります。聴き手は，この回想過程を

介して，社会と関わる機会を作り，たぶん，消極的な語り手は，ライフレヴューが完結した後も他者との関わりを続けていくことができるでしょう。消極的な語り手が話したがっていないように見えても，物語の語り手と同様に，ライフレヴューから多くのことを得ることができ，また，今現在引きこもっているために，他の人よりも一層ライフレヴューの効用を得るともいえるということを，治療的聴き手は心に留めておかなくてはいけません。

　ライフレヴューの語り手が消極的に見えたとしても，ライフレヴューの前に生活史を知ることで助けになります。かんたんな生活史（出生地，職業歴他）は，短い会話の中から理解できます。もし聴き手が，支援施設で仕事をしていれば，入所時の情報から知ることもできます。かんたんな口述史も会話のきっかけになります。例えば，ニューヨークで育った高齢者は，南部の農村で育った人とは異なる生活体験を重ねています。町中の人にとって地下鉄の話は当然でも，聴き手が地下鉄のことを聞いたり，話したりすることを知らないと回想もできません。

　消極的な語り手にとって，応答が可能な事柄に関わる過去の懐かしい記憶も役に立ちます。絵ハガキ，写真，絵などは特に効果的です。語り手が昔住んでいた地域はしばしば記憶に残ります。各地の有名な建物，例えば，ニューヨークのエンパイアステートビルなども休暇や風景の話を想起させます。語り手の若い頃の有名な写真も回想を促すきっかけとなります。記憶が蘇ってくると，消極的な語り手は心を開き，会話に一層参加してきます。治療的聴き手にとって，話があまり進まないので，語り手が喜んでいるのかわかりにくいところもあります。しかし，ていねいに，また想像して聴くことです。

　③　対外的な語り手

　対外的な語り手は過去の出来事を自由に話しますが，個人的な視点からは話しません。そのような語り手「自身」について洞察を得ることはかんたんではありません。ライフレヴューが個人の人生でないならば，治療的であろうはずもないからです。自己については含まれていないため，対外的な語り手は，歴史を叙述しますが，個人のライフレヴューに参加はしません。ひとりの語り手が，彼女の母親は，自分自身のことを話すのはお行儀が悪いことと言っていたと語りました。また別の人は，ライフレヴューに関わろうとしなかったのですが，両親や先生に自分のことをたくさん話すものではないと教えられてきたと

話していました。それ以上に，多くの語り手は，聴き手が自分の人生を語ることを促すと驚かれます。自分の人生など，それほど波乱に富むわけでもなくて，飽きてしまうと思っています。治療的聴き手は，対外的な語り手の中に長年培われてきたあまり内面の話をしないという習慣や信念を考慮する必要があります。穏やかに少しずつ歩むことにより，語り手が恥ずかしいと思っていた行動が，ひょっとすると恥じる必要ななく，ライフレヴュー全体を通して自らのことを話してもよいことに気付く手助けを，聴き手ができるかもしれません。

　聴き手には，語り手の個性を，ライフレヴューの焦点であるその人の人生の特別な出来事とともに熟慮することが欠かせません。徐々にですが，聴き手は語り手がライフストーリーに関わっていく変化をあきらめずに待つことを身につけます。治療的な聴き手は，人生の出来事とつながる自己の語りを引き出していく方法を身につけていきます。例えば，聴き手は，著名な歴史的事件についてたずねます。多くのアメリカ人は，その人の年齢がある年であれば，誰でもチャレンジャー号が飛行中に大破したことや月に人類が到達したこと，最近では9・11の出来事について知っています。対外的な語り手は，客観的にこれらの事件や出来事を思い出しますが，治療的聴き手はそのような折に語り手が経験の主体として，その出来事が起きた頃の体験を話すように促します。彼らにとり，それらの出来事がどのような意味をもつのかを知りたいと思い，その時どこにいたか，また誰と一緒だったのか，驚いたか，などを聞くでしょう。

　主要な出来事の歴史は，聴き手が会話の新しいトピックを移す際に役に立ちます。さらに，よく用いられる質問ですが，「それで，そのご経験をどのようにお感じになりましたか」という問いかけは，何回も使われ，その人自身の答えを促すことにもなるでしょう。対外的な語り手がとても客観的に出来事に距離をおいて話す度に，聴き手は語り手にとっての意味をたずね，展開されるようきっかけを作ります。少しずつですが，対外的な語り手は自然に自分自身をその会話の一部分に入れてくるようになります。終わりには，聴き手の自己開示が語り手の例えを導くこともあります。

④　創造的な語り手

　創造的な語り手は，必要以上に真実を美化しますが，それは偽りを語ろうとしているのではありません。作られたライフレヴューを語っている時にも，彼らは自分の言っていることは事実であると信じています。創造的な語り手は，

アイデンティティや記憶がもしそうであったなら良かったのにという思いに影響されていることも確かです。創造的な語り手は，作り上げたライフレヴューを語る時であっても話すことに喜びを覚え，そのことから意義をみつけます。創造的な語り手は自分の話をさまざまな違う理由から誇張することもあります。例えば，本当にあった話を語ることでは足りないくらい，その体験を共有することが難しかったり，事実よりも興奮するような話を語ったほうがもっと面白いといった理由などです。話を飾る理由は何にしても，その話が的確なのかどうかは重要ではありません。ライフストーリーは語り手の話であり，その人が明らかにそう思っていることや，そうありたいと願うところのものなのです。

　多くの人は，過去の出来事を現在の時点から見直す時，違った見方をします。そのような語り手は，ライフレヴューを完結する際に現在の視点を再意義付けすることにより，以前に見直した時とは異なった見方をすることにもなります。例えば，子どもが学校に行っているぐらい小さい時に外で働いていた自分に，罪悪感を感じていた母親がいたとします。仕事をしていたのは，子どもを放っておいたのではなく，教育の機会を作ろうとしたからという見方の変化が自分の中で起きると，仕事を語る時の思いと表現は以前とは異なってきます。

　創造的な語り手のことを示しているのは，自分のあり方や真実を認めるかどうかは，ライフレヴューを成功とみるかどうかにことさら関わらないという理由からなのです。人は時折自分自身の真実を作るからです。年を重ねるにつれて，創造的な語り手は自分の物語を繰り返し話すので（たとえ，自分自身に対してだけであっても），本当にあった事実より自分の語ることが真実だと思うようになり，彼ら自身が再編した話を信じます。治療的聴き手は，真実を明らかにするために無駄な努力を費やすことはありません。そのかわりに構造化された評価を伴うライフレヴューを勧めてください。きっと語り手を十分支えることになるでしょう。

　⑤　拒否的な語り手

　拒否的な語り手は，過去の傷ついた体験をそんなことはなかったとして認めず，防衛している語り手です。このような拒否は，語り手と聴き手の出会いの始めの頃でライフレヴューの開始時に見られます。しかし，徐々に4週間目くらいになり，聴き手の信頼やともにいることの安心感が増してくると，自分の話題を選ぶようになります。通常の精神療法とは反対に，ライフレヴューは語

り手が隠しておきたいことはそれでよいとします。むしろ，ライフレヴューは外傷体験が含まれている時にはライフレヴューを語り手が統制できていますから，より治療的であるともいえます。ライフレヴューの語り手は，自分があげている課題のみを話します。聴き手は，語り手の示唆する，あるいは，そのように思われるテーマについて聞きますが，語り手が拒否すれば，それに執着することはありません。

　拒否的な語り手は，創造的な語り手とは，聴き手を意識的に拒否しているところが異なります。拒否的な語り手は，子ども時代のことを聞かれると，幸せだった，素晴らしい両親だったと話します。彼らの話は，今まで自分自身を守ってきた防衛機制でもあるのです。拒否することは，多くの人にとってよいこともあります。しかしながら，4週間目以降になり，信頼関係が増してくると成人期の話は変わってきます。子どもの頃は幸せではなかったかもしれないと含みながら，聴き手に子ども時代の傷ついた体験などを心を開いて話していきます。成人期の話を進めるかわりに，子どもの頃の話と関わらせながら新しく見出したことをたずねます。そのような場面に達すると，信頼感をもった語り手は，不快な子ども時代の記憶にさかのぼり，また，それより後の人生の体験にも触れていきます。聴き手は，ライフレヴューの進捗をやめて，語り手が話し終わるまで十分に聞きます。なお，このような場合とは反対に，語り手が語らず，ずっと防衛的であり続ける場合に，聴き手は何をしたらよいでしょう。答えは，何もしないことです。通常のライフレヴューを続けます。拒否的な語り手の望むように話すことを享受し，防御をするその人を支えます。

⑥　苦しみに苛まれる語り手

　苦しみに苛まれる語り手は，その人生がとても困難であったと信じています。彼らは自分自身を憐れみ，困難について話し続け，励ましを求め，同情を得ようとします。これまでの研究では，このタイプの記憶は苦しみの再現として，過去にあった出来事を強迫的に残し続けているといわれています（Webster, J. D. 1993）。苦しみに苛まれる語り手は，たぶん専門的な治療を必要としていますが，その治療を探す機会はあまりありません。苦しみに苛まれる語り手のライフレヴューの目的は，治療が必要であると認めることかもしれません。よい聴き手は，彼ら自身にとって治療が必要だと洞察できるように手助けします。語り手はその人生について6週間話続け，今まで抱いてきた哀しみを少しでも

受け止め，自分の思いを変えるためにより深い手立てが必要だと見出します。

　苦しみに苛まれる語り手は，事実苦しい人生を歩んできました。そのことが彼らの否定的な行動の理由にもなっていますし，通常の聴き手よりさらに卓越した聴き手が必要となります。苦しみに苛まれる語り手は，子ども時代や大人になってから虐待され，無視された体験について語りますが，その時には好かれる子どもでなかったことや，きわめて異常な状況について話します。自分を開示する中で伴う多くの痛みは，個人によって異なりますが，長い年月にわたり重荷として抱いていた哀しみです。苦しみに苛まれる語り手の多くは，その重荷を振り払うために話を聴いてくれる人を待っています。彼らは，文字通り毎回の訪問において聴き手を玄関口で待ち，困難に満ちた人生の出来事をすぐに話し始めるかもしれません。彼らの過去をライフレヴューの中で話し，見直していく機会は，苦しみに苛まれる語り手にとって大変意味があります。しかしながら，彼らに対して，聴き手が役に立つ手助けよりもさらなる援助が一般的に必要とされます。もし，彼らがその聴き手を信頼するならば，その聴き手が示唆した，より専門的な援助を探すことでしょう。

　このような語り手に対して，他にどのような配慮が必要でしょうか。その答えは，じっと耳を澄ますことです。あきらめないことです。去ってしまわないことです。聴き続けてください。治療的ではないと感じていても，この語り手のために時間をかけて聴くことが，この語り手にとって良いことなのです。ここで問題となるのは，その語り手の罪責感が，毎週聴き手が聴くのには大きすぎる場合です。そのような時には，聴き手自身のためにスーパービジョンを求め，誰かと負担を共有してください。ただ，ライフレヴューの過程には8週間終了するまで留まってください。

3　むすび

　語り手は一人ひとりが個性的です。語り手のために準備をし，スキルや方法，あるいはその語り方についてこの章で示されたことを参考にしてください。十分な準備をした聴き手ならば，すべてのタイプの語り手に対して肯定的な結果をもたらすライフレヴューの過程をたどることができます。進行方法については，次の第Ⅱ部に示すガイドラインを活用することをお勧めします。

第Ⅱ部

構造的ライフレヴューの実践

第3章
訪問初回：はじめに

話すことは知識の領域であり，聴くことは英知の特権である。
　　　　　　　　　　　　　　　　　オリバー・W・ホームズ，SR.

1　訪問初回：聴き手のガイドライン

　この章では，実際のライフレヴューを始める前の重要な課題について論じます。準備は重要です。全体を始める前や各セッションの開始前に準備すればするほど，語り手や内容について最も大切なことに焦点を当てることができます。準備の内容としては，予定されている語り手との出会い，セッションを実施する環境のアセスメント，語り手の身体・機能・精神状態のアセスメント，次のセッションの計画が含まれます。

2　ライフレヴューの語り手と予測される人との出会い

　はじめて語り手本人と直接会う時，第一印象が大切です。聴き手は，語り手との重要な関係性の基礎を築くことに重きを置きます。絆や信頼関係を築き始めたいと思います。そのために準備しなければなりません。語り手が過程を認識し，どんな質問にも応えるために必要なことを，正確に記述するために，聴き手は開始前にこの手引書を読むことをお勧めします。聴き手は，自信があり，ていねいで，見識のある人であるべきです。つまり，常に備えておくことが必要です。

　巻末付録Aでは，この訪問初回を含め，全体の過程のチェックリストを示しています。語り手と会う前に，このチェックリストを勉強して，確認しておきます。必要な準備物と名刺あるいは約束カードを持っていきます。今後，セッ

ションのために使用する可能性の高い場所をアセスメントする準備や語り手の精神・身体状態をアセスメントする準備をします。訪問初回では，語り手が参加への同意について，情報に基づいた意思決定を行うことができるように，見通しをもってライフレヴューのプロセスの十分な開示を提供する必要があります。

3　自己開示

　自己開示は，聴き手の最初の仕事のひとつです。なぜならば，語り手は十分な情報提供をされた後，ライフレヴューに参加するかどうかを決めるかもしれないからです。最初に自己開示について気を付けることによって，聴き手はいつか誰をも救えるかもしれません。理想をいえば，語り手は来週起こることについて正確に知る必要があります。すべての過程について語り手に十分に知らせる最も良い方法は，すべての過程について語り手と話をしながら，ライフレヴューフォーム（以下，LRF：巻末付録B）のコピーを共有することです。LRFは，将来の面会のガイドラインとしても役に立ちます。LRFは，専門的な聴き手が語り手と話し合うために質問をするためのトピックやタイプが含まれています。

　語り手がLRFを読むので，いくつかの質問が個人的すぎるかどうか，判断することができます。もし，質問や答えがとても個人的なものであると判断すれば，参加しないかもしれません。参加予定の語り手に，柔軟なアプローチをとることによって少しでも話し合う準備をしなければなりません。聴き手は，語り手のためらいや不服を明らかにする必要があり，聴き手と語り手がそれらの感情をもちながら作業をすることができるかどうかを知る必要があるかもしれません。もし候補者が現れれば，聴き手は「参加を希望しますか？しませんか？」とほどよく最終的な質問を切り出し，語り手の決断を受け入れなければなりません。

　さまざまな人が，さまざまな方法でLRFに反応します。中にはいちいちすべてを読まない人もいます。ただ友人を探したい，ライフレヴューの活動をよく考えることが嬉しいなどに似たような理由があるかもしれません。個人的な生活，特にずっと秘密にしてきたことを共有することは特別で慎重になる人もいます。個人的な方法で，LRFに反応する人もいます。

例えば，学校の先生である語り手は，LRF を受け取り，後で内容についての彼女の回答を書き，まるでそれが宿題であったように，次の訪問には聴き手に示しました。それが彼女のやり方でした。聴き手はこの方法を受け入れ，まだ訪問して，学校の先生と一緒に時間を過ごしたいと言うことによって，出来事に対処しました。訪問が始まり，LRF ですでにわかっている回答に時折関連しながら，プロセスは 6 週間続きました。聴き手も語り手も，多くの人と同様に，訪問を非常に楽しみました。

4　書面による同意

ライフレヴューへの参加に関する聴き手と語り手の間の何らかの同意書は，両者の助けになります。ライフレヴューが調査研究として行われる時，語り手は研究者にライフレヴューを実施する許可を与えている告知に基づく同意書に署名しなければなりません。多くのセラピストもまた，クライエントにセラピーへの参加のための同意書にサインをしてもらっています。ライフレヴューにとって，そのような署名された同意書は，その後のプロセスを聴き手と語り手の両者に明らかにし，同意されたプロセスに関する非公式の契約として用いられます。この文書は，聴き手と語り手の両者を保護します。同意書には，語り手がいつでもやめることができることを提示しなければなりません。しかしながら，一度始まってしまったら，プロセスを完了させることが語り手の利益となります。サインされた同意書は，おそらく，ライフレヴューが完了する前にやめることの抑止力として，役に立ちます。同意書のサンプルが巻末付録 C です。

5　録　音

もしセッションを録音するつもりであれば，録音する許可は書面で語り手から得るか，語り手自身によって録音されなければなりません。録音することのひとつの利点は，思い出すきっかけを聴き手に提供するということです。聴き手は，次のライフレヴュー訪問の前に，それまでの訪問を見直すことができて，語り手の重要な発言を思い出すことができます。録音された語り手の口調は，

次の訪問をする前に，さらなる洞察を聴き手に提供することがあります。録音する許可は，この最初の訪問のライフレヴューが始まる前に取得されなければなりません。それゆえ，もし語り手が許可を出せば，録音機をオンにして，「○○さん。私はあなたが録音を承諾してくださったと理解していますが，それで正しいですか？」と，許可を確認してください。

もし語り手が録音を拒否した場合，その希望を尊重し，ライフレヴューは録音なしで行うことになります。ライフレヴューを録音されたくない理由はたくさんあります。例えば，語り手は，自分の会話が録音によって永久に残ることを恐れるかもしれないので，匿名性と全過程の守秘性が確信されなければなりません。また，録音は不快ではあるがいずれにしろ同意するならば，語り手は自由に話をすることができなくなり，録音の存在は，ライフレヴューの質に影響を及ぼすでしょう。聴き手は，ライフレヴューを始めるためにどちらの方法をとるか決めなければなりません。語り手によっては，録音されることが，別の人に対話を盗聴されているような気がするかもしれません。また拒絶する語り手の中には，理由を知らせたくない人もいるので，その場合は知らない方がいいでしょう。語り手がセッションを録音することに対して最初に拒絶したことをもう1度考え直してくれると感じるならば，実際のライフレヴューが始まった後のセッションで許可を得ようと試みるために再びこの問題に立ち戻ることができます。

語り手が録音を承諾してもしなくても，治療的な聴き手は，ライフレヴューの間メモを取るべきではありません。なぜならば，メモを取ると，語り手に集中できなくなってしまうからです。語り手は，聴き手のすべての注意が向けられていないことを感じますし，それらは事実です。しかしながら，次の訪問の刺激として使えるように，過去の訪問の重要な点を覚えておくために，聴き手は各訪問の直後に書きとめなければなりません。

もし，語り手が録音を承諾すれば，語り手の発言（録音への同意を含めて）がはっきりと録音できるように，できるだけ語り手の近くのテーブルや椅子に，小さな録音機を置きます。聴き手は，テレビやラジオの音のような雑音が背景にないかチェックし，できるだけ静かな環境を作ります。もしテレビがあれば，別の部屋を使うか，テレビを消すかのお願いをします。この最初のセッションの間に再生してみて，録音された2人の声がはっきりと聞こえるよあとでチェ

ックします。過去には，1度録音機を設置すると，聴き手も語り手もほとんど録音機の存在を忘れてしまうこともありました。録音することの利点は，録音機が時間の終わりにピーッと鳴るならば，それがタイマーとして用いられるということです。つまり，聴き手と語り手にとって，1時間のセッションを終えるための良い合図になります。

6　名　刺

　治療的な聴き手は，最初の訪問終了後に名刺をライフレヴューに参加するであろう語り手に残さなければなりません。名刺には，聴き手の名前，電話番号，職場の住所が記載されており，次の訪問の時間や日付を書けるような空白を作ります。もし聴き手が名刺を持っていなければ，語り手に渡すために3×5インチのインデックスカードに，名刺と同じ情報を記載し，予約カードを作るとよいでしょう。インデックスカードは，より大きくて，見たり，読んだりすることが容易なので，より適切かもしれません（大きく印刷して使ってください）。毎週，次の約束の時間を書いた新しいカードを渡しておきます。

　これらのカードを使うことには，たくさんの利点があります。もし，語り手が特別養護老人ホームやケア付き老人ホームにいれば，カードによって，ライフレヴューと他に予定されているイベントを知ることができます。あるいは，コピーをスタッフに残すか，少なくともスタッフに次の約束について話すことは，役に立ちます。カードを見たスタッフは，たいてい聴き手が次に訪問する時には，語り手の着替えや準備をしてくれています。家族は，しばしばライフレヴューについて聴き手に質問があるため，カードの電話番号に電話をかけます。最後に，カードは，もしかすると聴き手と会う約束をかんたんに忘れるかもしれない語り手に，思い出させる働きをします。

　施設にスタッフとして雇用されている聴き手でさえ，語り手の記憶を促して，次のセッションを楽しみにするのを援助するために，カードを使わなければなりません。次回の予定を立てることは，たいてい最も楽しい部分です。最後に，聴き手自身にも同じようなカードや予約帳を作る必要があります。約束を忘れないようにしてください。それが責任です。

7　評価テストと測定

　調査者は，介入の治療的効果を示すために，いくつかの評価の形式を用います。それらは，経時的なクライエントの向上や変化を測定するために使うことができるので，実践者にとっても役に立ちます。調査では，身体・認知機能や気分のテストを含めて，ライフレヴューの介入の結果として，肯定的な治療的変化が示されるように測定します。テストの見本が巻末付録DとFです。これらの質問紙検査は，かんたんに使用でき，結果がすぐにわかります。

　もし治療的な聴き手がライフレヴューを始める前に語り手をアセスメントするための方法として質問紙検査の使用を選べば，最初の訪問は，事前評価として質問紙の中のひとつかそれ以上を行うための時間となります。訪問がすべて終わった後に行う同一の検査は，たいてい事後評価として示されます。事後評価から事前評価を引いた結果を具体的な根拠の一部として，聴き手はライフレヴューの価値を証明します。その得点差が変化した得点となり，過程に応じた語り手の進展の客観的な測定結果を提供します。ある研究では，変化についてライフレヴューがすべて終わった直後より，介入の6か月後の方がしばしば大きいことも示されているので，6か月後にもう1度，事後評価として語り手を再訪問することを考えてください。

　質問紙検査を実施する前に，検査について話し，目的の説明をしてください。それから，語り手に検査のコピーを渡し，数分間見てもらい，質問がないかどうかたずねてください。次に，質問項目を読み上げ，語り手がそれに対して回答した内容をコピーした質問用紙に記入していきます。もし語り手が回答に迷っている様子であれば，それについて話し合い，だいたいの回答を記録しておきます。このように事前評価と事後評価を行ってください。事前評価と事後評価を比較して，結果が得られたら，直接あるいはメールなどで，語り手とその結果について共有しなければなりません。語り手は一般的に，結果に非常に興味をもっていて，検査の理由が理解できて，結果を知らされれば，より検査に協力したがるでしょう。

　もちろん，ライフレヴューでは，たくさんの変化が生み出されます。かんたんに変化がみえるものもあれば，そうではないものもあります。多くの聴き手

は，最初の訪問の直後に語り手について書きとめることが役に立つとわかります。そのため，時間とともに語り手の一般的な幸福感が変化したことに，後で気付くことができます。外見，身だしなみ，活動レベル，会話や改善された食欲のすべては，多くの高齢者で幸福感の向上を意味します。マージョリーの変化（「背景」の章参照）は，かんたんに判断されない深い変化の良い例です。マージョリーの事例では，聴き手は，最初の訪問から最後の訪問にかけて，主観的に大きな変化に気付き，それらの変化を追うために記録をとりました。それゆえ，マージョリーでは客観的な結果を示すことができませんでしたが，彼女の幸福感の向上は顕著で，聴き手のメモに記録されていました。最初の訪問で，語り手の幸福感を確かめるためにすぐ使えるチェックリストは，巻末付録Eに示されます。ライフレヴューを開始する時と再びライフレヴューが完了する時に，この評価が使われるかもしれません。

8　環境のアセスメント

　聴き手は，ライフレヴューを始める前に，環境と語り手本人をアセスメントしなければなりません。理想的には，効果的なライフレヴューのために，訪問の場は個人的かつ快適であるべきです。しかしながら，聴き手はさまざまな場所（ケア付き老人ホームや特別養護老人ホーム，事務所，語り手の自宅，語り手の家族の家など）で語り手と会うことになりますが，それらの環境がいつも適切であるとは限りません。このように場が多様化しているため，ライフレヴューを行うための最高の環境を選んでコントロールすることに，聴き手は徹底的に注意を払わなければなりません。施設で語り手に会うならば，語り手と接触する前にライフレヴューを行う施設から許可を最初に得なければなりません。あるいは，状況により前もってひとつ以上の実施できそうな場所を探してください。

　語り手の能力に見られる特徴は，同様に場所の選択に影響することがあります。視力と聴力の変化は，特定の場所で一部の語り手に問題を引き起こすことがあり得ます。周囲の雑音（例えばエアコンによる雑音）は，会話を聴くことに難しさがある人に，大きな差を生じさせるかもしれません。感音難聴の人は，環境や周囲の雑音を遮断しているという，より大きな問題があります。このように，聴き手が以下の諸要素を考慮して環境と語り手をアセスメントすること

が必要です。

プライバシー

　プライバシーは，守秘性を強化し，信頼を得るためのカギです。ライフレヴューは，自宅であれば配偶者や介護者から，施設であれば集まった他の居住者から離れて，できるだけ個人的に実施されなければなりません。もし，聴き手が自宅で同じ場所を共有している家族に，プライバシーが必要だと伝えれば，語り手と聴き手だけで話すために2人きりになれるように，家族はプライバシーに関する聴き手の気持ちに応じます。あるいは，家族は1時間くらいお使いか何か雑貨のお店に買い物に行って，家を離れるかもしれません。

　施設では，プライバシーを保つことが自宅よりさらに難しくなります。しかしながら，そのようなコミュニティの場では，プライバシーはさらに重要です。プライバシーは，聴き手がプライバシーを提供する適切な場所を見つけることに時間をかける必要があるくらい重要な要因です。プライバシーが守られた場では，ライフレヴューに伴い確実に発達していくあたたかさや信頼感を増やさなければなりません。

照　明

　照明は，ライフレヴューを行っている間，実際の視力と同じくらい環境にとって重要です。心地よい照明がないと，そこは冷たく，実りのない，とてもつまらない場所に見え，語り手の邪魔をするかもしれません。ライフレヴューを行う部屋では，テーブルにランプを置き，ソフトホワイトか日光のような色の電球を使い，快適な照明にすべきです。テーブルのランプは一般的に，場をあたたかく，快適にさせ，居心地がよく，親しみやすい雰囲気を招き，提供します。

　反対に，蛍光灯は冷たく不快で，頭上でギラギラとまぶしい光となります。まぶしい光の反射で見えなくなるかもしれないので，反射は，いつ高齢者と作業をするのかについて考えるために特に重要です。白内障の語り手にとって，反射は，語り手が聴き手の顔を見ることができないという，非常に一時的な盲目を実は引き起こすことがありえます。常に，語り手が聴き手の微笑を理解するのに十分はっきりと見ることができるかどうか，語り手にたずねてください。

第3章　訪問初回：はじめに

ライフレヴューでは，聴き手の表情がたくさんのフィードバックを提供します。だからこそ，聴き手の顔が見えることが，聴き手にとって重要なのです。さらに語り手は，建物に反射する日光を避けるために，常に窓に背を向けて座らなければなりません。照明や反射をコントロールすることは，聴き手にとって重要な準備の仕事です。

雑音の程度

　私たちは，雑音の程度を管理することの重要性を強調します。過度な雑音は，聴き手が予期する必要のある，うるさくて，重要な環境の欠点です。不当な周囲の雑音は，私たちがめったに気が付かないくらい一般的で，広範囲にわたります。例えば，お店では絶えず音楽が流れていますが，私たちは聴き入ることはありません。自動車警報装置が鳴り出すのを聞くと，私たちはすぐにそれを無視して，雑音を故障のものであると考えます。聞いても見てもいないのに，ラジオまたはテレビをつけっぱなしにしていることを忘れます。背景の雑音はどこにでもありますが，可能であれば目的のために排除しなければなりません。背景に雑音があれば，声を上げない限り，聴き手と語り手が互いに話している言葉を聞くことはより難しくなります。そして，それは望ましくありません。言葉と雑音の音は混ざるので，両方とも不明瞭になります。感覚神経的聴力損失で苦しむ人に対しても大きな影響を与えます。

　雑音は，語り手と聴き手にとって単なる気を逸らすものではありませんが，ライフレヴューを録音する時，特に有害になります。背景に，ラジオやテレビ，音楽やゲームの音があると，はっきりと録音をすることが難しくなります。さらに，ライフレヴューの背景で雑音が続いていれば，語り手はその雑音に対して注意を向ける傾向があるかもしれず，語ることに集中できなくなります。1度集中が途切れると，それまでの話題や記憶に再び集中することは難しくなります。いかなる理由での中断も，ライフレヴューの流れに有害です。それで，実際のライフレヴューが開始される前に，治療的な聴き手はテレビ，ラジオとBGMを静めることによって，または，より静かなところへ移ることによってできるだけ多くの雑音を取り除いた場所にする必要があります。

　聴き手がひとりで在宅している人を訪ねない限り，訪問時の雑音の可能性があります。訪問にとって最善の時間と場所を選ぶ時，それらの問題を予測して，

気付く必要があります。例えば，地域の施設では，雑音はかなり一般的で，より全面的な問題を示します。施設の食堂は，テーブルと椅子を移動させると広くて何もないスペースができますが，食事時間でない時は，寂しく感じられます。たくさんの人がいる施設では，誰もいない食堂がライフレヴューの理想的な場所のようです。誰もいなくても，食事時間の前には食事準備の雑音と匂いがあり，食事時間の後には，掃除をする雑音と食器洗い機の雑音があります。このような雑音は，他の人の話し声くらい邪魔になります。一見静かな場所でも，特に共同生活をしている施設では，特定の時間にうるさいことがあるので，聴き手はその日一日のさまざまな時間帯に雑音になる可能性のある環境を調べておく必要があります。そのような施設では，聴き手と語り手が話をすることができるようなもっと静かな部屋や個室がないか職員にお願いしてもいいかもしれません。

温　度

ライフレヴューの実施場所に選ばれた部屋の温度は，語り手にとって快適でなければなりません。高齢者は，若者より敏感に温度の変化を感じます。しばしば，聴き手にとっては快適に感じられても，語り手には極端な温度かもしれません。例えば，エアコンがよく効いていて快適そうな場所は，高齢者にとっては寒すぎて，もっと快適にするよう調整してほしいと要求があるでしょう。もし，聴き手が温度の調整をすることができなければ，語り手が寒くなる場合に備えて，自分で余分の毛布またはセーターを持ってこなければなりません。あまりに暖かいならば，同じように調整をしなければなりません。静かな携帯用のファンは十分に空気を冷却するかもしれないので，語り手の上に直接吹かないか，あまりたくさん音を立てないところに設置します。ずっと語り手を快適にしておくために，温度に対する語り手の意見を定期的にチェックすることが望ましいです。

椅子の配置

座席の配置は，語り手と聴き手の間で円滑な対話をするために主要になります。椅子は，快適かつ，語り手が聴きとりやすいくらいの近さに配置すべきです。聴き手は，顔が見えるように語り手の前に座ります。そうすれば，語り手

が話す時の表情を見ることができます。良い治療的な聴き手は，自分の体の動きを通してだけでなく，表情を通して受容と関心を示すことができます。そして，よりよく語り手の話を聞くために，前傾姿勢になることによって注意深さを示します。多くの効果的カウンセリング技術は，体の動きと表情を通して部分的に示されるので，これらは語り手によって明らかに見られる必要があります。したがって，座席の配置によって，ライフレヴューを高めることもできますが，対話と効果を損なうこともあります。

　しばしば，老人ホームや病院の部屋には，語り手の部屋にお互いの顔が見えるような快適な椅子が２つない場合があります。ベッドだけしかない，あるいはひとつしかないかもしれません。ベッドに患者が座ってもいいですが，話を１時間する場合には快適でない場合があるので，聴き手はかわりの場所で会うために準備をする必要があります。語り手が動くことができないならば，聴き手は毎週チェックを開始する前にベッドで語り手の快適さを保証するか，語り手に快適な椅子を与える必要があります。そして，聴き手は語り手と向き合うことができる背もたれの真っ直ぐな椅子を持ち込んでください。事前の計画で，聴き手はその環境の中で，可能な限り最も快適なものを準備することができます。

　車椅子に長い間座っていることは快適でないことも忘れてはいけません。快適に見え，配置を手配する際に楽という長所があるかもしれませんが，快適でないことが多いです。通常，後ろの支えはなく，席はたいてい支えやクッションなしで体の形に合わせた革製です。多くの語り手は，長期間車椅子に座っていますが，だいたい周囲を動き回ったり，椅子の上で動いたりしています。１時間の間，ずっと車椅子に座っているのはもっと難しいことです。そのため，ライフレヴューの準備をする時は，背中や足置きで上げられている足にある枕と一緒に，快適なラウンジチェアに語り手が移るのを援助することが最善です。

9　語り手のアセスメント

　語り手のアセスメントは，環境のアセスメントと同じくらい重要です。以前に述べられたように，老化は，集中力や理解力のような語り手の能力を妨げることもあります。そして，それは個人的会話に徐々に影響を及ぼします。失わ

れた能力に応じて個々に調整するために，各々の語り手の能力に精通していることが重要です。各々の語り手のファイルや小さな索引カードで記録を残すことは，語り手の個々のニーズを思い出させるものとして役に立ちます（巻末付録E）。

傾向や習慣

　ライフレヴューを行う時，語り手の毎日の習慣と傾向に対する敬意は，聴き手の成功または失敗の原因となることがあります。ライフレヴューを始める前に，聴き手は語り手の生活パターンについてアセスメントしておく必要があります。例えば，語り手は昼寝をするのが習慣かもしれません。昼寝を邪魔されたくないので，語り手は午後の訪問に参加することを拒否するかもしれません。あるいは，ライフレヴューセッションのために，聴き手が訪れることに怒るかもしれません。その他，テレビの習慣，予定の電話，家族からの訪問，スポーツ競技さえ含めて考慮しなければいけません。

　聴き手は，語り手にとって重要であるものは何でも隠し立てせず，語り手の選択を配慮するように今後の訪問の予定の調整をする必要があります。この最初の週は，語り手の毎日で好ましい予定についてたずねるよい機会です。聴き手は，語り手やその家族，施設職員と予定についてチェックすることができます。

　個人の傾向に加えて，特別養護老人ホームやケア付き老人ホームのパターンや予定を知っておくことも重要です。優秀な聴き手は，語り手を取り巻く環境や，そこで働いている人や，一緒に住んでいる人たちの協力を求めています。多くの老人ホームでは，朝はとても忙しい時間です。職員は，割り当てられた入浴介助や食事介助を完了するのに苦労して，訪問客を歓迎しません。しかしながら，いったん必須の雑用が完了すれば，職員は居住者のために喜んで予定を変更して，よりライフレヴュー訪問のための居住者の準備に協力してくれます。気転のきく聴き手は，前もってたずねて，ライフレヴュー訪問を成功して実行するために，施設職員と協力して働く必要があります。現場の職員と相談し，協力することによって，職員の予定だけではなく，自分の予定も配慮することができ，任務を完了したいという職員の希望にも配慮することができます。

機能的な能力

　機能的な評価では，複数の領域で，毎日の仕事を果たすために必要な語り手の特定の能力を調べます。聴き手が担当する語り手の機能的な能力を知っていることで，必要な援助に対して計画を立て，もしあれば訪問の準備もすることができます。

　もし語り手が高い能力を保っており，車を移動させることができたり，運転することができたり，バスまたはタクシーに乗ることができるならば，ライフレヴュー訪問の準備をするための援助はほとんど必要ではありません。聴き手のオフィスでさえ，会えるかもしれません。日常生活の手段となる活動だけでなく，基本的な日常生活の活動をテストする質問紙検査で，機能を評価することができます。使用できる選ばれたテストの候補は，巻末付録D～Fに示されています。

　① 身体機能

　身体機能では，ある病気または健康の状態ではなくて，独立して日常生活を送るために必要な機能に関する能力を測ります。例えば，ナーシングホーム（特別養護老人ホーム）には，歩いたり，ベッドから椅子に移ったりすることができない人もいます。それゆえ，その語り手は，ライフレヴューの訪問に備えるために，援助を必要とします。語り手が準備するのを援助するスタッフにいてもらえるかもらえないかは，始める時間と訪問の継続に影響します。

　在宅で過ごしている人は，個人のニーズを満たすことができても，運転したり，料理したりすることができない場合があります。このような人たちの身体機能評価では，自分の生活を管理する能力が評価されることになります。そして，それは将来の訪問に影響もするかもしれません（巻末付録D）。

　② 精神機能

　精神機能には，認知機能と心理社会機能の2つが含まれ，それらは代わるがわる他のすべての機能に影響します。語り手は，これらの精神機能の状態を隠すかもしれません。それゆえ，正確な質問紙検査がなければ，アセスメントすることが難しくなります。ふつうの観察と会話を通して見極めるのが最も難しい機能的な損失は，認知・精神機能の喪失です。個人の認知機能を見極めることが難しいため，特に語り手が忘れっぽくて会話に集中することができないようであれば，すべての語り手に基本的な評価をしなければなりません。基本的

な評価は，聴き手が語り手に会う時の語り手をありのままに検査することで，語り手の現在の能力，つまりライフレヴューをどこで始めて，どのように続行すべきかを知るために手助けとなる情報を提供します。基本的な機能を評価するためのツールは，巻末付録Eに示されています。

③　認知機能

認知機能は，考えたり，記憶したり，明確に考えを処理する能力を含む精神的な機能の一部です。明らかにはなっていませんが，精神機能を検査するために作られた質問紙検査で測ることができる語り手の認知的な低下を，よく使われる認知機能の検査によって聴き手は判断することができます。MMSEは，認知機能検査の標準的なものであり，誰にでもかんたんにできます。最初の事前訪問で，MMSEを使うことによって客観的な認知機能の測定をすることができます（Folstein et al., 1975）。

④　心理機能

少し例をあげれば，心理社会機能は，抑うつ，気分と一般的なウェルビーイングを含みます。抑うつは，高齢者にとって最もよくみられる心理社会的な問題です。ほとんどの高齢者は，生活への反応や他者との交流に影響を及ぼし，孤独やさらに深いうつ状態につながるかもしれないような，軽いうつ状態をよく経験します。軽いうつ状態においては多くの拒否症状があり，問題があるかもしれないと認めることの拒絶につながることもあります。多くの人は，うつ状態は弱点であると信じ，それを隠そうと努力します。もし，語り手にうつ状態があらわれたら，短縮版GDS（巻末付録F）のような質問紙検査によって語り手が感じているうつの現状や量をアセスメントします。

薬の服用の有無

薬によっては，ライフレヴューの過程に支障が出ることがあるので，薬物情報は重要です。薬を飲んだ後に眠くなり，うとうと状態を引き起こす薬もあります。他の薬物（例えば利尿剤）では，語り手がトイレに行くたびにライフレヴューを中断する場合があります。大きな痛みを経験している人は，薬が投薬されない限り，ライフレヴューに注意を向けないでしょう。このように，語り手の薬のニーズとスケジュールを知っていれば，聴き手はより良い訪問を予定することができます。

語り手の薬を知る最も簡単な方法は，直接語り手に聞くことです。すべての処方薬のビンを見せてもらい，薬の飲み方と処方された理由について聞かせてもらうよう頼んでください。もし，それがどんな薬かわからなかったら，薬物の名前を書き留めて，それを医師用添付文書集（Physicians Desk Reference：PDR）で調べるか，薬局に行って薬剤師にたずねてください。語り手が薬を与えられる施設に住んでいるならば，与えられる薬と時間がリストされるカルテがあります。薬を与える担当の看護師は，聴き手とこのような情報を共有しなければなりません。

発　話
　もちろん，ライフレヴューにおいて発話の能力は，最も重要な機能です。不幸なことに，脳卒中などのような病気によって発話能力を失う人もいます。脳卒中に起因する損傷によっては，答えを理解して系統立てて考えることはできるけれども，言葉で自己を表現するのに苦労する人もいます。言葉の活用は減らされるかもしれませんが，聴き手と語り手がコミュニケーションにおける他の手段（おそらく文書を混ぜ合わせた少しのスピーチのような）を考える必要があります。言語聴覚士のコンサルテーションによる言語評価は，発話の能力が低下しているようにみえる語り手の残された能力を決めるのに役立ちます。そうすることが少し難しいからといって，ライフレヴューとその治療的な利点の活用をやめないでください。
　語り手と聴き手が異なる言語を話す時，やり取りをする能力も失われます。それは通訳を通すことで改善できるかもしれませんが，守秘性が失われ，ライフレヴューは語り手を満足させることができなくなります。語り手の言葉を話さないならば，聴き手は，少なくとも適切に応えて，ライフレヴューを導くのに十分な物語を理解できなければなりません。もちろん，語り手が体験を語ることだけでも，治療になる場合もあります。

聴　力
　聴力の低い語り手は，治療的な聴き手にもうひとつの挑戦を提示します。大部分の高齢者が経験する聴力損失は感覚神経的聴力損失です。それは，聞こえる音声を歪ませ，聴き手の言葉を解釈することを難しくさせます。周囲の雑音

は，聴力損失のこのタイプに直接影響を及ぼし，プライバシーや雑音を減らすための必要性を補強します。語り手がこの種の聴力損失に対処するためには，聴き手はより大きく話すよりはむしろ明確に話して，子音を明確にすることが確実だと思います。感覚神経的損失がある時は，高い声を聞き取りにくくなるので，（声の高い）女性の聴き手は特にはっきり発音しなければなりません。

しばしば，聴力損失のある人々は，読唇術によって困難に適応し，視覚で聴覚を補強します。語り手の読唇術を強化するために，昼間は反射を避け，ライフレヴューの間は，聴き手の顔と唇を見ることができるように，窓に背中を向けて座る必要があります。女性の聴き手の声は聞くのがより難しいので，明るい口紅を新たに塗り，自分の唇の輪郭をはっきりさせることで，語り手の読唇術を強化させることができるかもしれません。

幸いにも，聴力損失の人を助けるためにたくさんの補聴器があります。看護師は，語り手の耳にイヤーピースを入れて，チェストピースのベル面に話すことによって，マイクとして聴診器を使用しています。それは効果的ではありますが，イヤーピースをつけることに慣れていない高齢者であれば不快になるので，聴診器の使用は短い期間に役に立つだけです。聴覚障害をもつ語り手が，よりよく聴き手の話を聞けるように，聴き手の声を大きくするボイスエンハンサー（音声増幅器）販売などは，家電販売店で売っています。最も一般的な人工器官は，補聴器です。新しい補聴器は，より適合しやすく，不調が少なく，長続きするバッテリーが備えられています。そのような人工器官を，語り手（そして，聴き手）がライフレヴュー過程を完了するために役立たせることは，非常に効果的だと思います。

重度難聴の語り手のもうひとつの問題は，彼らが通常の聴力のある人々より大声で話すかもしれないということです。自分自身でそのような状況にさえ気付かない場合があり，自分自身でライフレヴューの守秘性を破ることにもつながります。そのため，プライバシーへのニーズは，聴覚障害をもつ語り手のために補強されます。聴き手は，ライフレヴュー訪問の治療を強化するために，これらの聴力に対するニーズや他のすべてのニーズに配慮する必要があります。

視　力

視力は役に立ちますが，ライフレヴューにとって必須でありません。言葉や

聴力ほど重要ではありません。しかし前述したように，聴覚障害をもつ人々は，頻繁に唇を読み，表情を見ることで自分の聴覚を強化しようと視覚を活用しています。語り手も，聴き手の体の動きを通して送られる敏感なメッセージを見ます。視力はそのような意味では重要で，関係を強化させます。しかし弱視が治療的なライフレヴューにとって致命的になることはありません。

聴き手は，LRF（の文字）を大きくすることによって，視力が低下した語り手を助けることができます。LRFの拡大は，語り手との契約の完全な情報開示の一環として，ほとんどのライフレヴューを開始する前に重要です。多くのうまくいっているケースでは，語り手がライフレヴューに参加する場合，自分で判断しやすくするためのLRFを研究しています。合意がなされた後，LRFを読んでライフレヴューが始まりますが，語り手が参加しようか決めようと思った時，完全にそれを見て読むことができることがとても重要です。

慢性の病気

語り手には，少し例をあげれば，脳卒中，四肢の切断，糖尿病，関節炎を同時に含むような多くの慢性的な状態があるかもしれません。慢性疾患やどんな複雑な影響でも，かんたんに動き回れたり，長い会話に参加できたりするような語り手の能力に影響を及ぼします。例えば，慢性閉塞性肺疾患にかかっている人は，呼吸が困難になるため，話すことが難しいとわかります。関節炎にかかっている語り手は，長い間同じ場所に座ることができません。聴き手は，これらのさまざまな条件を意識するようにし，語り手の快適さのレベルを監視しながら，聴き手が訪問中の快適さやレベルの高さを維持するためにライフレヴューの進め方を調整する必要があります。

10　ライフレヴューの語り手の記録

語り手それぞれの記録を残しておくことは，アセスメントでわかった語り手の習慣，課題，障害などに気付くことに役立ちます。多くの語り手を導いていく聴き手は，語り手の習慣，問題などを各々追跡し続けることが難しいと思う時があります。しかし，彼らの習慣を覚えることは，彼らの名前や心配事，関心事を覚えるようなものです。

午後2時に仮眠をとって，午後5時にカクテルを楽しむようなJさんに配慮して，聴き手の予定を調整することによって，ライフレヴューをより円滑に進められ，聴き手にとってJさんが大切であることを証明することになります。個々のファイルは，表に確認できる数字を記してある大きなマニラ封筒に保管しなければなりません。その大きな封筒には，セッションを録音したテープ，アセスメント結果，評価指標などを入れておくことができ，聴き手が訪問の前に自分の記憶を呼び起こしたいと思った時，とても価値のある手がかりになります。

11　次の訪問に向けての準備

　今後続ける可能性のある語り手との初回訪問の最後に，事実上ライフレヴューセッションの初回である次の訪問の具体的な予定を，次の週の始まりの方で設定する必要があります。語り手と聴き手は，次の面会に同意する場合，聴き手は日付と時刻を約束カードだけでなく，自分の日記に書いて，語り手は，予定の時間を覚えやすくするために目立つ場所にカードを置きます。帰る前に，質問や不明な事項についてお答えします。聴き手が帰る時，語り手に「来週は子どもの頃の話をしましょう」と言うことが，覚えていてもらうことに役立ちます。このことによって，語り手は，次の訪問前に子どもの頃について考え始めるため，過去を思い出す作業の集中時間が効果的に広がるでしょう。

第4章
訪問第2回：幼児期

私が若かった時は，それが起こったかどうかにかかわらず，何でも思い出すことができた。

　　　　　　　　　　　　　　　　　　　　　　　　　　マーク・トウェイン

1　訪問第2回：聴き手のガイドライン

　この「実践」の章では，ライフレヴューのプロセスの第2段階について説明します。ここでは，治療的な聴き手に効果的な傾聴技術の例を提供するために，実際の過去のライフレヴューからの抜粋が含まれています。毎週セッションのために準備する方法については，各実践の章のはじめにあるガイドラインを使用してください。構造的ライフレヴューのプロセスは，実際的な活用の全体を形成するためにまとめられ，いくつかの異なる部分から構成されます。これらの部分はすべて1度に説明することができないため，次の6つの段落に分けて説明します。

・エリクソンのモデルを基にした発達段階
・ライフレヴューフォーム（LRF）からの質問
・重要なカウンセリング技術
・面接技術
・プロセスの独特の特性
・ライフレヴューの種類

　次の段落を通して，ライフレヴューのプロセスの全体像を説明しますので，これらの部分を見つけてください。さまざまなライフレヴューの訪問を通じて，必要に応じてこれらの方法のすべてまたは一部を適用する必要があります。

2　準備的課題

　各ライフレヴューセッションの開始時には，語り手の快適さを大事にする必要があります。例えば，会話が始まる前に，語り手にトイレに行きたくないか，見えにくくないか，聞こえにくくないかをたずねる必要があります。さらに，準備した環境を語り手とチェックして，より確実に快適になるようにするべきです。また，キラキラと眩しい光がないかどうか，もう1度光をチェックして，周囲の雑音は最少量であるようにしてください。語り手は1時間話すため，口とのどが乾くようになるので，語り手のかんたんに届くところに水を用意しておいてください。ほとんどの語り手は，継続的に口の乾燥に関係する薬を服用していますが，のどの渇きに気付かない場合があります。

　準備の最後の部分は，録音機の配置です。語り手の会話が最も重要な記録なので，語り手の近くの目立たない場所に録音機を置きます。1度録音機を設置し，聴き手と語り手が向き合って着席したら，録音機をオンにしなければなりません。始まりの前か訪問の始めでこれらのすべての必要性に気を配ることで，2人とも語りに集中し，円滑にセッションを進めることができるでしょう。必要に応じて，その特定の場所と語り手に関連したチェックリストを作成して，聴き手自身が思い出すために，それを使ってください。

3　ライフレヴューの語り手の個人的な問題

　語り手が，個人的な問題に関して傍から見てもわかるほど混乱しているように思えるなら，現在の問題について話をする機会があるまでは，実際のライフレヴューセッションの開始を遅らせる必要があります。

　例えば，新たに特別養護老人ホームに入所した人は，特別養護老人ホームに住むという考えに慣れるために時間をかけて，彼らの移住に対する気持ちに関して話をしたがっているかもしれません。問題を抱えた語り手の問題を聴いている時には，ライフレヴューと同じ傾聴スキルで対応する必要があります。語り手がその感情を発散する機会があった後は，おそらく快適にライフレヴューを続けるでしょう。

語り手の個人的な不安へ注目することは，ライフレヴューのプロセスにとっても役立つでしょう。また，ライフレヴューの初期における語り手と聴き手の結びつきは，次のセッションでより開放的になるための安心感を語り手にもたらします。

4 エリクソンモデル：幼児期

第1章で説明したように，エリクソンの発達モデルは，ライフレヴューの構造の基礎を提供します。ライフレヴューフォーム（以下，LRF）の質問は，特定の質問がエリクソンの人生の発達段階それぞれに対応しているように，そのモデルを反映しています。今回の訪問第2回は幼児～児童期を取り上げています。語り手は，子どもの頃を思い出すので，聴き手はエリクソンの第1段階（基本的信頼 対 不信）に注意深くなる必要があります。また，それが本ページ以降で議論されているような自律性 対 恥・疑惑という第2段階を示しています。語り手が子どもの頃の思い出を選択する機会と能力に耳を傾ける必要があり，これらの2つの段階についてポジティブな発言がないならば，以下で議論されるように，信頼と自律について，選ばれた質問を基に語り手により深く聞いていく必要があるかもしれません（冒頭の「背景」では，エリクソンの段階でさらなる議論を提供していることに注意してください）。

基本的信頼

基本的信頼 対 不信は，子どもの最初の課題と危機です。「あなたは子どもの時にお世話されたと感じていましたか？」などの質問は，信頼の問題点を明らかにします。もし，B氏のように，最も初期の記憶に関する最初の質問に語り手が応答すれば，別の質問をする必要はないかもしれません。

> 私の最初の記憶は，寝つく前に父が毎晩私に絵本を読んで聞かせたことです。私たちの特別な時間であり，父が絵本を読み聞かせするために私に腕をまわしてくれた時，私は，いつもとてもあたたかく居心地よく感じました。 父はそれが好きでなくても，私に話をいつも選ばせました。父が好きであったものを選んだ時には，私は，いつもうれしく思いました。

これは，B氏が子どもの頃に安全であると感じていたことを示しています。

つまり，彼は父親を信頼し，親しみと愛情を享受していたということです。彼の話は，子どもの時，彼の両親によって彼に与えられた愛と主観的な安心感を表しています。したがって，彼は子どもの時，基本的信頼を獲得しました。

自 律 性

　B氏は，父親が好きであった就寝時の物語を選ぶことについて話した時に，第2段階の自律性を証明しました。B氏は，ライフレヴューが進むにつれ，もっとおしゃべりで開示的になりました。B氏は家族のお気に入りについて話し，彼の父親は3人の子どもの中で，自分のことが最も好きであったと思いました。理由は，歴史や読書など，父と同じものを好きであったし，長男であったためです。彼は，選択することを許されました。彼はその選択を支持され，そのことに誇りを感じていました。彼は，祖母のお気に入りでもあったと思いました。それは，より一層彼の自尊心を高めたことでしょう。

　　　私は最初に生まれたので，気に入られていたんです。私のおばあちゃんは，たとえ私が悪ガキになったとしても，けっして私の両親に平手打ちをさせなかったでしょうね。私が3歳の時，おばあちゃんの近くに引越ししました。私は，ジャガイモのスープを食べるため，または平手打ちから逃げるためにおばあちゃんの家に走ったのを覚えていますよ。彼女は私を守ってくれました。

　彼がしばしば平手打ちされたかどうかをたずねると，「おそらく，おばあちゃんのおかげで，ふつうの子どもよりは少なかった」と言いました。

　ライフレヴューを実施している時，語り手がB氏のような前向きな記憶を引き出すようにする必要があります。このような思い出はB氏を心地よい気持ちにさせ，B氏が正常に幼児期におけるエリクソンの最初の2つの発達段階を踏んだということで，聴き手を安心させました。彼は父親と祖母を信用していたことと，自分自身についても良いと感じました。実際のところ，ゆっくりであるけれども，B氏のライフレヴューは明確に始まりました。彼は，特定の出来事についての彼の気持ちを報告し，時間をかけてさらに内省的になりました。聴き手の役割は，語り手が子どもの頃の自分の幸せを言い表せるように，思い出すよう促すことです。

不信と恥

　すべての語り手が，B氏のように，自分自身を特別で，愛されている子どもであると信じていたような有意義な経験をしたわけではありません。治療的聴き手としては，非常にトラウマになるような話を聞いた時，受け入れて反応するのが困難であるかもしれません。難しい子どもの頃の話を聞くことは，幸せな子どもの頃の話を聞くように楽しくはならないでしょう。自分が愛されていなかったと信じる語り手は，愛されている子どもであることが有益であるのと同じくらい，親の愛情不足は有害であると気付きます。

　子どもの頃が不幸だと，多くの子どもはけっして基本的信頼や自律性を得ません。愛されていない子どもであるという思いが，Wさんの人生が一生にわたって憂うつで低い自尊心となった原因かもしれません。次に，ライフレヴュー中に明らかになった，子どもの頃の外傷体験の例をいくつか示します。

　　聴き手：あなたのお母さんについて教えてください。
　　Wさん：私は6歳でとても幼なかったのです。母がいら立っていた時，母は金切り声を出し，厳しく私の脚を蹴っていましたし，その記憶を忘れることができないでいます。母が怒っていた時，私の妹がクローゼットの中に隠れさせてくれました。たとえ何があっても，私は母をけっして喜ばせることができませんでした。私は，生涯にわたり母を喜ばせようと努力したのです。そのことは，何年にもわたって私をひどく煩わせました。私の兄は，私をよくいじめて，私が養子だと言っていましたね。それで私が泣いたとしても，母は笑っていました。私は望まれていなかったので，母はけっして私を愛さなかったのです。母は，すでに十分な子どもがいると言いました。

　Wさんはけっして愛されたと感じておらず，彼女の母や兄弟を信用しませんでした。家族と連絡を取ろうと試みたとき，彼女は拒絶されました。辛抱強くWさんの話を聞き，彼女が誰であるかをわかるために彼女を受け入れることは，治療的聴き手としてすることができる最もよいことであるかもしれません。Wさんは，他の子どもたちと一緒にいることを恥ずかしく思った話を話し，彼らに自分がどう家で扱われたかを知られることを怖がっていました。彼女は，望まれないことを恥ずかしく思っていました。彼女がライフレヴューを始めた時，最終的に恥という気持ちを聴き手と共有していました。そして，Wさんの低い

期待にもかかわらず，聴き手は彼女が言ったことの如何を問わず彼女を受け入れ，感情移入し，彼女のことに気を使いました。

あなたが聴き手である場合，Wさんのようにネガティブな子ども時代の経験をもっている語り手は，一生それらの影響を受けている可能性があることを認識する必要があります。聴き手は，語り手がより多くを語ることができるように聴いて，語り手を受け入れるように継続する必要があります。話すことや共有することで回復することは，今まで達成できなかった和解が人生の後期でできるかもしれません。うまくいけば，そのような語り手はWさんのようにライフレヴューのプロセスで回復し始めるでしょう。

5　ライフレヴュー記録用紙の使用

　LRFにおける質問は，人生の発達段階の具体的な記憶を語り手に呼び起こすように構成されています。実際のライフレヴューの最初のセッションは，子ども時代（例えば，家族や家）に焦点を当てています。何人かの語り手は，子ども時代のそれらの記憶はかなり昔のことで，思い出すことが難しそうです。しかし，語り手がいったん思い出すと，時々より多くの思い出が表面化します。

　過程はポンプに誘い水を差すのに似ています。つまり，始めるのは難しいけれども，一度流れ出すと水が順調に流れるということです。最初のライフレヴューインタビューで使用される質問の例は，資料4-1を参照してください。太字で書かれた質問に特に注意を払ってください。

プロセスの始まり

　最初のライフレヴューセッションにおいては，聴き手と語り手が会って2度目であることを忘れないでください。聴き手は，語り手の会話と暴露に多少用心しながらも，まだ「知り合いになる」関係の段階にいるのです。同様に社会的な状況について考えて，語り手の最初の無口さ（語りづらさ）を理解しようとしてください。語り手が，何が起こるか予想できず，聴き手のことや過程がまだよくわかっていない時には，語りの始まりは慎重かもしれません。聴き手は語り手を安心させるあらゆる努力をするべきでしょう。

　聴き手と語り手はまだ希薄な関係しかもたない他人であるので，本当に聞き

資料4-1 幼児期における質問例

・あなたの人生において1番最初に思い出すことができるものは何ですか？ できるだけ昔にさかのぼってみてください。
・あなたがとても小さかった時のことについて，他にどんなことを思い出すことができますか？
・あなたが子どもの時は，どのような生活でしたか？
・ご両親はどうでしたか？ 弱い存在でしたか？ 強い存在でしたか？
・兄弟や姉妹はいましたか？どのような人だったか，それぞれ教えてください。
・あなたの成長にともなって，親近者が亡くなったりましたか？
・あなたの大切な人が去ってしまったことがありますか？
・あなたは，子どもの時に守られていると感じましたか？
・あなたは，事故や病気のことを覚えていますか？
・あなたは非常に危険な状況になったことを覚えていますか？
・あなたは，大人の役割を演じたりゲームで遊んだりしましたか？ あなたは，子どもの頃はリーダー的でしたか，ついていく方でしたか？
・あなたはどのような大人でも恐れていましたか？
・失くしたり，壊れたりしたものの中に，大切なものがありましたか？
・あなたは，子どもの頃に友人や遊び相手がいましたか？ 親友はどうでしたか？
・あなたにとって，教会はあなたの人生の道しるべでしたか？
・自分のために，決心をする機会がありましたか？ 自分のために，独自でしたことは何ですか？

たい質問はよく受け取られないでしょう。聴き手は，プライバシーや守秘義務を確保しながら，他に彼らを快適にするすべてを保証し続けますが，不安げな語り手の場合，どのような不快感でも語ることができるような時間を与えてください。一般的に，問題は，聴き手からわずかな元気をもらい，時間をかければ，自然に解決します。以下は，ライフレヴューの最初に語り手の不安に反応している聴き手の例です。

 聴き手：あなたの関心事について評価している私を，あなたがほんの少しからかっていたのをわかっていますよね。ですが，私がしていることは，何かを評価することではありません。私の仕事は，あなたの人生を理解することです。

 語り手：その後，最終的に私がどう変わるかを考えて教えてください。

 聴き手：いいえ。それはあなたが考えることです。どんな種類の評価も私ではなく，あなた次第です。

 語り手：わかりました。

第Ⅱ部　構造的ライフレヴューの実践

聴き手：私の唯一の仕事は，あなたが私に話すことを理解することです。

聴き手は，語り手を満足させるために質問に答えました。語り手は不安を感じていましたが，答えに満足して始めることを望みました。心配している人が，聴き手とその過程によって快適になるためには，しばしば長い時間がかかることがわかるでしょう。時間と慣れによって，やりやすくはなりますが，安定した楽な関係を築く前から，その過程を始める必要があります。そのため，聴き手がLRFの中からする最初の質問は，強迫的ではないもので，個人的であってもなくても，答えられるものでなければなりません。

最初の質問

LRFの最初の質問「あなたの人生において最初に思い出すことは何ですか。できるだけ昔にさかのぼってみてください」でライフレヴューを開始することができます。この最初の質問は，インタビューを始めるにあたり，ごくふつうのものであり，記憶を呼び起こすためにはよいものです。さらには，トラウマになっているような子ども時代の思い出と子どもの頃のネガティブな出来事を明らかにすることなく，答えることができます。したがって，最初の質問は「安全」です。語り手は，自分の心と物語に入ってくるどんなことでも報告することができ，それは，自分が望むものであれば個人的である必要はありません。ここで最初の質問と回答についての聴き手の応答の例です。

Gさんともう一人の語り手は，最初の質問に安全で面白い返答を選択します。

　Gさん：私は姉とベッドが一緒であったことを覚えています。私は，いつも鬼と怪物が部屋にいると感じていました。だから，爪先でただ姉に触れることができるだけでも，私の気分を良くしてくれました。姉が寝る前に，私は姉にベッドの下とクローゼットを確認してもらいました。私は誰かと一緒にいることが好きでした。姉はいつも私の面倒をみてくれました。

聴き手：あなたとお姉さんは，とても仲が良かったようですね。

　Gさん：確かにそうです。

Gさんは最初の記憶によって，快活な雰囲気になりました。また，彼女は最初の回答で家族について話をし，彼女の姉妹との関係について聞いた後に，他の親族に関してもより深くたずねる機会を聴き手に与えました。

聴き手：残りの家族についてお話しください。

Gさん：（熱心に，興奮して）ああ，私は父を「おじいちゃん」と呼んでいましたよ。それは愛情表現の言葉でした。彼は私には優しく接してくれましたが，私の姉にはとても厳しくしていました。

さらに父親とGさんの関係について聞こうとする場合，Gさんが父親とのより具体的な思い出を付け加えて話せるように，第2章で説明している言い換えの技術を使ってください。

聴き手：お父さんはあなたのことを，目に入れても痛くないほど可愛いがられていたのですね。

Gさん：ええ。今思っても，私が赤ん坊だったためなのか，父がやっていたものは何でも父の近くにいて一緒にやってみたかったためなのか，どうかわかりません。私の兄弟も姉妹もそんな感じではありませんでした。父はよく私と一緒に遊んでくれました。父とは何時間もブランコ遊びをしましたし，ティーパーティーをしてくれました。父は非常に寛容でした。父は私に紙芝居小屋を作り，私と一緒にお茶を飲むために小さな戸口からかがんで入ってきてくれました。

聴き手の言い換えに対する反応において，Gさんが父親との積極的な関係を説明したことから，彼女と父親が親密であったのを確信したことに気付くでしょう。代替手段として，子ども時代における家族と家を含む周辺の会話を広げるために，以下で提案された質問を使うことができます。

聴き手が語り手のライフレヴューを開始させたら，ライフレヴューの中に，もちろんかんたんに共有できないような不幸な記憶でない限り，記憶は次々に出てくるようです。語り手は聴き手の質問に対して記憶を呼び起こすので，不幸な記憶はけっして出ないかもしれませんが，語り手が安全であると感じていると，後になって出てくるかもしれません。語り手が記憶の会話と内容を担っていることを覚えていてください。聴き手は，不利な思い出について明らかにしたり，調査したり，語り手に強要すべきではありません。動揺させる思い出が語られる場合の準備だけをしておいてください。

思い出の順番

気付いていると思いますが，ライフレヴューでは，子どもの頃の思い出と大

資料 4-2　家族や家庭についての質問例

- あなたは，年上の子どもとしてどのような生活をしていましたか？
- あなたの家族について教えてください。
- ご両親はどのように仲良くしていましたか？
- あなたの家の他の人たちはどのように仲良くしていましたか？
- 家族の雰囲気はどうでしたか？
- 家族の食べ物と必需品は十分にありましたか？
- あなたは子どもの時に怒られましたか？　どのようなことで怒られましたか？　誰があなたの家で主要なしつけをしましたか？　誰が主でしたか？
- あなたは子どもの時に，愛され守られていると感じていましたか？
- あなたが子どもの時に始めた計画について，私に話してください。
- あなたがご両親（または保護者）に何かを望んだ時に，どのようにそれを得ようと思いましたか？
- あなたは若い頃，疑いや恥，罪悪感を感じたことがありますか？
- あなたのご両親はどういう人が最も好きでしたか。どういう人が最も好きではありませんでしたか？
- 家族の中で誰と最も親しかったですか？
- 家族の中で誰があなたに1番似ていましたか？　どんなふうに？
- 子どもの時に，どのような不愉快な経験がありましたか？
- 叔母，叔父，祖父母，いとこなど，あなたの親族について教えてください。

人になってからの思い出の間をしばしば行き来します。子どもの頃の記憶によっては，それと関連した大人になってからの記憶を呼び起こし，語り手自身の子ども時代と彼らの子どもたちの子ども時代の比較を引き起こすことができます。語り手があまりにもはずれるならば，彼らの現在の話を終えた後に，彼ら自身の子どもの頃を思い出してもらうと，容易に元に戻すことができます。語り手の人生の発達段階について取り上げてさえいれば，レヴューは完全になるでしょう。思い出しながら時間が前後に動くのは避けられません（資料4-2）。

返答のコメント

　覚えておいてください。LRFとその質問はまさにガイドラインです。語り手の話に反応よく会話を返すことによって，聴き手はライフレヴューをより親密で，個人の関心を引き出すことができます。語り手の話に反応がよい会話は，語り手の話を広げ，詳細を共有するのに助かります。

第4章　訪問第2回：幼児期

　語り手が自ら呼び起こす記憶は，LRFによって示唆された記憶と同じくらい重要ですが，LRFの内容とライフレヴューを構造化する能力に非常に精通しているべきです。聴き手は，語り手が出来事に対する感情について話せるように，あるいは語り手が過去を振り返る時に現在感じている感情を共有できるように，具体的な発言をすべきです。

　前述したGさんの話は，反応よく会話を返す聴き手のよい例を示しています。次の話の例では，反応よい会話と思い出の順序の両方を示しています。

　　聴き手：あなたは，学校の友人と楽しんでいましたか？
　　語り手：楽しかったです。女の子4人で，一緒に走り回っていました。私たちは，4Lでした。
　　聴き手：なぜ4L？
　　語り手：私たち全員の名前はLから始まっていたからです。私たちは学校で一緒に座っていました。私たちは，買物に行くとみな黒いプリーツのスカートを買い，同じ日に学校に着ていきました。
　　聴き手：面白そうですね。まだ近くにお住まいですか？
　　語り手：私たちはほとんど一緒でしたが，現在は全員亡くなっています。私ひとりだけが残っています。
　　聴き手：とても寂しくなっているのですね。
　　語り手：はい，私たちは1か月に1度は集まりました。互いの結婚式に出席し，一緒になって自分たちの子どもを育てました。私はこのような長い時を同じくした友人をもって，幸せだったと思います。ローラは，先月亡くなりました。私は本当に彼女を失って悲しかったです。
　　聴き手：それはとても悲しいことですね。もっと4Lのことを教えてください。

　前の話は，彼女の重要な友人や彼女が失ってきたことについて，もっと語るように促すために，反応よく会話を行っている聴き手のよい例です。さらに，完結する話にするために時間内に前後に動く必要があることを示しています。彼女は子どもの頃の話をしていましたが，彼女の親交を説明するために大人になってからの話に入る必要がありました。聴き手は，人生史を展開するために，必要に応じて両方の実践をしなければなりません。

6 カウンセリング技術：受容

　ここでは，よい治療的聴き手としてのふるまいとカウンセリング技術を概説します。また，どのようにこれらの技術を応用するかを示します。自然な聞き方や共感ができるようになるまで，これらのカウンセリング技術と面接技術を行わなければなりません。効果的な聴き手として，身につける必要がある最初の技術のひとつは，語り手と彼らの話の両方を受容することです。

　受容は，聴き手が語り手のために作るあたたかくて，開放的で，理解を示す環境です。和やかで，中立的立場に立っている雰囲気を，すぐに語り手が感じられるべきです。そのような雰囲気においては，多くの語り手は「私はこの人に何でも言うことができる」と思うでしょう。以前抑えられた話は，一生をさかのぼって回想され，抑制の限界を過ぎて弾けるかもしれません。語り手は，聴き手を受け入れて安全であると感じた時，自分たちの重荷をおろすきっかけをつかむでしょう。まさにWさんが子どもの頃の虐待の話を初めてしてくれた時に共有したように。

　受容の環境を作るために，批判せずまた無条件で，ありのままの語り手を受け入れなければなりません。彼らが初めて聴き手と会い，次週から継続的になればなおさら，語り手は受容を感じとる必要があります。聴き手自身の背景要因の問題で，語り手を受け入れることができないならば，ライフレヴューを実施するのを辞退し，代理の聴き手を見つけなければなりません。聴き手の個人的な価値観が邪魔になるならば，治療できないでしょう。効果的な治療ができる聴き手であるために，承認とあたたかさによって語り手を見つめることは必須です。

7 面接技術

　面接技術は，有能な治療的な聴き手としてふるまいの一助となるように，第2章で追加技能として説明されています。これらの技法は，会話を続けながらライフレヴュー中に語り手を支持することに役立ちます。つまり，語り手を快適にし，記憶を促進します。それらを習得することは必須です。多くの聴き手

にとって，これらの技法は第2の力です。つまり，面接技術が第2の力になるまで勉強し，練習しなければなりません。

聴く姿勢

　聴き手の言動を通して注意深さを語り手に伝えることを学ばなければなりません。この行動に関係している行動は視線，物理的注意，および音声応答を含みます。注意は，誠実に語り手の話を聴くことによってでき，聴き手と語り手の間の相互作用だといえます。親身に聴くことは，注意が適切に行われている行動と同じ意味です。まさに，以下の例のように，語り手に注意することで，話し続ける語り手の傾向をうかがい知ることができます。
　　語り手：彼女は私がいちゃつくのを見つけたんだ。
　　聴き手：いちゃつくとは何を意味していますか？
　　語り手：別の女性と，セックスをしたのさ。
　　聴き手：彼女はどのようにしてあなたたちのことがわかったのですか？
　　語り手：彼女は隣のオフィスに行って，私たちの声を聞いたんだ。
　　聴き手：彼女が見つけた時，何が起こりましたか？
　　語り手：彼女はアイスティーのピッチャーを私に投げたよ。
　　聴き手：それから何が起こりましたか？
　この聴き手は，語り手の言葉のいくつかを繰り返すことによって注意深い行動を示していました。この聴き手はじっと聞き入っていたにちがいありません。このような注意深い行動によって，語り手は寂しいという現在の心境の元になる彼の離婚について詳細に話す気になりました。

繰り返し

　語り手がライフレヴューの中で，思いがけない時に思い出すかもしれない古い厄介な記憶を紛らわすか，払拭するためには，繰り返しは非常に強力な方法です。時々，これらの古い厄介な記憶は，語り手がライフレヴューの中で，「引っかかり」として前進することができないことになります。罪の意識でもがいて，引っかかっていることは，結果として絶望を生んでいるのでしょう。一方では，継続的な繰り返しは，カタルシスに有益な結果をもたらすことがあります。話を繰り返すことで，しばしば厄介な記憶が薄れます。語り手に会う

第Ⅱ部　構造的ライフレヴューの実践

たびに，煩わしいことについて十分話したかたずねることで，繰り返しを開始できます。そして，再度問題を探求したり，ライフレヴューに移りたいことを保証するために，語り手のための時間を配分にします。

　幸福な思い出を繰り返すこととは逆で，有益な効果があります。語り手は，成功，満足，愛，または思い出された幸福に伴ういかなる良い感情の気持ちも追体験します。おそらくこれは，ウィニングバスケットやホームランを獲得し，高校の選手が自分のタッチダウンに関して思い出して話すのが好きである理由です。再びその瞬間に立ち戻り，古い業績について聴取者から快のフィードバックを得ることは気持ちいいことです。昔の成功体験について話し，再び満足感を味わう感覚を楽しむことに1分とかからないので，時間があるならば，語り手が何回もそれらのよい時代を振り返ることが重要であることを覚えていてください。

　繰り返しを理解するために，Wさんの子どもの頃の話を思い出しましょう。83ページのWさんのライフレヴューの中で，治療的な聴き手は，毎週語り手の回想の間中Wさんの母の話を聞きました。Wさんは見たところ，この良くない関係との折り合いをつける必要があったので，嫌だった経験やいまだに苦痛を感じていた侮蔑的な話をしました。Wさんの人生のほとんどにおいて，彼女自身は家族の中で部外者だと感じていました。彼女は，母親が休日の時は，訪問するように誘われていましたが，きょうだいからの約束があると訪問を断られたことも覚えていました。Wさんは，繰り返し自分の無価値さと愛されていないことの感情に集中しました。彼女は望まれていなかったと感じていたため，家族が彼女を愛し，世話するとは，けっして思っていませんでした。結局，繰り返しこれらの厄介な子どもの頃の思いを語ることによって，Wさんは記憶を薄めることができたので，より取り組みやすくなりました。

　その例において治療的な聴き手であったならば，各セッションの最初にWさんに母のことをたずねることによって，繰り返しを促進することができました。質問は必然的に母に関するより不幸な記憶を生じますが，ライフレヴューが進むとともに，Wさんは次第に落ち着いていくでしょう。不幸な記憶はWさんのライフレヴューの中で重要なものであり続け，混乱させるものではないでしょう。彼女は，それらを記憶のかなたにしまったり，自分のために調和させたりします。このような気がかりな子どもの頃の記憶を取り囲むネガティブな感情

を取り除ける見込みがある同様のケースについては，繰り返しを行うべきです．

再形成

再形成はライフレヴューをする時に，非常に重要な面接技術です．再形成は，ネガティブな観点からよりポジティブなものに変わる過程をあらわそうとする，ライフレヴューの活用のために適用された精神療法の用語です．治療的な聴き手は，語り手がネガティブな記憶や決断を以前よりも多くのポジティブな記憶に変え，別の厄介な出来事を見て励みに再形成を実行します．再形成は，文脈または説明を変更することによって，何かの認識を変化させます．実際のところ，再形成は，文字どおりに，古い写真をフレームから取り出し，写真を違った角度から見ることを語り手に求めるように，新しいものに置き換えることを意味しています．

考えを変える最終決定は語り手が行いますが，機会を与えられた時，治療的な聴き手は，話を違った角度から見られるように自由にコメントすることができます．語り手がじっと聞き入り，それから聴き手の視点を試すことを望みます．出来事が再形成される時には，しばしばそれらは違う意味をもっているため，語り手がより受け入れられやすくなることでしょう．

語り手に再形成された方法で過去の出来事を捉えられるように手助けするならば，語り手はまた違った視点で捉え，より容易にそれらを受け入れることができます．最初に再形成を手伝う必要がありますが，1度受け入れられれば，再形成された考えはその時に再統合されることができます．例えば，Mさんは息子の死について，非常に悲劇的で暴力的に話していました．多くの困難な会話がそうであるように，治療的な聴き手がドアの向こうに立ち去ろうとした時，個人的な会話が始まりました．

　　Mさん：私の息子は20年前死にました．まだ子どもでした．
　　聴き手：申し訳ありませんが，今，息子さんについて話したいですか？
　　Mさん：夫を訪ねるために，私たちは陸軍基地にあるオフィスにいました．オフィスには旗，銃弾ケース，銃，弾薬，および手榴弾がありました．夫の仕事の一部は，実際の武器を分解することでした．そこにいる時，夫が以前に検査した手榴弾を息子が拾い上げると，顔の前で爆発しました．息子はまさに私の前で爆発しました．

聴き手：なんと恐ろしいのでしょう。爆発についてもう少し私に話してください。

Mさん：他の誰も負傷していなかったけれども，私の子どもは死にました。

聴き手：お子さんの死はとても辛かったことでしょう。

Mさん：私は彼をよく見ているべきでした。

　この女性は息子の死をいまだに悲しんでいただけでなく，手榴弾を拾い上げた息子に気付かず，防げなかったことで自身を責め，罪悪感を感じていました。彼女はまた，武器に気付くべきだったし，子どもがそれを拾うことを防ぐことができたと夫を非難しました。夫が最近死ぬまで，嘆きと自責の念は20年の間にわたり，夫婦を苦しめました。いま，彼女は自責の念をすべて思い起こしました。

　聴き手はその出来事について会話を促し，Mさんがそれについて話した時に，聴き手と語り手の両者は，子どもの死は防止できなかったと思い始めました。

聴き手：あなたのご主人は手榴弾が使えるかどうかをどのようにして知ったのでしょうか？

Mさん：夫はそれを確認して，空だと思いました。

聴き手：だから，彼は机の上においても大丈夫だと思ったのでは？

Mさん：はい，私たちが訪問した時に，夫は少年たちが遊んだ数個を持っていました。

聴き手：以前にそれらの遊びを止めたことがありますか？

　Mさんはけっして，事故の前には武器が危険であったと思っていなかったし，子どもが武器を使って遊ぶことをやめさせたことはありませんでした。彼女は，息子の死を思い起こすことで，それ以上自分自身や夫を非難せず，息子の死について違ったように考え始めました。彼女は自身の過去の考えを以下のように再形成しました。①誰も，手榴弾が使える状態であったことに気が付かなかった，②それが驚くほど容易に爆発した，③死を回避する唯一の方法は，手榴弾をこの世から無くすことだけであった。しかし，武器の解体は夫の仕事であるため，武器を検査するためにそれらを持っておく必要があった。

　Mさんは聴き手の関連した質問によって促がされて，違う考え方をするようになりました。この聴き手と似ている状況にいると気付いたら，自分自身のた

めに話を明確化しようとすることが，語り手にとっても話を明確化し，それが出来事を違ったように見せることを覚えていてください。また，かすかでもより明るい側面を見つけることで，語り手は新たな体験と洞察に基づきながら，過去を再形成することができます。Mさんは，息子の死を違った角度から見始めているため，最早事故の責任を感じることはないでしょう。この非難しない見方により，以前よりも少しずつではありますが，悲劇的な死を受け入れることができるようになりました。彼女はまだ悲しんでいますが，癒やされていて，人生を前向きに生きる気力がもてました。

8　語り手の分類

　訪れた語り手のタイプを識別することが役立ちます。それは，異なる各タイプに応じた対応をする必要があるからです。例えば，この章では治療的な聴き手がライフレヴューを実施しており，とりわけB氏，Gさんのように話し方がそれぞれ違っていたことに気が付くでしょう。彼らは次に示すように対照的です。例えば，Gさんは語り部のようでしたが，B氏はしぶしぶ語るようにライフレヴューが始まりました。したがって，彼らの人生史を引き出すことや，彼ら自身のライフレヴューすべての発達段階にわたり，その痕跡を大切にする必要があるため異なったスキルが必要でした。

物語の語り手
　Gさんは語ることが好きな人でした。ほんのわずかな促しによって，彼女は容易に話し始めることができました。彼女の熱意は，過去について話す機会を通じて喜びをもたらしました。彼女の話は，自分自身について，個人的で，評価的でした。彼女は，出来事についてどのように感じたかを表現しました。隔週で彼女を訪問しましたが，彼女はしきりに話したがるので，しばしば時間を理由に聴き手は，彼女の話を止める必要がありました。
　隔週で十分に準備をし，セッションが始まると同時に，そのような語り手の記憶を導くなら，ライフレヴューの過程はGさんのような語り好きな人にとって，最もうまくいくことに気付きます。Gさんは聴き手と一緒に座るのと同時に話し始めたので，1週間前からGさんに準備をしておいてもらうことがよい

とGさんの聴き手はわかりました。聴き手の方法は，Gさんは現在の訪問の最後に，次回の訪問に必要なお知らせをすることでした。聴き手が退出する際に，例えば，次週結婚について話すだろうということをGさんに知らせました。この方法で，Gさんに治療的な聴き手が次の発達段階に進んだと気付かれることなく，次の訪問のはじめからGさんは，会話を（できれば結婚について）開始することができました。

消極的な語り手

Gさんとは対照的に，B氏はどちらかというとしぶしぶ語る人であり，各週始めるのに苦労をしていました。例えば，最初のセッションにおいて，彼はほとんど話さず，一般的な事柄だけの記憶を報告しました。例えば，「私が思い出すことができる最も昔の出来事は，第1次世界大戦でした。私はその時は子どもにすぎなかったけれども，停戦を思い出すことができます」。

聴き手はB氏に，停戦の記憶の周辺のことを思い起こしてほしいために，特定のことについて別の質問をしました。彼は，ほとんどの語り手ほど話し好きでなく，彼の話を広げることが必要であるようでしたので，聴き手は，より多くの情報を与える見事な促しを行いました。

聴き手：停戦について何を覚えていますか？

B氏：父が新聞を読んでいて，私の母に，「残念ながら，ドイツ人が勝っている」と言っていたことを覚えています。そして，大臣であった私の父が，戦争のために出発する少年にさようならを言うために都市部へ行ったのを思い出します。私は父のお気に入りの息子でした。私はもちろん最も年上で，父と私は共通の趣味をもっていました。

促しに反応して，B氏はすぐに父をライフレヴューしてくれたので，別の促しによって具体的な情報を見つける必要はありませんでした。B氏が父について話し始めた時には，活気づき，興奮していたので，次の話題や次の質問のための手掛かりを聴き手はもらいました。聴き手は，彼と父との関係が「強い関心を呼ぶもの」であったと感じていました。例えば，聴き手はB氏に，父とどんな共通の趣味をもっていたかをたずね，さらに聴き手が次の週により詳細に話しかけることができたので，共通の趣味について話すのにB氏は10分を費やしたほどです。これらの質問に対する彼の答えは，何年も考えなかった彼自身

について，たくさんのことを明らかにしました。

　B氏は消極的な語り手でしたが，大きな喜びをもたらした記憶に反応し，治療的な聴き手の促しについて詳しく述べました。始めるために，B氏はより多くの導きが必要で，6週間以上の過程によって，よりかんたんに話し始めました。B氏のような消極的な語り手に質問を行うために，彼の人生を形成するわずかな歴史が，会話が途切れた時に役立つことがわかるでしょう。いくつかの例はそうであるかもしれません。例えば，「彼が成長していた時に，移住は主要問題でしたか。不況について何を覚えていますか。若い時には映画に行きましたか」といったものです。多くの語り手は，退屈な人生であったと思い，消極的な語り手として始めました。聴き手がこの例でしたように，聴き手の仕事は，語り手が興味をもつものを見つけて，話しを始めることです。

9　訪問第2回の終了

まとめのセッション

　それぞれのライフレヴュー訪問は一般に約1時間が必要です。セッションの時間は，キッチンタイマーのようなかんたんなものでモニターできます。1時間経つと音が鳴ったり，時計や腕時計など目に付くようなところに置いたりすると，語り手と聴き手は，過ぎた時間に気付きます。オフィスの設定では，時計は，語り手の背後に設定されますが，聴き手には見えるようにします。これは時間を計る別の控えめな方法です。聴き手は必要以上に時計をちらっと見るべきでありません。この行動は無礼さと同様にいらだちと関心の欠如を伴うので，進行中の会話の間に何気なく見ることができるように，時計を両者の前に置くことはよいでしょう。

　第2回の訪問の終わりに際し，次のセッションの内容を提言するために，語り手から話の主導権をもらい，このセッションの内容を要約する必要があります。聴き手は，語り手にフィードバックを行い，語り手との調和のためにセッションの良かった点を再び述べる機会になるので，要約は重要です。要約はまた，訪問の終わりを幸福な点に向け，それから来週の話題を提供することとなるでしょう。

　Wさんのためにセッションを要約している場合，例えば，彼女は望まれてい

ないと感じた家族の中で成長していたに違いないので，それがどれくらい困難であったか注目する必要があります。子どもの時にかけられる愛情と擁護の不足によって，彼女が子どもの頃に難しい状況に対処したことを賞賛する必要があります。彼女がどれほど強くなったかを示してください。彼女がどれほど上手に対処したかを伝え，彼女に自信をもたせてください。そして，来週のセッションまでに考えてもらえるように，Wさんにいくつか新しい視点を提言してください。

退出の時に，次のように言うことができるかもしれません。「来週は，あなたの児童期，青年前期，友人についての別の部分について話をしようと思います。あなたの友人や誰をとても信頼していたか，学校について何を考えたかについてお聞きしたいです」。毎週の要約をとおして，語り手の思いを来週の話題に集中させている間，聴き手はライフレヴューの結末を幸せな方向へ移すことができます。

語り手は通常，訪問のたびに自分自身で報告し続けます。セッションとセッションの間の時間は，ライフレヴューにより話をまとめ，評価するような振り返りを提供し，次週どのような思い出を話そうか決める時間になります。聴き手の要約は，語り手に次の話題の領域を知らせる一方で，構造的ライフレヴューのプロセスを提供します。

次の訪問

このセッションを終える場合には，翌週の約束をする必要があります。約束の時間を決める時に，約束カード上で（印刷濃度をあげた大きなもの），時間を書き，カードを目立つ場所に入れるか，それを語り手に手渡すとよいです。聴き手が退出した後に，今回の訪問で生じた重要な課題に関する記録に次の訪問で取り組む必要があります。記憶を呼び起こすために，録音機は役立ちますが，訪問の間隔があき，時間が経過してしまった場合に追加の出来事を思い出す必要がある時に，記録は特に役立つでしょう。前の週に話された重要な意見についてコメントすることによって，語り手と語り手の話が聴き手にとって重要であるということを示す気配りを表します。

第5章
訪問第3回：青年前期

人生は鏡のようなものだ。
そこに見えるものを，まずは自分の内側で見なければならない。

ウァリー・アモス

1　訪問第3回：聴き手のガイドライン

　ライフレヴュー過程は，第3回の訪問では，語り手の青年前期に焦点をあてていきます。この訪問は，聴き手と語り手の信頼関係を強化するために役立ちます。なぜなら，語り手はおそらく聴き手の存在と質問により心地よさを感じるようになるからです。聴き手と語り手は，現在，親しげな議論が展開できるような（少なくとも）知人です。このライフレヴューセッションでは，聴き手と語り手が語り手の幼児後期と児童期についての会話から始まります。
　本章では，児童期，学校と感情についてライフレヴューフォーム（以下，LRF）の質問項目を使用して，エリクソンの発達段階のもう2つ（積極性 対 罪悪感，勤勉性 対 劣等感）を議論し，応用します。それは，ケアリングのカウンセリング技術や感情を反映したり，感情に反応するインタビュー技術も含んでいます。構造的ライフレヴューにおける構造の独自の性質は，語り手の「見た目」と同様に吟味されます。

2　準備的課題

　訪問第3回のはじめに，聴き手は再び語り手の快適さのニーズに気を配らなければなりません。聴き手は，対話のためにその快適で個人的な点に戻る必要があります。もし，その配置がうまくいかなければ，前のセッションと同じ座

席の取り決めを使うことが最適です。始まる前に，語り手が快適かどうか，また，聴き手が見え，声が聞こえるかどうかをたずねてください。語り手がお手洗を使う必要があるかどうかもたずねます。語り手の手がかんたんに届く範囲に1杯の水を置いておきます。最後に，録音機を適当なところに置いておき，聴き手との対話を始める前に録音を始めておきます。

配置は，最初の記録の状態次第です。語り手の声を解釈するのが難しいならば，マイクのボリュームや設置場所は修正される必要があります。特に施設では，一部の高齢者はいつも穏やかに話します。録音で明らかに語り手の会話を聞くことができないならば，録音している間，聴き手は語り手の声量を増やすためにボイスエンハンサー（反響板）を試すことができます。ボイスエンハンサーは高価ではなく，家電販売店で売られています。それはマイクのように見えて，語り手に聴覚の障害があるときは，聴き手が話すために役に立つ装置にもなりえます。これらを持参することを考えてみてください。このような準備が整ったら，正式な訪問を始めます。

3　訪問第2回のフォローアップ

この第3回の訪問の前に，聴き手は，第2回の訪問の録音とメモを振り返っておきます。それから，3回目の訪問のはじめに，語り手が以前の訪問で話した内容について考えたことを，簡潔にまとめはっきりさせなければなりません。

聴き手は，最後に会った時から，今思い出したい，共有したいと思うような子どもの頃の思い出が他にあったかどうか，語り手にたずねます。語り手は母親でなく父親について話したかもしれません。兄弟でなく友人を検討したかもしれません。語り手が見落としたり省略したりすることは，多くの場合単に時間がないというだけの問題です。しかし，特に長年にわたって思い出すことが難しい記憶ならば，その見落としは話題の慎重な回避である場合もあります。それゆえに，ちょっとした好奇心の強さは，残りの物語を引き出すかもしれません。

まとめることとはっきりさせることによって，前の訪問から持続するかもしれないどんな誤解も片づける機会を提供します。例えば，語り手の話の中で，聴き手が混乱するポイントがいくつかあるかもしれません。これらがライフレ

ヴューの初期に整理されないならば，この混乱は高まっていくかもしれません。はっきりさせることをたずねる時，語り手にそれらの記憶を再びレヴューするよう頼みます。なぜなら，語り手がそれらの話の部分を再び述べる時，語り手によりよく彼ら自身の考えをはっきりさせることができるからです。聴き手の理解は，次の週にたずねる質問に影響し，それが残りのライフレヴューへの影響に発展するかもしれないので，聴き手は語り手と共有している歴史を理解する必要があります。残念なことがあるとすれば，語り手の問題を本当に理解することなくライフレヴューに6週間を費やすことです。思い出してください。語り手の本当に複雑な話を共有する前に，個人として彼らに本当に興味をもっていることを確認するために，語り手は聴き手を試しているかもしれません。聴き手が語り手の話を聴いて思ったことについての質問をすることによって，まるで語り手の人生が聴き手にとって重要であるように感じさせることができ，同時にどんな漠然とした問題でもはっきりします。

4　エリクソンモデル：幼児後期と児童期

　この章では，エリクソンの発達段階の第3段階と第4段階（積極性 対 罪悪感，勤勉性 対 劣等感）について説明します。これらの段階は，幼児後期と児童期における語り手の発達に関連するものです。手短にいうと，子どもたちが目的を達成し，能力の幅を広げる活動を自分で計画できる力を得ることが，積極性という発達段階の第3段階です。計画を立てたり，実行したりする積極性を高めることができない子どもは，自分の動機づけや能力の欠如について罪の意識を経験し始める，とエリクソンは述べます。

　勤勉性（第4の段階）は，子どもが生産的な状況の中で熱心な参加者になるように，仕事に対する価値観が発達して，明確になり始める時です。この段階で失敗すると，子どもが自分自身，または他の人が設定したゴールを達成できない時のように，劣等感の感情をもたらします。例えば，聴き手はLRFから関係する質問でこれらの2つの発達段階についてたずねることができます。具体的には，「あなたは，自宅または学校で新しい課題を始めることを楽しみましたか？」「あなたは，自分が勤勉な10代の若者だったといえますか？」「課題があなたにとってあまりに難しかったとき，自分には能力がないと感じました

か？」あるいは，次の小見出しのAさんの語りのように，語り手は，聴き手からの質問といった援助なしで，これらのステージの一方または両方を明らかに反映する自身の物語について話すかもしれません。

積極性と勤勉性

これらの2つの段階（積極性と勤勉性）は，目的意識を確立することや，能力を高めている間に人の労働観を形成することに関連します。Aさんは，ライフレヴューに参加したとき，両方の段階について話しました。Aさんは，自分自身について話すことを楽しんで，まるで少女に戻ったかのように，どのように母のパーティーの準備を手伝ったかについて，自発的に治療的な聴き手に話しました。

> 私たちは一緒にメニューを計画しました。そして，私はパーティーの料理の一部を準備するのを手伝いました。私が大きくなると，自分で誕生パーティーを計画しました。そして，母は私が準備するのを手伝いました。

Aさんが母を台所で助けることを誇りに思ったことがわかります。母を台所で助けたという子どもの頃の経験のために，Aさんは大きくなるとさらに積極性を高め続け，働く喜びを表現しました。子どもの時，積極性と勤勉性を成し遂げたことを，聴き手に明らかにしました。この場合聴き手であるならば，聴き手の役割は，Aさんの人生に影響を与えた他のことも含めて，彼女に自分の物語を広げるよう励ましている間，彼女の良い感情を強化させることです。Aさんが彼女の母を手伝った話で両方ともについて触れたので，聴き手は直接積極性と勤勉性についてたずねる必要はないでしょう。

罪悪感と劣等感

積極性の反対は罪悪感です。そして，人がきちんと目標とされた仕事を完了することができないとき，それは起こります。必須の仕事を完了することができない人のパターンでは，失敗に終わる場合があり，罪悪感はその人の度重なる失敗を表面化させるかもしれません。「あなたは失敗した」，あるいは「あなたは役に立たない」と子どもが繰り返し言われるならば，類似したパターンが起こることがありえます。いったん失敗と罪悪感の感情がうまれると，子どもたちは勤勉性とは正反対を経験するかもしれません。それが劣等感です。劣等

感の感情は，第3段落の特徴であるような，子どもたちが気付いた以前の失敗と罪悪感の結果として発展していくかもしれません。そして，それからけっして予想されない一般的な感覚に至り，衰え，人生を通じてより重苦しくなる傾向があります。

　語り手が聴き手の質問に暗示されていることに憤慨するかもしれないので，直接罪悪感と劣等感についてたずねるべきでありません。たずねてしまうと，語り手は自分が劣っていると感じなければならないのです。しかし，これらの段階について隠しきれない手掛かりに聞き耳をたて，注意をしておく必要があります。聴き手が，失敗した努力の記憶を通して罪悪感または劣等感を取り上げる時，十分に記憶を調査して，失敗した結果に影響し，語り手の現在の否定的な感情の一因となったかもしれない酌量すべき事情を探してください。例えば，語り手の両親は子どもが怪我をするのではないかと思ったので，小さい頃に新しいものを試すことは決して許さなかったのかもしれません。あるいは，他の能力は高かったけれども，語り手は幼い年齢で，手先の器用さだけがまだ欠如していたのかもしれません。聴き手として，語り手の業績や語り手自身に対する感情に，これらの過去にあった可能性がある出来事が与える影響を指し示してください。それから，語り手が自分の過去と現在の見方を再考するよう励まします。語り手が若い頃に正当な理由のために特定の仕事で失敗し，さらにあまりにその失敗に焦点を当てると，彼らが年をとってからも，自分の成功を決して認めないかもしれません。

　例えば，歴史学者を引退したTさんは高校時代の経験について話し，その中で過去と現在の両方の劣等感について示しました。彼は，大きくなってスポーツが少しだけできましたが，好きではなく，優れてはいなかったことを聴き手に話すことによって，児童期の後半のレヴューを始めました。彼は4人兄弟の長男で，最も年上の子どもという価値によって，他の兄弟よりも期待されていました。彼が住んでいた地域は，アメリカンフットボールが盛んで，最も尊敬される高校生は，アメリカンフットボールチームに入っていました。Tさんの兄弟3人も高校では，アメリカンフットボールのスターでした。Tさんだけは，成績の良い生徒でした。彼は，運動能力の欠如について語りました。

　　私はアメフトをすることができませんでした。他のスポーツも上手ではありませんでした。私の3人の兄弟は，みんな優秀なアメフトの選手で，

アメフトで有名な大学へ行きました。ただ，学問的には優れている大学ではありませんでした。彼らはみんなそこへ行き，後にはビジネスで大金を稼ぎました。私はいつも彼らに劣等感を感じていました。一番下の弟が教えてくれるまで，10代の時は車も運転できませんでした。博士になってからも，私はたくさんのお金を稼ぐことはできませんでした。そして，戦争が始まった時，士官学校を退学させられました。兄弟たちは，戦争が始まると，みんな指令によって活発に義務を果たしていました。私はかんたんに元の地位に逆戻りしました。

この成功した大学教授は，自分と他の兄弟をまだ比較して，彼の兄弟と同じ課題を達成しなかったことに劣等感と罪悪感を抱いていました。彼はアスリートでも，軍の士官でもありませんでした。彼の治療的な聴き手は，彼の考えを転換させるために，一生懸命に働きかけ続けました。彼は自分の人生すべてを否定的に捉えていました。聴き手は，彼が自分の成功を高く評価するように手助けする必要がありました。彼が自分の成功を理解することによって，自分の仕事や自分自身に対する誇り，最終的には積極性と勤勉性を感じ始めるはずです。

　聴き手：さきほど，あなたは，勤勉さと特別な化学の知識を通して，戦争の時は軍曹になったと話してくれました。それは重要な成果ではなかったのですか？
　Tさん：重要な成果でした。それは男っぽいことだったので，兄弟たちは私が軍曹だったことを信じることができませんでしたが，私はそれでもうけて，勤務ではたくさんの成果をあげて自分の時代を終えました。軍曹と呼ばれることは気分がよかったです。軍曹は乱暴で強くて，年を取った男性といわれています。中にはそういう人もいます。そして，私は実行的ではなく，いつも歴史の本を読んでいたため，私が軍曹になったことに兄弟たちはびっくりしていました。
　聴き手：だから，あなたは自分の勤務に誇りをもち，兄弟もあなたに対して誇りをもっていました。
　Tさん：はい，私も兄弟たちもそうだと思います。家族全員が誇りに思っていました。

治療的な聴き手は，Tさんの人生の成功について考えるよう話の方向を転換

させました．Tさんは，はじめは失敗ばかりに目を向けて，成功を重要視していませんでした．聴き手は，Tさんが軍の仕事について話している時の彼の誇りを思い出しました．そして，聴き手は，彼にとってもっと誇り高いアイデンティティを採用し始める以前に，2，3回そのことについて彼に思い出させなければならないだけでした．Tさんのレヴューを通してこの例を読み取る時，聴き手がしっかりと聴くことと，最終的にはTさんの特別な物語に付随する感情（誇り）を理解することの重要性を，聴き手の行動が強化することを理解すべきです．もし，聴き手がTさんのすべての発言に気を配っていなければ，軍の仕事における彼の誇りという感情を誤って理解し，彼自身の考えを変える手助けをするための有効なツールになった物語も誤って理解していたかもしれません．

5 ライフレヴュー記録用紙の使用

ライフレヴューの中でたずねられるほとんどの質問はLRFにありますが，他にも，関連していて，適切で，刺激的な質問を活用することも推奨しています．すべてをLRFのとおりにしなければならないことはありません．手引きのようなものです．語り手の感情や経験についてたずねる他の質問も柔軟に使うことで，レヴューを広げます．聴き手が語り手のすべての発達段階に確実に注意を向けるためにLRFを使ってください．ただし，語り手や語り手の個人的な物語に頼りながら適応的かつ創造的に取り組んでください．

青年期についての質問

第3回の訪問に入る時，語り手の児童期の残りと青年期のはじめに焦点を当てることになります．中には好んで青年期について話す人もいますが，そう思わない人は，またその時代を振り返りたいとは思いません．このセッションを始める前に，聴き手自身の青年期を考えて，自分にとって重要だったことや人について思い出すような努力をしてください．聴き手自身が青年期で重要だと思う記憶は，語り手にとって重要な記憶に似ているかもしれません．青年期では，子どもたちは，児童期に使用した基準とは他のものによって自分をはかり始めます．友達や友達の意見は，家族の意見よりももっと重要になります．次

資料5-1　青年期における質問例

- 成長している中で、うまく指導してもらったと感じていますか？
- 10代の頃のあなた自身や生活について考える時、最初に何を思い出しますか？
- **10代の頃、自分自身について自信をもっていましたか？**
- 思春期の思い出で、他によく覚えていることはありますか？
- あなたにとって重要な人は誰でしたか？　その人たち（両親、兄弟、姉妹、友人、先生など）について教えてください。
- 特に親しかった人たちは誰ですか？　尊敬していた人は誰ですか？　最も「あの人のようになりたい」と思った人は誰ですか？
- **毎日一緒にいた仲間や特別なグループはありましたか？**
- 礼拝や青年団には参加しましたか？
- 学校には何年生まで行きましたか？　学校を楽しんでいましたか？
- **学校やグループに所属している感覚はありましたか？**
- 当時、働いたりしましたか？
- その頃に経験した苦しかったことについて何でも話してください。
- **運動会や学校の活動に参加しましたか？**
- **学校の活動を楽しんでいましたか？　それはなぜですか？**
- 児童期や青年期の時に、ひとりぼっちだと感じたり、見捨てられたと感じたり、十分な愛情や世話を受けていないと感じていましたか？
- 青年期の楽しい思い出は何ですか？
- **学業はよくできましたか？　努力した方ですか？　それはなぜですか／なぜしなかったのですか？**
- **すべてを考慮に入れて、10代のご自分は幸せだったと思いますか？　それとも不幸だったと思いますか？**
- はじめて他の人に惹かれた時のことは覚えていますか？
- あなたの性的活動や性的なアイデンティティについて、どう感じていましたか？

の質問は、青年期を探るために使用すると聴き手にとって良い試みになります。「あなたの家族以外で（友達、先生など）あなたにとって重要な人は誰でしたか？」「尊敬する人は誰でしたか？」資料5-1にあるリストは、前章の家族と家庭についての質問（資料4-2参照）と一緒にあるいは加えて使用すると、青年期と学校についてもっと多くの選択肢を提供してくれます。

　近い家族以外で影響が強かった関係を調べるために、独自の質問を使用したよい事例は、Tさんに働きかけた治療的な聴き手によって説明されます。彼女は、Tさんが10代の若者あるいは青年だった時、彼の人生に重要だった人についてたずねました。Tさんは、彼にとって最悪の時期を明るくしてくれた校長

先生の物語に反応を示しました。

> Tさん：私に興味を抱いたひとりの男性が学校の校長先生でした。先生は，私が自分自身に興味をもっていることをとても早くから理解しているようにみえ，立ち止まって私に話しかけてきてくれました。そして，先生は，学校でいくつか先駆的な考え方を紹介しようとしてくれました。先生は，私にたくさんの影響を与えました。ある日，先生は私の授業を見に来て，私が研究の専門分野の大学に行きたいと思っていることを見抜きました。そして，先生はすぐに，私が学校で受けた授業は役に立たず，私が時間を無駄にしていることを理解しました。そこで，先生は働きかけ，私のプログラム全体を立て直しました。
>
> 聴き手：すると，先生は，本当にあなたを擁護してくださったのですね。
>
> Tさん：はい，心から感謝しています。

ほとんどの語り手は，自分を成長させるために導いてくれた人について思い出すことを楽しむということがわかると思います。特別な人についてたずねることは，一般的に脅かすものはなく，聴き手にとって良い技術です。この技術は，悲しい物語の方向性を変えることができ，必要な時に注意をそらす話題として活用できます。この章の次の段落では，ライフレヴューの質問の基本的な記録を詳しく述べるために，他の有効な質問や技術のタイプについて紹介します。

探索的質問

探索的質問とは，記憶を取り巻く環境を少しずつ深く掘り起こしていくことです。これらはかなり侵略的になるので，気を配りながら慎重に使わなければなりません。探索的なタイプの質問は，しばしば語り手が以前共有したことのない物語の残りを引き出します。それらは，しばしば語り手の感情も明らかにします。探索的質問によって，語り手がどんな経験をして，どんなことを言ったのかについて少しずつ深く考えていくことになるので，不快や不安を引き起こすかもしれません。語り手が今の出来事をしっかりと吟味する時，後づけの理解になるので，探索的質問は語り手に彼らの考えを変えさせる場合もあります。そして，おそらく過去の新しい概観を出します。さらに，語り手が表面的に記憶を論じているように見える時，聴き手は語り手にもっと評価や自己洞察

をするように圧力をかける必要があるかもしれません。聴き手は次の事例のように行います。

聴き手：博士号を取得するために，一生懸命働いて引退した歴史学者は，どのように不十分さを感じているのですか？

Ｔさん：わかりません。人からすごいことを成し遂げたと言われると，私はいつも驚きます。

それからＴさんは，彼の母親の訪問について，物語に彼の答えを付加しました。

大学内で私に示された敬意に，私の母親はとても驚いていました。学生が私に従うことを選んだ時，母は本当に驚いていたと私は思います。母は数週間滞在し，私たちは街の中でとても楽しい時間を過ごしました。私は，兄弟ほど多くのお金を稼いでいませんでしたが，生活するには十分でしたし，母もそう思っていたと思います。

探索的質問によって，Ｔさんがどのようによりしっかりと過去を再び吟味したかがわかると思います。彼は，ついに自分がすでに両親の承認を得ていることを理解しました。Ｔさんのライフレヴューが前進したので，彼が自分の求めているものを見つけようとしていた他者との比較は少なくなりました。彼は，本好きで，体格を気にしないことで，自分で成し遂げたことの重要さを理解しました。もし，治療的な聴き手が不十分な感情についてＴさんに探りをいれなかったら，彼は，新たに成し遂げられた快適な自己受容の段階に到達できなかったかもしれません。聴き手は彼が自分のたどった道を信じる理由の理解にたどり着くまで，出来事を探求し続ける必要性に関して，この事例から多くのことを学ぶことができます。

学校についての質問

学校の経験についての質問は，ライフレヴューに家族以外の人をもたらすことによって，青年期のあざやかなイメージを与えます。さらに，ほとんどの語り手が青年期の大部分を学校で過ごしているため，そのような質問は，適切であり，重要です。学校についてたずねる質問は，青年期の生活やその後の発達に影響を与えた，他の関係や役割のモデルを語り手が思い出すことを助けます。青年期において，仲間からの承認は，しばしば両親からの承認よりももっと重

要です。つまり，そのような仲間からの受容がなければ，今，語り手が思い出している青年期の劣等感の感情がより強くなるかもしれません。

　学校についての質問は，家族以外でのはじめての公の人や関係性について考える機会が語り手に与えられるため，友達関係の質問から始めます。または，いくつかの事例の中でもWさんの場合（母を決して喜ばせることができなかった子ども）のように，学校についての質問は，彼女が恥ずかしい子どもではないことを示す肯定的な体験談につながりました。彼女は，家庭の外での成功の瞬間を説明することができました。そして，かわりに，児童虐待やネグレクトの幼少期の物語よりも，さらに肯定的な語りを話すことができました。

　学校についての質問は，一般的に脅迫的ではありませんが，興味深い新事実につながることがあります。語り手は，自分にとって重要なこと，あるいは共有したいと感じるものは何でも，学校について自由回答式の質問に答えることを選ぶかもしれません。なぜなら，より個人的な質問を扱うより前に，語り手と聴き手が親密で快適な関係を築くために，より多くの時間をかけることを許すからです。

　　聴き手：あなたにとって，学校はどのようなものでしたか？
　　語り手：私は1年生の時，実に退屈していました。私はアドバンスリーディングルサークルと呼ばれるものにいました。私は上級だと自分で理解していたとは思いません。子どもでしょう？　あなたもサークルに入ったでしょう？　私は学校の初日，家に帰って，おばさんに頭に何か動くものを見てもらったのを覚えています。よりによって，シラミがいました。母は，シラミを取り除いて，学校に電話をしました。そして，みんながシラミの検査をされたのです。私の母は，この問題をすぐに処理しました。

　このような語り手の記憶に対する反応では，治療的な聴き手は，語り手はシラミがあったことをどのように感じたか，学校で上級にいたことをどのように感じていたかについてたずねなければなりません。すぐにシラミを取り除いてくれた母親と語り手の関係を説明することもできました。語り手の物語は，ライフレヴューを強調し，広げるような，他の物語を思い出すことにつながる多くの新しいきっかけを示しています。

感情についての質問

　記憶についてどのように感じますかと語り手にたずねることによって，語り手にそのことについてより深く考えてもらうことができ，たぶん語り手や語り手の人生にとっての記憶の意味を明らかにすることになります。私たちは，このタイプの質問を「感情の質問」あるいは「評価的な質問」と呼んでいます。感情の質問は，普通よりももっと念入りに自分の人生を見つめさせます。これらの質問は，考え中のどんな出来事についてでもより詳細な説明を促す傾向があり，語り手がより洞察に満ちることを援助できます。不幸なことに，多くの人々は，過去の出来事が彼らに個人的に影響した方法を細かく見ません。このように，彼らは，どのような方法で何故こうなったかということが理解できていません。ライフレヴューを通して，語り手が自分自身に対してもっと洞察に満ちるよう支えることによって，語り手に自分の人生の調和をさらに保つための能力を与えることができるでしょう。

　評価的な感情の質問を活用する役割をモデル化することによって，語り手に自分の過去をより深く見つめることを学んでもらうことができます。すぐに語り手は，「私はどう感じたのだろう？」「悲しかった？」「本当に私にとって問題だった？」のような質問を自分自身にたずねるでしょう。語り手がより内省的な行動を発展させていくと，ライフレヴューの記憶は豊かになり，未来の記憶のより詳細で継続される自己評価に至るでしょう。

6　カウンセリング技術：ケアリング

　効果的な治療的な聴き手でいるためには，選ばれたカウンセリング技術とインタビュー技術を，聴いたり，反応したりする普段のやり方に取り込む必要があります。ケアリングは，あたたかく開放的な雰囲気を作り，会話を弾ませるために重要なカウンセリング技術です。

　ケアリングは，ライフレヴュー関係にある間，語り手への関心，愛情と信頼の感覚を示すことによって，いかにして聴き手が思いやりのある環境を作り出すかというプロセスです。心からケアする能力は，効果的な聴き手が，語り手とともに実行するために，最も大切なスキルかもしれません。ケアリングは，他のすべてのカウンセリング技術が進化して，それからお互いに関連をもった

包括的なスキルです。

　ケアリングは，技術と個人的な特性の両方が必要です。技術としてケアリングを学ぶことはできますが，特性としては，おそらく人のパーソナリティに内在するもので，個人の性質の一部といえます。もし，純粋なケアリングが聴き手の本来の性質でなければ，心から人を好きになろうとすることによって，そして，語り手が人生について話している時に，語り手に対して関心，愛情と尊敬を感じることによって，聴き手はその技術を学ぶことができます。聴いている時，聴き手は語り手が感じることができるように，語り手に対して特別な配慮を伝えなければなりません。他者（例えば，仲のいい友人や親類など）とこのような練習をしてください。

　心からケアをする時は，語り手が物語を共有する間，語り手を包む関心や親密さ，あたたかみのある安全な環境を作ります。語り手は，その時，そのようなケアリングをする聴き手の思いやりや尊敬を感じることができます。ケアリングは，語り手と聴き手の信頼を築きます。逆に，聴き手が語り手から離れるか無関心なままであるならば，信頼関係を築くことができていない間，語り手はそれを感じて，重要な記憶を差し控えます。本質的には，ケアリングがなければ，適切に受容的な環境を作ることができませんし，聴き手もライフレヴューも治療的ではなくなります。次の聴き手は，実際のライフレヴューから抜粋してケアリングを描いています。

　　聴き手：あなたは，あなたに対する人々の意見を変えることができないか
　　　　　もしれません。
　　語り手：わかっています。
　　聴き手：でも，間違いなく，あなたが自分自身をどのように考えるかを変
　　　　　えることはできます。たとえ何かを失ったとしても，それよりも多くの
　　　　　利益を得ることができると思います。
　　語り手：本当にそう思いますか？
　　聴き手：はい，もちろんです。私たち人間は，自分の失敗を受け入れるこ
　　　　　とが苦手です。しかし，失敗はみんながします。あなたがピンチに陥っ
　　　　　たり，身代わりになっても，他の人たちは，自分の失敗を押し入れにし
　　　　　まいます。あなたのように，失敗をまわりにさらけ出すことはしません。
　　語り手：私はかつてこのようなことは何もしたことがありませんでしたが，

それは助けになります。本当に助けになります。親身になってくれる誰かと話したり，誰かに打ちあけることができるなら，とても助けになります。そんな感じです。

言葉や行為，ボディランゲージによるケアリングは，あたたかさや全体的な空気，人が感じる何かを作り出します。語り手にケアを感じてもらうために，しばしば笑顔でうなずかなければなりません。前の例で示したように，私たちが思いやりのある聴き手になるためには，この手引書で提示したすべてのスキル，テクニック，およびリスニングの実践を組み合わせて適用してください。

7　面接技術

この章では，2つのより実際的な実践のインタビュー技術である「反応」と「感情の反射」を取り上げます。以下のページの例における実際の語り手からの抜粋は，これら2つの技術の応用を示しています。

反応すること

語り手が聴き手に聴いてもらっている，理解してもらっていると今すぐにわかるように反応することは，その時思い出される語り手の記憶に，直接的かつ適切に働きかける技術です。語り手が話す言葉それぞれを注意深く聴かなければならず，語り手がもっと思い出したり，話をしたりできるように適切なボディランゲージやコメントで敏感に反応しなければなりません。良い反応をするためには，語り手の会話にしっかりと続き，適切に反応を返す（つまり，すぐに話題に沿うケアリングの方法——言い換えれば，敏感に）ことが必要です。語り手の言葉に，即座にかつ肯定的に反応することによって，聴き手が語り手に耳を傾け，注意を払っていることを示すことになります。「ええと」のような応答は，治療的にライフレヴューを形成しないのに対し，聴き手の適切で反応性の高い応答は，多くの場合，語り手の新しい気付きを助長します。聴き手の反応は，綿密で的確で，語り手を自分の物語を語るよう導き，Rさんに行った治療的聴き手のようにしなければなりません。

　Rさん：私が小さかった頃，私の母親は死にました。私は，母が病気だとは知りませんでした。私には3人の兄がいましたが，父は小さな女の子

に何をすべきかわからなかったのです。だから，父は私をおばに預け，兄たちは父の元に残りました。

聴き手：お父さんやお兄さんたちが恋しかったですか？

Ｒさん：はい。兄たちは残り，母はいなくなったので，私はいらなくなり，父は私を愛してくれなくなったのだと感じていました。私はとても寂しく，いつも泣いていたことを覚えています。

聴き手：ひとりでいることは辛いですね。しかし，おばさんと一緒に暮らしてどうでしたか？

Ｒさん：実際には，それほど悪くはなかったです。おばには子どもがいなかったので，私はおばの家で特別でした。しばらくすると，父や兄たちと離れていることにも慣れていきました。おばは私にかわいいドレスを買ってくれ，毎日私を学校まで送ってくれました。おばは私がいることを幸せに思ってくれ，私もそこにいることが普通になりました。

聴き手：あなたは特別だったのですね。あなたはおばさんに愛されていると感じましたか？

Ｒさん：おばは私をとても愛してくれ，そのことをいつも私に伝えてくれました。私は幸運だったと思います。

聴き手：では，今ではその離別をどのように感じますか？

　聴き手は，複数の刺激と感情の質問で，適切にＲさんの物語に反応することによって，Ｒさんの人生のこの衝撃的な出来事を探索し続けました。聴き手とＲさんは，Ｒさんの子ども時代の出来事を通して作業をしたので，Ｒさんは，小さい頃の離別は自分にとって最も良かったことだと捉え始めました。彼女の父親はかわらず彼女を愛しており，彼が死ぬまでよく彼女を訪ねていました。しかし，おばさんのようには彼女を育てることができませんでした。治療的な聴き手の反応によって，Ｒさんは過去を今までとは違って，より肯定的に捉えるようになりました。彼女の考えは，見捨てられた子どもから２つの家族に愛された幸運な子どもに変わりました。Ｒさんはこのように自分自身を評価し，自分の考えを再構成しましたが，このケアリングの方法で敏感に反応する聴き手が，語り手の過去の出来事を違う視点から考えられるよう促すのです。

感情の反射

感情の反射とは，語り手が自分の人生の物語を思い出した時に抱く感情と同じ感情を，そのまま返す，あるいは戻す行為です。この技術では，語り手が語っている時の感情を解釈し，語り手がその時感じている感情を聴き手が理解していることを示すことによって，反応することが求められます。ミラーリング，あるいは感情の反射は，語り手が言っていることや感じていることを聴き手が理解していると示す効果的なひとつの方法です。

語り手は，しばしば自分が何を感じているか詳しくは話しません。しかし，語り手が表情や，声のトーン，ボディランゲージで表す感情は，物語の目立つ部分になり得ます。気配りによって，聴き手は語り手の声とボディランゲージの変化を解釈することができますし，語り手が確認も否定もできる明確な言葉やトーン，ボディランゲージで，語り手に聴き手の読み取りを反映することによって，聴き手の解釈を確認することができます。例えば，第2次世界大戦の話を聴く時，治療的な聴き手は，語り手の声に怒りを見出しました。

聴き手：あなたが軍隊の経験を話している時に，怒りを感じました。

語り手：そうだと思います。しかし，あなたに言われるまで理解していませんでした。私は，長い間怒りを感じていたのだと思います。

語り手の記憶の背景にある感情に気付くことによって，語り手の経験をより深く理解することができるでしょう。言い換えれば，語り手自身がより理解できるように手助けすることができます。聴き手は，思い出されたすべての記憶を正確に解釈しようと考えるべきではありません。むしろ，聴き手は語り手の感情を語り手自身が明確化できるような発言の内容を熟考すべきです。語り手は，聴き手の解釈を認めることも否定することもしないでしょう。聴き手が言ったことについて考える時，語り手は洞察力を得て，自分自身をより知ることができるかもしれません。すると，自分の人生に起こったことへの評価が増すでしょう。

8　ライフレヴューの特徴：構造

構造的ライフレヴューのプロセスは，4つの特別な性質（構造，期間，個別化，評価）がある点で，明らかに他の回想法とは異なります。1つ目の特徴で

ある「構造」について，この章で説明をします。他の3つの特徴については，次からの3つの章で紹介します。第9章（訪問第7回：統合）では，4つすべての特徴の活用をまとめています。

ライフレヴューのプロセスを導く特別な構造は，以下の4つの要素から成り立っています。

・エリクソンの人生発達段階モデル
・要求された訪問の回数
・LRF質問項目
・治療的な聴き手によって提供される方向性

エリクソンのモデルは，ライフレヴューの発達的なフォーマットの基礎を提供します。彼の働きは，人の人生を見つめることにアプローチするための論理的な方法です。そして，8つの発達段階モデルは，基本的に年代順になっており，ライフレヴューの訪問と一致します。エリクソンの最後の発達段階である「統合」は，老年期に起こり，それまで生きてきた自分の人生を受け入れるというライフレヴューの最後の目標を反映しています。振り返ってエリクソンの発達段階を行ったり来たりすることや，今になって昔の問題を解決することによって，ほとんどの語り手は，ライフレヴューで彼らのために設定した目標にたどり着きます。つまり，自分の人生に折り合いをつけたり，受け入れることによって統合に至るということです。

2つ目の「構造」の要素で，語り手それぞれに勧められた訪問の回数は，エリクソンの発達段階モデルに対応しています。つまり，人生の8つの発達段階と8回の訪問です。ライフレヴューの8回の訪問は，エリクソンの発達段階に対応して，子ども時代から始まり老年期で終わるように，1週間に1回の人生の回想を通して語り手に構造を提供し，発達的にかつ徐々に語り手を導きます。

LRFにおける質問のタイプと範囲は，「構造」の3つ目の要素です。それらは，語り手が記憶をたどることを手助けしている間，再び各発達段階を通して，語り手に焦点を当て，導きます。LRFの構造化され，焦点化された質問によって，語り手は人生のすべての段階を網羅することができるでしょう。最終的に，LRFの質問は，語り手が最後の段階である「統合」に到達することを手助けするために，「感情」（評価的）の質問（例えば，「あなたはどのように感じましたか？」「最も幸せな思い出は何でしたか？」）を活用することで，自分の人生

を評価するよう促します。

4つ目は，過程における特別な構造であり，最も重要な要素である治療的な聴き手です。重要な質問を選択することは，聴き手の責務です。つまり，語り手の特定の生活や想起された記憶に対応したり，各語り手の発達段階に取り組むことによって，彼らの特定で個々の生活を通した促しをしたりします。語り手は，ライフレヴューの中で隠すことや，言うことを自分でコントロールしていますが，聴き手は厩務員，つまり過程を導く人です。その聴き手は以下のことに気を付けます。

・適切な質問をする
・語り手の多様性を理解する
・語り手を話題に集中させる
・少なくとも語り手のすべての発達段階を確実に取り扱う

ライフレヴューの構造は，厳密にいうと年代順ではなく発達的なので，特に，物語がそれを求めていたり，他につながっている出来事を思い出させられるならば，語り手は発達段階を行ったり来たりすることになります。しかしながら，治療的な聴き手は，ライフレヴューでの構造の条件を十分に満たすために，語り手がすべての発達段階を扱うことを保証しなければなりません。さらに，聴き手は，語り手をどんな問題とも関係するよう導き，語り手がそれらの人生の問題を合理化し，調和できるよう手助けをします。それによって，統合が達成されます。

9　語り手の分類：対外的な語り手

対外的な語り手は，思い出した記憶の中でも，めったに自分自身のことは語らず，一般的で実測的な問題における過去について話します。彼らはまるで，自分の人生に直接参加している存在ではなく，人生の傍観者のように出来事について話します。このように対外的な語り手は，評価的なライフレヴューに本当に参加しているようには見えません。治療的な聴き手は，そのような対外的な語り手に自分自身について語るよう促す必要がありますが，それはかなり難しい作業です。生涯の習慣は，語り手が記憶を記述する方法で，行われています。彼らは元から内気または内向的かもしれません。あるいは，自分自身につ

いて話すことは，横柄である，失礼であると子どもの時に教えられたのかもしれません。ライフレヴューでは，そのような子ども時代の教えの効果は，物語を話すことや自分の人生を個人化することを妨げます。聴き手は，対外的な語り手が自分の回想や物語と自分自身を離して捉えるような，彼らの傾向を克服する方法を見つけなければなりません。

　対外的な語り手に自分の話をしてもらうひとつの方法は，聴き手自身の物語を通して例えを設定することです。例えば，次のようなセッションで，治療的な聴き手は，2つの理由から自分の家族の思い出について明らかにすることを選びました。ひとつは，語り手と自分の間により親密な関係を築くこと，2つ目は，個人的な方法で自分自身や自分の家族について話すモデルの役割を果たすことです。対外的な語り手との会話は以下のとおりでした。

　　聴き手：学校に通っていたことについて，何を覚えていますか？
　　語り手：学校は，2，3マイル離れていて，大きな丘の頂上にありました。
　　　　　みんな学校まで歩いていて，バスはありませんでした。誰もが戦争運動
　　　　　に貢献したので，先生は5人しかいませんでした。クラスは大きくて，
　　　　　2，3の学年がありました。

　治療的な聴き手は，詳細でしたが，語り手に必ずしも影響しないような，学校のこのような記憶を聴きました。そして，語り手に影響するような質問をたずねると，そっけない答えが返ってきました。

　　聴き手：歩いてどうでしたか？
　　語り手：大丈夫でした。
　　聴き手：あなたにとって，特別な先生はいましたか？
　　語り手：いません。
　　聴き手：学校は好きでしたか？
　　語り手：はい。

　会話を続けることに失敗したので，治療的な聴き手は，途方に暮れ，ほぼ語り手と同い年であった自分の父親から聴いた物語を共有することにしました。

　　　私の父親は，学校に通うことについて，よく話していました。学校はど
　　　こからも上り道だったそうです！けれど，彼は学校のことは気にしていま
　　　せんでした。他の子どもたちが彼をからかったため，彼はむしろ家にいら
　　　れるように，履く靴を持っていませんでした。彼の唯一の楽しみは，帰り

道にりんごの果樹園で過ごす時間でした。彼は兄弟とフェンスに登って，小さな緑色のリンゴを盗んだそうです。それはとても甘酸っぱかったと言っていました。あなたなら信じられないでしょう。時々，彼らはそれを食べて，他の時はパイを作るために十分なリンゴを集めて，母親が彼らにひとつだけパイを焼いてくれたそうです。

　治療的な聴き手が話している間，語り手は笑顔を見せ始め，会話を続けました。

　　語り手：私の兄弟と私は，学校の帰り道にリンゴをよく盗んでいました。しかし，もし私たちが木から直接リンゴを取っていたら問題になっていたでしょう。本当の泥棒になるからです。だから私たちは，リンゴが地面に落ちるまで木を揺らして，それからリンゴを拾って取りました。私たちはとても貧しかったのです。1年間，私たちは靴を共有しなければならなかったので，学校には交代で行っていました。

　　聴き手：ずっとお腹が空いていましたか？

　　語り手：わかりません。まぁ，食べ物は何かしらありましたが，私たちがずっと食べたいと思っている物ではありませんでした。私は，時々，キャンディーやクラッカーのかけらが欲しかったけれど，私たちはそれをまったく持っていなかったので，それを望む必要はなかったのです。

　語り手が自分自身や貧困，家族について話し続けたので，ライフレヴューはとても良い調子で続きました。表面的な語り手と一緒に，聴き手は，ほとんど絶えず出来事を個人的に捉えることを忘れずにいなければなりません。そして，「それで，あなたは，お腹が空くような感じはしませんでしたか？」のような引き続くコメントと語り手の充足感とを繰り返し確かめなければなりません。

　聴き手はプロセスの中で個人的に語り手を巻き込んでいかなければなりません。つまり，もし語り手が自分について語らないなら，ライフレヴューは彼らについての事実であり，治療的ではありません。ライフレヴューで生じる治療のほとんどは，自己分析や評価，特に語り手にとって大きな意味をもつ出来事の結果です。自分の物語に自分自身を含めない語り手は，自分自身にとっての意味に関して物語を評価したり，分析したりできません。そのため，ライフレヴュープロセスの有益な部分を無視します。

10　訪問第3回の終了

セッションのまとめ

　第3回の訪問を終える準備をする時，聴き手は現在の会話の話題が不幸なものかそうでないかをよく確認しなければなりません。もし不幸なものであれば，光となる存在や会話の明るい部分を引き出すために言うことができる言葉について考えてください。その概要としてTさんの例をあげると，彼はやせこけていたことや家族の中でアスリートではなかったことについて話しましたが，彼は優秀な学生で，学校では成功し，兄弟はおそらく彼の学問的なことのスキルを羨ましがっており，彼の両親（特に父親）は歴史に関する彼の知識に感服していたことについても話したことに，気付いたと思います。過去と現在においても，Tさんはアスリートの方がもっと価値があると思っていたので，学問的な成果に自信をもっていませんでした。しかし，母親が彼の教えている大学を訪れた時，学問的な成功を褒め，彼が感じる誇りに気付かせたことによって，幸せな雰囲気でセッションを終えることができました。終わる時には，語り手であるTさんに人生の気持ちいい成功の記憶を楽しんでもらい，次週，成人期や仕事，関係性について話をしてもらえるように示しておく必要があります。

次の訪問に向けて

　聴き手は帰りの荷造りをする時，ライフレヴューの次のセッションの日付や時間を話し合ってください。語り手に，席の配置は快適だったか，プライバシーは保てていたかをたずねてください。もし問題がなければ，次週も同じ配置で計画してください。愛想良く別れの挨拶を伝え，目立つように印刷をした約束カードを語り手に渡して，訪問を終えてください。さらに，次のセッションの準備をするために，別れたらすぐに記録を取りましょう。

第6章
訪問第4回：成人初期

私は昔のことばかり考えて暮らしてしまう。
私の人生のほとんどを占めているから。

ハーブ・カーン

1　訪問第4回：聴き手のガイドライン

ライフレヴューの過程において第4回の訪問はカギとなります。なぜなら語り手にとって転機となりうる訪問だからです。全8週間の過程のちょうど中間にあたる4回目までに，語り手は訪問に慣れてきています。ここまでライフレヴューを体験して，後悔して途中で止める人もいれば，継続してよりいっそうオープンになる人もいます。4回目までには，たいていの語り手は共感的聴き手にそこそこの連帯感と信頼感をもつようになっているでしょう。そういう人たちはおそらく訪問を楽しんでいて，継続することを楽しみにしています。この第4回の訪問では，語り手はその後の人生に関わる重要な決断を自分の意志で決める時期である成人初期について回想します。ここで継続する人たちは，たいていの場合，訪問第4回の開始を首を長くして待ち望んでいるものです。

2　準備的課題

各セッション開始時に，訪問初回の章で詳細に触れたような準備が必要となります。ですから，語り手の居心地の良さや聴力，視力，そして場所が適切であるかといった詳細について学んだことを思い出せるよう，その章を見直すと良いでしょう。慣れには心地よさがついてきます。席の配置を毎週同じにすることは，安心感や信頼感につながります。語り手のそばにグラスの水を用意することも礼儀の基本として続けます。最後に，録音機を適切な位置に置いてお

く（録音状態にしておくのをお忘れなく）と，訪問終了後にセッションを振り返る時にとても役立ちます。さあ，これで準備完了ですね。再開しましょう！

3　語り手にとって重要なセッション

　訪問第4回が成功するかどうかは，それまでに培った語り手と聴き手の親しい関係によるところが大きいかもしれません。親しい結びつきを感じ，聴き手を信頼している語り手は，4回目までに，ぜひライフレヴューを最後までやり遂げたいと願うようになります。そのような語り手は，これまでの訪問でライフレヴューがどういうものかを理解し，もっとしたいと思っています。継続したいと思っている語り手の中には，ライフレヴューを非常に楽しんでいて，よりオープンになり，さらに熱心になる人もいます。このような語り手は，ここから先の過程を自分で引っ張っていく傾向があります。そして，聴き手は引っ張り役ではなく，むしろ相手の話を聞き，それに対する率直な感想や質問を返していくサウンディングボード（反響板）役として，脱線しないよう手助けするガイド役となっていきます。語り手にとっても聴き手にとっても楽しくライフレヴューをやり遂げるには，双方の熱心な共同作業が欠かせません。

　反対に，途中で止める人は，ふつう，これ以上過去を思い出したくないとか暴露したくないと言います。ライフレヴューの過程で，これ以上続けるとプライバシーを侵害されそうだと感じ，忘れていた思い出や感情をこれ以上かき回すのはよそうと決心するのかもしれません。それは長年，苦痛を伴う記憶を上手に押さえつけてこられたからなのかもしれません。このような記憶を心の片隅にとめながら暮らすことには耐えられたのかもしれませんが，回想して人に話すということは無理だったのかもしれません。実のところ，ライフレヴューを続けることを断念する人は，過去と向き合ったり，ましてやセラピーを受けたりする心の準備ができていなかったのかもしれません。そういう人は，拒否しても不思議ではありません。この本の中で紹介されるライフレヴューのほとんどは，研究の一環として行われたものであり，語り手はボランティアとしてライフレヴューを行っています。事前に詳しく説明されても，回想によっては精神的な苦痛が伴うことがあることを理解されていない語り手もいました。彼らは私たちの助けを求めていたのでもなく，また，セラピーを受けたいという

わけでもありませんでした。私たちがライフレヴューをしませんかとたずねた時に，彼らは同意しましたが，一度始めてみると，ライフレヴューは自分に向いていないと感じたのです。これらの語り手は，これまでの人生を探究する心の準備ができていなかったのであり，彼らには拒否する権利があります。

　語り手にはいつでも途中で止める権利がありますが，ライフレヴューを最後までやり遂げることによって，はじめて得られることがたくさんあります。聴き手は，他の語り手の成功例を出して，続けられるようならライフレヴューをやり遂げるまで継続するよう励ますこともできます。それでも止める意思を変えない人もいるかもしれませんが，今回までの体験から，必要とあれば，いずれ助けを求めてくるかもしれません。その後心変わりして，聴き手に連絡を取りたいと思った時のために，名前と連絡先を残していくのもいいでしょう。また，そのような語り手には，聴き手自身を含めてライフレヴューの過程で何か原因があるのであれば，教えてもらえるようお願いしてみるのもいいかもしれません。これは今後に役立つフィードバックを得るいい方法です。もちろん，このフィードバックから学ぶことを忘れてはなりません。

4　訪問第3回のフォローアップ

　訪問第4回を開始するにあたり，語り手に児童期の記憶を後にして，成人初期の記憶に移るよう促します。これはもちろん，前回までに思い出されなかったか，あるいは共有されなかった児童期の重要な出来事を思い出すキッカケがあった場合は例外です。しかし，第4回を始める前に，前回の訪問を要約し，フォローアップしなければいけません。3回目で思い起こされた児童期の出来事の重要性とその後の人生に影響を及ぼした児童期そのもののインパクトを明確にすることが，語り手と聴き手の双方にとって必要だからです。もし必要ならば，話の中核部分を要約してあげて，聴き手が感じたことを伝えてもいいでしょう。もし間違っていれば，語り手は聴き手の感じたことを訂正してくれるでしょう。それによって聴き手と語り手の双方が共通理解を明確にできます。

児童期の終了

　成人初期へと進む前に，児童期の記憶に関してははっきりとした形で終了さ

せることが大切です。児童期の記憶は現在から最も遠い記憶のうえ，思い出すのも最も難しく，時には最も精神的苦痛を伴います。もしそのような児童期の記憶があるのであれば，語り手は，思い出し，取り組む機会がもう一度必要かもしれません。訪問第4回までに，止めずに継続する語り手は，おそらく聴き手とライフレヴューの過程を信頼し，より安心してそのような問題や秘密を共有することでしょう。ある語り手，Nさん（女性）は成人初期に取り組む前に，児童期についてもう他に何も話したいことはありませんかと聞かれると，ようやく聴き手に対して安心して，児童期の次のような話を共有してくれました。

 Nさん：父はユーモアたっぷりの人でいつも笑っていた記憶があります。

 聴き手：お母様もそのような方でしたか？

 Nさん：わかりません。なぜなら私の人生の中で4年間思い出せない時期があるからです。小学1年生から4年生までの間です。母と父は仲が良くなかったのです。しょっちゅう夫婦喧嘩していたのを覚えています。

 聴き手：夫婦喧嘩をされている時というのは，どのような感じでしたか？

 Nさん：私は枕で両耳を塞いでいました。眠れませんでした。父は母に薬を飲ませて，それから母の言葉がはっきりしなくなってきたのが聞こえました。父はよく母の頭をベッドの頭板か鏡かサイドテーブルか何かに叩き付けていました。

 聴き手：それじゃあ，そんなことが長いこと続いたんですか？

 Nさん：少なくとも4年間は続きました。その後，母はいなくなってしまいました。私は，母のドレスの数を数えました。13着ありました。13日したら帰ってくると思いました。

 聴き手：どのように感じましたか？

 Nさん：わかりません。母はそうしなければならなかったのだと思いました。後でわかったことですが，父はお金をやっていろんな人に母について嘘をつかせたり，私を洗脳して母に不利な証言をさせました。私は何を言ったかわかりません。この4年間は思い出せません。母がいつ戻って来たのかもわかりません。母は私の宿題を手伝ってくれたことについて話してくれたので，思い出し始めましたが，辛かった部分については思い出せませんし，思い出したくもありません。

 この児童期の話がNさんのライフレヴュー全体の中核となりました。生涯に

わたって，彼女は母親の審理で証言したことに苦悩し，何と言ったのか知りたいと思っていました。母親に不利な証言をしたことについてけっして自分を許すことができないようでした。彼女は，聴き手を信頼することができた第4回の訪問まで，自分で恥ずべきことだと思っていた話について安心して共有することができなかったのです。彼女は4年間の記憶を失ったことを後悔していましたが，この失われた記憶を探究したいとはけっして思いませんでした。聴き手は，彼女が人生のこの4年間について知る心の準備ができた時に誰かもっとふさわしい人に診てもらうよう勧めました。しかし，Nさんがライフレヴューを続けていくうちに，失われた記憶は徐々にその重要性を失っていきました。彼女は成人初期について語り進めることができたのです。

未解決の課題

　未解決の課題をもっている人々は，聴き手あるいは彼らが部屋を出て行く時になって何かプライベートなことを話し出すでしょう。語り手はとっさにそういうことをしますが，それは故意にしているのです。忘れたり，故意に省いたり，正面からその問題に取り組む勇気がなかったりするので，セッションが終わる時にもち出すのです。そのような別れの時の一言というのは，たいてい重要なことで，相互の信頼関係が強まり，語り手がより自信をもてた時に，再度触れる必要のある性質のものだと知っておくべきです。例えば，大柄の男性Yさんが1時間のライフレヴューを終了し，部屋を出て行く時振り向き様に，「父はオレが12歳の時に蒸発しちまったんだ」と言いました。あまりに突然のことで聴き手は反応できませんでした。次の訪問で，聴き手が前回のセッションを要約していると，Yさんが捨てられてことについて触れ，成人初期についての質問を始める前に，「お父さんがあなたを置いて行ってしまったことについてもう少し聞かせてください」と言いました。訪問第4回までに打ち解けたと感じていたYさんは，その話について意気揚々と話してくれました。

　　12歳の時に，オレが大きすぎてこれ以上養っていけないんだと言って，道路の傍にオレを置いて行っちまったんだ。夜更けだったうえに，どこに置いていかれたのかも，どこに行けばいいのかもわからなくて，すごく怖くなったな。道路傍に置いていかれるっていうことは，家族に愛されていないんだと子ども心に思ったね。それでも家族の誰かが戻って来てくれな

いかと願ったよ。兄弟姉妹や母親のことは恋しかったけどな，父親のことは恋しいと思わなかったね。なぜって，酔っぱらっている時とか何かが思いどおりにいかないと，オレを殴ったからだよ。学校に入ったことがなかったもんで，読み書きはできなかったし，今でもできないよ。泣いても何の慰めにもならなかったな。だから，日が昇ると歩き出したんだよ。2日間歩き続けたね。でも誰にも会わなかったんだ。草を食べてしのいだけど，何も飲み物がなかったんだ。もうあきらめようと思ったね。草むらでしゃがんで泣いてたら，1台のトラックが通り過ぎたんだが，様子見に向きを変えて戻ってきてくれたんだ。

　トラックの運転手は白人男性で，親切だった。話を聞いて，トラックに乗せて彼の家まで連れて行ってくれたんだ。彼の奥さんが食べ物と飲み物をくれたのさ。彼はオレの話を聞いた後，納屋に住んで仕事を手伝わないかと聞いたんだ。彼の仕事は墓地の管理で，墓掘人だったんだ。オレは大柄だったから，墓を掘り返すのはお手の物だったのさ。オレが病気になり，彼もオレも年をとり，墓掘りができなくなるまで，納屋に住みながら彼のために働いたよ。彼はずっと良くしてくれて，いまでも時々ここに訪ねて来てくれるんだ。オレのために銀行にお金を預けて，社会保障番号を取ってくれたんだよ。そのおかげで今このアパートに住むだけのお金があるんだ。彼は実の父親以上に，オレにとっては父親のような存在なんだよ。結局家族には二度と会えなかったし，今もどこにいるのか知らないんだ。だから，あの親方と奥さん以外には，身よりがないというわけなのさ。

　聴き手は，Yさんのこの付け加えられた児童期の話を注意して聞きました。捨て子として家族を失ったことは，Yさんにとって非常に苦痛を伴う未解決の課題でした。それまでは捨てられたことについてほとんど話していませんでした。しかし，児童期について話したことが，Yさんにその時のことを話さずにはいられなくさせたのでした。その頃の記憶はずっとYさんの心の中にありましたが，訪問第4回まで安心して打ち明けることができなかったのです。その後1，2週間，聴き手は各訪問のはじめにあの悲劇的な出来事について触れ，Yさんが十分に振り返りができたことを確認してから，残りの時間で成人期の振り返りへと進みました。繰り返し振り返ることで，Yさんはこの望ましくない出来事と折り合いを付け，ライフレヴューを進めることができました。

5 エリクソンモデル：青年期から成人初期へ

　訪問第4回は，エリクソン理論の第5，第6段階の発達段階である同一性 対 役割拡散と親密性 対 孤立という課題を押さえるよう構成します。

同一性 対 役割拡散

　エリクソンによると，第5段階は児童期の終わりと成人期の始まりで，個人としてのアイデンティティを形成する時期に入っていきます。人のアイデンティティとは，他人，特に両親や教師，その他の模範となる人たちの意見に影響を受けながら，自分から見た自分をいいます。形成されたアイデンティティは，非常に他人の意見に依存しているため，自尊心に影響を与えます。つまり，「もし他人が私をよしと思うなら，私も自分をよしと思う」ということです。もし他人が「私はこれでよし」という気持ちを強化してくれないと，自己嫌疑が起こります。このような自分に不確かな人は，アイデンティティあるいは社会的役割について混乱します。生涯を通じて自分から見た自分が肯定的に強化されなければ，役割拡散は大きくなり，積み重なっていきます。たとえ混乱はなくとも，自分の人生の役割を見つけるということは難しいものです。

　第5章で紹介したTさんは，運動能力と男性らしいふるまいが欠落したために青年期に自己嫌疑を経験した男性のひとりです。子どもの頃，男らしさの象徴であるアメフト選手ではなかったTさんは，大きくなってから何年もの間役割の混乱に苦しみ，肩身の狭い思いをし，自分は一人前でなく，価値の無い存在だと感じていました。しかし，ライフレヴューを通して，歴史家であり大学教授として人生において成功を収めたと気が付き，新しく発見したこのアイデンティティに安らぎを感じました。

　もし語り手が青年期に役割拡散を経験していたら，この時点でもう一度吟味し，自分というアイデンティティのイメージを捉え直せるよう促すことによって，支援することができます。特別なグループの仲間に入れなかったり，学校で良い成績が取れなかったりといった児童期の自分の中で失敗と認識されていることは，しばしば，語り手の自尊心に否定的に作用し，成長過程で自己の形成に否定的な影響を残し続けます。そのような語り手を支援するには，自分自

身のイメージに向き合って，現在のアイデンティティを吟味させなければなりません。現在のその人の本当の姿と，過去に基づいて描いた自分というイメージの差を指摘してあげてください。それから，自分の中で成功と認識されている実績に記憶の焦点を当てるよう手助けします。そうすれば，ゆっくりと，自分自身に対する姿勢がより肯定的なものに変わっていくかもしれません。TさんやRさんのように，以前もっていた自分に対する結論が変わり，恥ずかしい過去の出来事が緩和され，新しいより肯定的な現在の自画像を描き，ついには，本当のアイデンティティに気付き，同定することができるようになります。

親密性 対 孤立

　若い人たちがアイデンティティ形成の苦しみから抜け出してくると，励ましとなる人との親密な関係によりどころを見つけます。このような社会的なスキルを身に付けることは，自我を押さえて他人に気遣いができる大人へと成長する重要なステップです。しかし，自我が弱い人は，交友関係を築く技術を身に付けることを難しいと感じます。失敗を恐れるあまり，孤立する危険に身を置くこともしばしばあります。

　セクシュアルアイデンティティは親密性の一部であり，自分を知る初歩的一面です。親密性とは，他人に惹かれ「恋に落ちる」段階の始まりをさします。Hさん（女性）ははじめて異性を意識した時のことについて興奮気味に話しました。

　　私は，高校時代ある女の子のグループと一緒に行動していました。そのうちの女の子が誕生パーティーに男の子たちを招待しました。男の子たちは「スピン・ザ・ボトル」（訳注：円になって座り，瓶を回転させて止まった時に瓶の口が指した相手にキスをし，キスをされた人が次に瓶を回転させるというパーティーゲーム）をして遊ぼうと言いました。女の子たちは興味がない振りをしていましたが，本当はみんなキスをしてみたかったのです。
　　すごく楽しかったです。それ以来ずっと私はキスを楽しんでいます（笑）。

　聴き手はHさんと一緒に笑いました。そして，「ご主人とのなれそめを教えてください」と言いました。このライフレヴューでは交友関係についての話が続きました。

　エリクソンは，親密性の反対要素は孤立だと言いました。他人との関係をかんたんに築かない人にとって，対人関係を築くのは年月とともにだんだん難し

くなってきます。対人関係はギブアンドテイクですから，小さい頃にひとりぼっちだった人にとって交友関係のきっかけを作ること，また一度できた関係を維持することはそれ以上に難しいといえます。とりわけ，もし孤独な語り手が共感的聴き手とのライフレヴューの関係を楽しんでいるなら，そのような語り手はライフレヴューが終わると，良好な関係を他にも求めることでしょう。

　適切な質問によって，聴き手は孤独な語り手が快適な交友関係や他人との身近さを否定していることに気付く手助けができます。彼らは，ある時は他人に拒否されることを恐れ，またある時はひとりでいたいと思い込み，またある時は別の理由で，自分自身を孤立させるのです。聴き手は，語り手が孤立した状態について洞察を得るよう支援する必要があります。そして洞察が得られたら，他人へ手を差し伸べるよう励ます必要があります。社会的スキルを身に付けなければならない語り手でも，ボランティアをすることで他人と交流する機会をもつことができます。例えば，ビッグブラザーズ（シスターズ）クラブに参加して孤児の大きいお兄さん（お姉さん）役をするなど，たくさんの選択肢があります。また，その語り手は，同年代の人々と交流する前に，引きこもりの人たちに給食を宅配しながら，ボランティアとしてゆっくりと社会的スキルを身に付けていくことだってできるのです。

　語り手が現在孤立していることに気付いたら，このような現実的な選択肢について話し合うことができます。そのような，他の人のことを考えなければならなくなる語り手は，自分のことばかり考えることをよく忘れます。あるいは，グループの一員となることにはそれほど抵抗感がないかもしれないので，そのような選択肢を語り手に勧めてみるのも良いでしょう。教会のグループ活動，読書が好きなら読書クラブ，運動神経が良ければ体操グループ，シニアセンターなど，グループへ参加する機会というのはたくさんあるものです。訪問第8回でライフレヴューを完了する時に，語り手にひとつふたつこのようなつながりを作るよう励ますというのは，訪問の最後を締めくくる良い方法で，語り手が他人との関わりをもつきっかけを作ってあげることになります。

　これらのエリクソンの発達理論の段階を完了するにあたって，自分のセクシュアルアイデンティティに疑問をもつ人々にとってこれがどれほど苦痛に満ちた時期であったかを考えてみましょう。人生における役割に疑問をもつだけでなく，自分が誰であるか，なぜ同世代の他の人たちと違うのかということを発

見していく過程で，おそらく他人との親密性からも自分を遠ざけたことでしょう。訪問第4回はそのようなジレンマについてたずねてみたり，聴き手自身の言葉による質問やライフレヴュー記録用紙にある質問を通してそのようなことについて話をしてみるには，とても良い機会です。ライフレヴュー記録用紙にホモセクシュアリティについての質問を追加するよう提案してくれたゲイの男性のような高齢者などには，このような直接的な対話が役に立つでしょう。

6　ライフレヴュー記録用紙の使用

　訪問第4回のライフレヴュー記録用紙は，成人初期を中心に構成されています。ライフレヴューの第4セッションを始めるにあたり，成人期の中にいる語り手の個人差を受容しながら，これまでのように語り手が過去を思い出せるよう上手にお手伝いすることが大切です。資料6－1の質問が語り手に合っているかもしれませんし，ふさわしいように変える必要があるかもしれません。

　すべての語り手に合わせて，ひとつひとつ質問を変更しなければならないわけではありません。語り手がライフストーリーを語るのに熱中するようなら，話を誘導したり，上手に相槌をしたりするだけで十分なのです。この手の語り手はそれ以上の質問は必要ありませんが，彼らのすべての人生の発達段階について話そうと，話し続けてしまうので，聴き手が毎週前もって話の方向付けをしなければなりません。各訪問の終わりにその日のまとめをし，また，次の週の訪問時に話すトピックを伝えて，語り手に次回の方向性を提供しましょう。

質問を個々に合わせる

　語り手の中には，個々に合わせた質問が必要な人もいます。例えば，結婚歴のない語り手には，ライフレヴュー記録用紙にある結婚に関する質問は適切ではないので，省くか変えたりします。別の質問としては，親密性，交友関係，仕事，趣味などについての質問が考えられます。大学まで行った人もいれば，早くに就職した人もいます。結婚した人もいれば，軍に入隊した人もいますし，手に職をつけた人もいます。多くの人が成人初期の大半を順調に出世し，このような話がライフレヴューの大半を占めます。聴き手の質問は，できる限り人生における語り手の選択について振り返るものでなければなりません。語り手

資料6-1　成人初期用の質問例

- さて，大人になってからのあなたの人生について教えてください。まずは20代の頃から始めましょう。あなたにとって大人になってから最も重要な出来事とは何でしたか？
- 一人前の大人として，人生の中で当然するべきことはできましたか？
- 20代，30代の頃のあなたにとって人生はどんなものでしたか？
- 責任感はある方でしたか？
- どんな人でしたか？　楽しみは何でしたか？
- お仕事について聞かせてください。お仕事は楽しかったですか？　生活は苦しくなかったですか？　当時はお仕事に没頭していましたか？　職場では認められていましたか？
- 自分の決断に満足していましたか？
- 収入は十分ありましたか？
- 誰か親密な関係の人はいましたか？
- ご結婚はされましたか？
    - □（はい）お相手はどんな方でしたか？
    - □（いいえ）なぜですか？
- 年を経るごとに結婚は良くなるものですか，それとも悪くなるものですか？　ご結婚は1度だけですか？
- お子さんはいましたか？　お子さんについて聞かせていただけませんか？
- 当時，何か重要な決断をされたことはありますか？
- 全体的に見て，ご結婚はうまくいきましたか，それともあまりうまくいきませんでしたか？

についてすでに知っていることをよりどころに，内容から得られる語り手の人生の決断のひとつひとつに関連した質問を構成していきます。

以下は，Cさん（未婚女性）のライフレヴューからの抜粋ですが，Cさんは結婚せず，家庭ももたず，仕事に専念したために，他の多くの女性のものとは違ったライフレヴューとなったことがよくわかります。

　　聴き手：20代から30代の頃のあなたの人生について聞かせてください。
　　Cさん：そうね，当時は大学に行くお金なんてなかったから，とにかく仕事を探したわ。私は服が何よりも好きだったから，ドレス売り場で仕事をもらえるように一番大きな百貨店に行ったの。そしたら，見事，仕事をもらえたわ。定年退職するまでそこで40年間働いて，退職する時には，仕入部長になっていたわ。
　　聴き手：すごい出世ですね。近頃は，そのように出世するには，まず大学に行かなければなりませんよ。働いていた頃のお話をもう少し聞かせて

ください。

　Cさんは，商品をディスプレイに並べたり，お客に似合ったドレスを選んであげたり，ドレスに合ったアクセサリーを見つけてあげたりすることがどんなに楽しかったか回想しました。Cさんは，その仕事が本当に好きで，その話をするのがとても好きでした。Cさんが仕事についてもう他に話すことがないくらい話した後に初めて，聴き手はCさんが休日には何をして楽しんだのかたずねました。それに対して，Cさんは友人の女性とダンスパーティーに行って，ある男性とお付き合いすることになった話をしてくれました。Cさんは，とても愛していたにもかかわらず，彼がプロポーズをしてくれた時に，「ノー」と言わなければならなかったと言いました。なぜなら，母親の世話をしながら彼と一緒に別の町に引っ越すことはできなかったからです。しばらく説得を続けましたが，結局彼は彼女を置いて引っ越していってしまったのでした。

　この例の中で，共感的聴き手はライフレヴュー記録用紙にあるような結婚に関する質問はしませんでした。かわりに，Cさんの選んだライフスタイルに呼応した質問を使って，Cさんの職歴に集中しました。

過去の決断の考察

　人生を振り返っている時，語り手はしばしば過去に決断したことのうち，その後の人生に影響した決定に悩まされることがあります。振り返ってみた時に，正しい決断をしたのか自信がないのです。しかし，ライフレヴューの中で改めてそのような決断について語る時，語り手は別の決定ができる自由はなかったのだと気付くことができます。なるようにしかならなかったのだと。聴き手は，ライフレヴューの中でこのような決断について話し合うことで，語り手の過去の決断を考察する手助けができます。ちょうど上記の聴き手が，Cさんが母親を世話しなければならなかったことについて言及した時に，「町に残って母親の世話をしたのが正しい選択だったと思っていますか？」と対応したように。

　Cさんは聴き手の質問について考えました。そして，他に現実的な選択肢がなかったこと，彼について行って結婚することはできなかったこと，母親を世話することが当時彼女のできる唯一の選択だったと確信をもって答えました。

　このような語り手の支援をする時，聴き手の洞察あるコメントや質問によって，語り手は選択肢について改めて考え，彼らのした選択と折り合いをつける

ことが期待されます。聴き手は，語り手がした決断の中に肯定的な要素を見つけなくてはなりません。あるいは，少なくとも決断をした状況などをたずねながら，他に現実的な選択肢は全くなかったのではないかということに気付くように，手助けしなければなりません。Cさんの決断をさまざまな観点から話し合うことで，彼女は母親のそばにいたことが正しい選択だったという確信に至りました。さらに，Cさんは母親とともに残ったことが，幸運にもやりがいのある仕事を何十年間もすることができたという良い結末を招いたのだと気付きました。妹の子どもたちの伯母になれたことの喜び，またそれだけでなく，仕事ができ，お金を服に費やせ，したいことができた自由を感謝しました。

　Cさんのケースは，昔にした決断とついに折り合いをつけた良い例です。ライフレヴューの中で失われた恋について語った時の，その決断についての自己嫌疑，またその自己嫌疑が何年もCさんの心の片隅に漂っていたことは明らかでした。しかし，改めて他人とその決断について振り返り始めた時，自己嫌疑と折り合いを付け，選択が正しかったと確信し，心が安らかになったのです。

　語り手は，人生を，歩んで来たままに受け入れるために，自分の決断は自分が選んだものだと認識する必要があります。語り手が後の人生に影響を与えた決断を受け入れる支援をすることが，そのような大きな決断がなされることの多い成人初期について取り組むライフレヴューの第4セッションの一部です。聴き手の役目は，良い決断を褒め，人生を困難な方向あるいはあまり望まない方向へと向かせた残念な決断と語り手が折り合いを付ける手助けをすることです。多くの語り手にとって，間違った人生の決断をやり直すには遅過ぎますが，受け入れるには決して遅過ぎることはありません。以下は，過去の決断を捉え直したLさん（男性）の例です。

　　Lさん：私は生涯，食料品店で働きました。父の食料品店だったのですが，8歳で掃き掃除を始め，60歳になるまで掃き続けました。7人兄弟の一番上だったのですが，私が高校生だった時に父が死に，家族を養うために学校を辞め母と一緒に店をやらなければなりませんでした。弟や妹たちが大学に行き，自分の番もいつか来ると考えていましたが，つき合っていた彼女が妊娠したので，結婚して自分の家族を養わなければならなければなりませんでした。そういうわけで，店で働き続けました。

　　聴き手：一家を養う責任のために，あきらめたことは何かありますか？

Lさん：計算が得意だったので，大学に行ってもっと勉強したかったです。

　Lさんがその話について振り返りをしている時，共感的聴き手は，奥さんや子どもたちが何よりも宝であると言ったこと，またたとえ結果を変えることができたとしても変えることはないと言ったことなどを指摘し，Lさんが過去の決断を受け入れる手助けをしました。食料品店で過ごした年月こそが奥さんと子どもたちをもたらしたのです。Lさんはついに，食料品店を継ぐという他に選択の余地はなく，その決断があったからこそ結婚し良い家庭に恵まれたのだと気付きました。食料品店を継いだ選択を誤りとも，正しいとも今なら思うこともできますが，Lさんは，正しかったと受け入れることができました。

　Lさんは，ライフレヴューを続けながら，近くの大学で会計のクラスを取る手続きをしました。すべての人がLさんのように，過去の難しい決断を乗り越え，踏み台にして進んで行けるほど幸運ではありませんが，共感的聴き手に語ることによって乗り越えて行くことができます。Lさんは，他の可能性を見出し，十分に探究し，過去の選択を捉え直し，ついに夢を実現しました。聴き手の手助けによって，Lさんは，実は望んでいたすべてのものをもち合わせていたのだという現実を発見することができたのです！

よりはっきりと覚えている成人期の記憶

　成人期の記憶は，ライフレヴューにおいて，より思い出しやすい記憶です。なぜなら，幼児期よりも新しい記憶であり，その時期の出来事は人生で最も重要な出来事であることが多いからです。どの時期の記憶が一番はっきりしているかを知っていると，訪問を計画するのに役立ちます。ちょうど，語り手のタイプに合わせて話のもって行き方を変えるように，思い出しやすさの違いに合わせて手法を変えることも大切です。

　成人期について話してもらう時には，3週間前に何をしたかというような日常の出来事よりもむしろ，結婚式，子どもたち，昇進などといった大きな出来事についてたずねるようにしましょう。より昔の記憶である長期記憶のほうが思い出しやすい認知症の人を除いて，ほとんどの人にとって，成人期の記憶はより豊かであることを知っておきましょう。認知症のある人の場合は，人生初期の記憶についての回想でよしとして，成人期を十分に探究するのは，認知症のない人の場合にしましょう。

7　カウンセリング技術：無条件の肯定的受容

　無条件の肯定的受容とは，語り手を，生い立ち，性格，意見に関係なく，何の制限も条件もつけずに，誠心誠意，心から受け入れることを意味します。自己の受容が問題である場合，もし聴き手が，語り手の過去も現在も含めてありのままに受け入れるなら，彼らは自分自身を受け入れられるようになります。例えば，語り手が過去の失敗のせいで自分自身に対して批判的で，解決も受容もできていない昔の課題について語っているとします。当然，そのような語り手は，聴き手から同様の冷淡で，閉鎖的で，批判的な反応が返ってくると思っていることでしょう。ところが，予期していた反応ではなく，聴き手の受け入れるような反応を見るのは，嬉しい驚きです。すると，そのような語り手の多くは，より避難されるべきひどい出来事（たとえそれが本当であってもなくても）を語り始め，何を言ってもオープンで寛容な反応が返ってくるか確かめるために，聴き手を試してきます。やがて非難されずに，完全に受け入れられていることがわかった時，語り手はしばしば力づけられ，自分自身を受容し，共感的聴き手に，よりオープンになります。

　Fさん（女性）は，過去の辛い話を語り，無条件の肯定的受容を受けて驚きます。

　　Fさん：私がはじめて酒に酔ったのは10歳の時でした。父は，私にウイスキーの注がれたショットグラスを手渡して，周りの人たちに私が顔色ひとつ変えずに飲み干すことができることを自慢していたのを覚えています。15歳になる頃には，私は大酒飲みでした。その後のことは，飲んで意識をなくしたこと以外，あまりよく覚えていません。朝になると飲み始め，夫が夕方帰宅する前に素面になるようにしていました。子どもたちが生まれてからは，多少良くなりましたが，あまり変わりませんでした。いつも宴会をするのが好きでした。

　　聴き手：アルコール依存症は怖い病気ですよね。あなたの苦しい経験についてもう少し聞かせてください。

　　Fさん：それから薬物に手を出して，コカインもやりました。いけないことだとはわかっていました。でも止められなかったんです。毎週金曜日，

給料が入ると，友人と宴会をしました。酒気帯び運転で2度捕まり，留置場に放り込まれました。それで，家裁は私から家族を取り上げました。

聴き手：今でも断酒を続けるのはきついですか？お酒を止めてからどれくらい断ちますか？

　Fさんは，断酒を始めてから5年になるが，今でもあの当時のことを恥ずかしいと思うと答えました。それでも，Fさんは，不道徳な成人初期の記憶を語り続けました。彼女は聴き手を驚かせたり，拒んだりするようなことはしませんでした。聴き手はFさんの人生のすべての部分を受け入れ，人生の汚点ともいうべき時期のことについてもっと語るよう励ましました。語り手の内省と聴き手の受容を続けた結果，Fさんは依存症の苦しみに勝ったことを誇りに思うようになりました。そして，もう5年もの間，素面でいて，思いやりのある母親であり妻であることもさることながら，共感的聴き手とともに人生や過去の苦しみを振り返る機会をもてたことに感謝しました。無条件の肯定的受容によって，Fさんは自分自身を許すことができたのです。

8　面接技術

分かち合う行為

　分かち合いとは，語り手によって使われる，ライフレヴューを進行するための技術です。時にはぎこちない沈黙が起こることがあります。ライフレヴューが行き詰まったり，語り手が語るのを止めたりしてしまう理由にはいろいろあります。しかし，共感的聴き手は，語り手がトピックから脱線せずに思い出を語ってもらうように進行しなければなりません。聴き手は，次のどの選択肢を使ってもかまいません。語り手が話すのを止めた時に話していたことに関するフォローアップの質問，その時に話していた人生の段階に関する質問，あるいは，聴き手は，有名な話，歴史的事実，人物や場所，語り手が語っていた出来事の起こった日時に関係することについて話すという「分かち合い」ができます。分かち合いは，語り手がライフレヴューの最中にばつの悪いことを暴露してしまって，静かになってしまった時に，とても役に立ちます。

　例えば，多くの語り手は，子どもの頃のおねしょの辛い思いを思い出しますが，それを語ることをばつが悪いと感じる人もいます。そういう人は，小さい

頃，おねしょがよくあることであり，おねしょするのはその人だけではないということに全く気付かず，また今でも知らないのです。子ども番組のミスター・ロジャースを覚えているでしょうか。彼がよくおねしょ（また，その他の幼少時代のお茶目な失敗）の話を分かち合って，子どもたちは彼の失敗談から学びますね。あの教育番組で，たくさんの子どもたちがミスター・ロジャースのおねしょの話に慰められました。彼がおねしょの話をすることで，おねしょをする何百万人の幼児たちが，自信を取り戻したのです。ミスター・ロジャースは，適切な「分かち合い」の価値を理解していたのです。

言い換え

　言い換えとは，もともとの語り手の不明瞭な言葉や発言の意図をはっきりさせるために，別の言葉で表現することです。聴き手は語り手の意図したことを察し，違う言葉を使って言い換えます。聴き手が考えた語り手が語った意図を，聴き手自身の言葉で言い換えることによって，語り手は聴き手の解釈を聞き，肯定することも，訂正することもできます。ライフレヴューで結婚初期のことを話している時のDさん（女性）が良い例です。

　　Dさん：それで，結婚した後，主人の実家を訪ねると，私は彼らに好かれてないことがわかりました。彼のお母さんは彼のことを溺愛していました。最愛の息子だったんです。

　　聴き手：彼らに好かれてなかったとおっしゃいました？

　　Dさん：いえ，初めて会った時は良くしてくれたんですよ。でもね，それから一緒に旅行をした時に，気付くべきだったんです。彼が陸軍に入隊した後，一緒に訪問したんですが，お母さんは私たちを2人きりにしてくれないんです。お母さんのほうが彼とずっと一緒にいたくて，私にどこかへ行って欲しいくらいだったんです。

　　聴き手：つまりお母様のほうがあなたのご主人を自分のものにしたがって，あなたが邪魔になっていると感じたんですね。それで，ご主人の実家の皆さんに好かれていなかったと。

　　Dさん：そう，そう，そうなんです。そう感じてた私は正しかったわ。あの人たちは全然私を気に入ってくれませんでした。

　言い換えられた自分の言葉を聞くことによって，Dさんは，過去の状況や，

自分の考えや感情をよりはっきりと理解できました。彼女は，不幸な結婚を夫の家族に気に入られなかったことのせいにしていたことに気付きました。言い換えが，彼女にとって，言葉の意味する内容を客観的に理解するための鏡の役割をしたのです。義理の家族に受け入れられていないことが，結婚が失敗に終わったことに影響していたのかもしれません。

　言い換えは，語り手の言葉についての相互理解をはっきりさせ，語り手がそのような理解による自分自身の思考過程の変化を見極める手助けをします。言い換えは，面接技術として使われるべきであり，そうして聴き手は語り手が今言ったことの影響をはっきりと理解するのです。そして，語り手は，言い換えられた結論や理解を確証するのです。

9　ライフレヴューの特徴：期間

　構造的ライフレヴューの過程には，最適合計時間と，推奨される各セッションの長さおよび頻度があります。これらの時間的要素はこのライフレヴューの過程に独自のもので，全過程を通して少しずつ得られる全体的な効果に貢献しています。研究調査によると，期間は6〜8週間で，週につき約1時間の訪問であるべきだという確証がなされています。さらに，可能であれば欠かさず毎週続けて行うべきです。しかし，構造的ライフレヴューを行っている聴き手は，常識の範囲で，臨機応変にこれらの推奨される時間枠を実施してください。

　ひとりの人の全生涯の話を聞き，準備的課題や統合という締めくくりの課題を完了するのには，8時間かけることを推奨します。さまざまな専門分野の臨床家が，語り手のライフストーリーを聞くのに必要だと考える時間数は，それぞれ違います。看護師のようなたくさんの仕事をこなさなければならない臨床家にとって，例えば8時間というのはひとりの人にかけるには長い時間です。一方で，特に精神科医のような臨床家にとって，8時間というのはひとりの人のライフストーリーを聞くのに最低限必要な時間数だといえます。しかし，8週間の過程がこれまでいつも良い結果を招き，効果的であったことから，私たちは約8週間の全過程を推奨します。これは，長さの違う他の回想法と比べ，構造的ライフレヴュー独特のものです。

　このスケジュールは各訪問の間，語り手に，何を言ったか考え，次の訪問で

何を話すかを決める時間を与えます。聴き手は，各訪問の間の時間で，語り手が自分の人生について考え，振り返り，人生にとって過去の出来事が何を意味するのかを考えるよう励まさなければなりません。この一定の間隔が，構造的ライフレヴューの内在的効果や特徴の一因です。語り手は，次回の聴き手の訪問までに，分かち合いたいと思った考えをメモに取りたいかもしれません。各訪問の間に考えることで，語り手はライフレヴューの過程を延長することになり，より価値あるものになります。語り手がそうするよう励ましましょう。

　決められた期間というと，堅苦しくてやっかいに聞こえますが，規定された期間には，ライフレヴューを開始した時点で語り手が聴き手から何を期待すべきかを知ることができるという長所があります。語り手はライフレヴューにどれくらいの時間をかける必要があるかを計画することができます。それ自体が独特であり，成人や多忙なスケジュールをもつ人を相手にする時にはとても重要です。また，決まった期間は，このライフレヴューを他の様式のセラピーや回想法と一線を画すものにします。最後に，この短期間の構造のおかげで，このライフレヴューはおそらくメディケア（訳注：主に米国で用いられる，65歳以上の人を対象とした老人医療保障制度）を請求できる点が，独特な点です。

10　語り手の分類：創造的な語り手

　創造的な語り手は話の上手な人に似ています。なぜならこのような人の話は，楽しみながら，巧みに，情熱をもって語られ，聴く人すべてを楽しませるからです。創造的な語り手は，しばしば話し上手という評判があり，何か質問をされると物語で答えるような人たちです。彼らをくどいという人たちもいます。不幸にも，創造的な語り手は，真実に着色し，他人の楽しみのためにより良い話を創り上げ，場合によっては自分をより良く見せたり，別人のように見せたりする物語の語り手とは違います。時間とともに，彼らは自分の話を信じるようになります。彼らの話は事実にちょっとだけフィクションを加えた話で，彼らを良く見せますが，創造的な語り手の話は真実に忠実です。

　創造的な語り手には，話を構築するという自由がありますが，故意に話をゆがめようという意図はありません。ライフレヴューの中で彼らの話を聞いている時，他のタイプの語り手の話を聴く時と同じように反応よく，共感的に聴き

ましょう。ひとつだけ問題があるとすれば，それは，話が長くなってきた時にライフレヴューの構造に沿うように語り手を導く時でしょう。創造的回顧は，語り手が聴き手だけでなく自分自身にも事実を隠すために話を創り出す時にだけ問題となります。故意に事実を伏せるというのはストレスの溜まる行為であり，実際，語り手がうっかり正体をばらしてしまわないかと心配したり，話のつじつまを合わせようと必死になったりすると不安の原因にもなります。

創造的な語り手とのライフレヴューでは楽しむことを忘れず，話が本当かどうかを見極めようと心配してはいけません。真実を見極めるのは聴き手の役割ではなく，その必要もないのです。良い聴き手となり，反応よく役立つように，カウンセリングの技術を駆使することに集中してください。おそらく聴く内容のほとんどが真実でしょうから。楽しんでください。

11　訪問第4回の終了

まとめのセッション

訪問第4回の終了時に，聴き手は語り手のためにその日の訪問で最も楽しかった部分を要約し，語り手側，聴き手側の誤った解釈を解消するようにしなければなりません。この時，否定的な考えを組み立て直し，この日の訪問終了に向けてハッピーエンドへと会話を進めるとよいでしょう。未解決の課題をもっていたYさんを思い出してください。この場合，聴き手は，Yさんの児童期の悲しい話を聴いて心が痛みましたが，住み込みで雇い，その後の人生もお世話になった良い人に見つけてもらってけっして不幸ではなかったのではないですか，と言いました。Yさんは，その出来事をそのように考えたことがありませんでしたが，改めて考え直してから，「あんたの言うとおりだ。オレはラッキーだったな」と言って，彼の幸運について考えながらセッションを終えました。

次の訪問

終了までにしなければいけないことが少しあります。次回の訪問の約束をして，約束カードを置いていくことです。今回終了した訪問第4回の内容によっては，語り手を翌週の訪問第5回に向けて家族，仕事，そして次の世代への語り手の貢献について考えておいてもらうよう指示しましょう。

第7章
訪問第5回：中年期

人はともかくも本当の自分を知り，それに基づいて自分の生き方を判断していくのだと思う。
　　　　　　　　　　　　　　　　　　　　　　　　エレノア・ルーズベルト

1　訪問第5回：聴き手のガイドライン

ライフレヴュー訪問の5回目を始める頃には，雰囲気はまるで旧友を訪ねる時のようでしょう。ここに至るまでに，語り手と結束し信頼関係を築いているはずです。語り手は語り手で，ライフストーリーの残りを話したくてたまらず，聴き手は聴き手で，結末を聞きたくてたまらないかもしれません。今回の訪問は，語り手と聴き手双方にとって楽しいものとなるでしょう，そして通りがかりの人から見たら，旧知の友が2人で積もる話に花を咲かせているように見えることでしょう。予期せぬことはなく，むしろこれまでと変わらない感じでしょう。肩の力を抜いて，対話を楽しんでください。そして，良いセラピーが起きるように，流れに身を委ねましょう。

2　準備的課題

この時点で，準備的課題は習慣になっているはずです。それどころか，語り手は，聴き手がやって来るまでに準備的課題を終わらせ，約束の場所でグラスの水を片手に聴き手を待っているかもしれません！聴き手は，これまでの訪問の様子から，心地よさの度合いをすばやく判断し，何か欠けているようなら始める前に整えられることでしょう。予期せぬ準備上の問題があれば，対応できるよう早めに来ること，そして聴き手が語り手を尊重し，気遣っていることを感じてもらえるようにすることを忘れてはなりません。

3　訪問第4回のフォローアップ

　セッションを始めるにあたって，前回のセッションがどこで終わったかに言及するようにします。第5回ともなると，しばしば語り手が勝手にセッションを始めてしまうことがあります。なぜなら，前回の訪問後ずっとひとりで人生を振り返っていて，新しく気付いたことや以前気付いたことを再確認したくてたまらなくなっている場合があるからです。訪問第5回はあくまで第4回の続きですから，前回のセッションを要約してから，第5回を始めるようにします。聴き手は，前回の訪問に関して未完の課題を残してないか確かめてから先に進めなければなりません。前回触れた話題を十分に探究したという確認ができてから，語り手の心に浮かぶ中年期の記憶を広げる質問をしてください。

4　エリクソンモデル：中年期

　普遍性はエリクソンの発達理論の7段階目にあたります。ここでは中年期について取り組みます。

普遍性と停滞
　普遍性とは，知識，知恵，愛，あるいは自分自身の一部を若い世代へと伝えていく過程をいいます。普遍性は，受け継がれていくべき知識や経験を習得した人生の終盤に起こります。一般的に，普遍性は子どもを育てる過程で，親の知識や子への愛情を伝えるという形でみられます。しかし，子をもたない人でも違う形で同じことが可能です。叔父や叔母はしばしば甥や姪の世話に楽しみをみつけ，得意なことや経験を教えることができます。リトルリーグの監督はボランティア活動という形でチームの子どもたちに同じように技術を伝えていくことができます。他にも，教育や後進指導，技術や知恵，生涯を通して得た洞察の伝授によって，家でも，地域活動でも，職場でも普遍的になれます。
　多くの職業，例えば，知識を伝授し若い世代を育成することを要求される立場である教師などは普遍的です。反対に，多くの人のライフレヴューを聴くことで，聴き手は人々があまり目立たない形で普遍的になることに気付くことで

しょう。例えば，訪問第4回で触れた，百貨店の仕入部長になったCさんのように，ライフレヴューの全過程を通じて，彼女は若い店員に販売計画の立て方を教えた話を何度もしました。Cさんは，独身であることや，生涯の仕事をもつこと，あるいはアパートの選び方など，たくさんの店員からの相談にのることによって，彼らの良き指導者となりました。仕事について語る時，彼女の話は「普遍的」な例でいっぱいでした。

　Cさんはこのような交友関係を楽しみ，若い店員たちは誰かの面倒をみてあげたいというCさんのニーズに応えたのです。生成とは隠れたニーズであり，分かち合いたい，世話をしたい，与えたいというようなニーズにしばしば語り手は十分に気付きません。このようにして，社会は発展し繁栄していくのです。しかし，必ずしもすべての人がみな生成的というわけではなく，停滞的になる人もいます。停滞や自己陶酔は，周りの人に手を差し伸べようとすることのない高齢者の特徴です。いくつもの個人的な問題を抱える人は，自分の問題しか見えなくなり，他人を気遣う余裕がないことがあります。自分本位であるがゆえに，他人の世話をする，ひいては普遍的になる機会を逃しているのです。間違いなく誰もがそんな人に会ったことがあるはずで，以下のEドクター（男性）のような例を知っていると思います。

　Eドクターは，自分のことで頭がいっぱいな外科医でした。一見して不機嫌な人で，自分の身に起きた悪いことや彼を不当に扱った人のことばかりを気にして，他人の幸せについてはめったに考えませんでした。

　　Eドクター：ある婦人が内出血のために一般開業医からの紹介で私のところに運ばれてきました。手術中，研修医が胆管を誤って切ってしまったので，彼女は死んでしまうと思いました。

　　聴き手：廃業したのは，そのせいですか？

　　Eドクター：いや，私は法廷でその研修医に対して不利な証言をしなければなりませんでした。すると，彼は私を名誉毀損で訴えて，私が行ったあの手術に対して証言したのです。それで，廃業してしまいました。誰も私に患者を紹介してくれなくなりましたから。その後は，緊急救命室で働きましたが，看護師とふざけていたところを見つかり，クビになりました。それ以降，自分がわからなくなりました。残った財産をつぎ込んで妊娠中絶クリニックを開業しましたが，それも失いました。

聴き手：一連の出来事は，自分の中でどう整理されていますか？

Eドクター：まぁ規模が大きすぎたんですね，私には。すっかり打ちのめされました。こき下ろされたのは間違いないと思っていますよ。それで現役を引退しました。病院時代の人や家族ともほとんど会いません。誰も訪ねて来てくれません。でも私には日課がありますから。

聴き手：旧友や家族と連絡を取ろうとは思いませんか？

Eドクター：私がどこにいるか知ってますから。

聴き手がEドクターにこれらの出来事をひとつひとつもっとよく振り返り，他の人に手を差し伸べるよう促そうとしているのがおわかりになると思います。共感的聴き手は，Eドクターの身に起きた出来事がどう心の中で整理されているのかとたずねることで，彼が新しい見方ができるように試みましたが，Eドクターは深く振り返ろうとはしませんでした。そのかわり，彼は現在の状況を自分ではなく他人のせいにしていました。基本的に，Eドクターは，苦しみに苛まれる語り手と同じように，自分を了見の狭い，自己中心的な人間として露呈しています。結婚して子どもがいるにもかかわらず，彼のライフレヴューを聴いていると，家族のことをあまり気にかけたり考えたりしていなかったことがわかります。どうやら彼は全く普遍的ではなかったようです。Eドクターは，彼にとってどんな存在であったかという以外には，他の人に関心をもったことがないようでした。彼は典型的な停滞的（ただ不機嫌なだけでなく，自分自身がその不機嫌の原因であることに気付いていない）人間でした。

Eドクターのような人を何週間も相手にするのは疲れるということがわかると思います。どんなにライフレヴューを通して達見を深めてもらおうと機会を与えても，Eドクターのような語り手は，洞察力を欠いたままでいることが往々にしてあります。このような人の基本的な性格特性や反応パターンは，ライフレヴューの邪魔となります。しかし，たとえ停滞したままであっても，人生を振り返って語ることが彼らのためになるということを信じてください。

5 ライフレヴュー記録用紙の使用

今週のライフレヴュー記録用紙の質問は家族，職業，交友関係に関することで，中年期について取り組むための質問になっています。エリクソンの発達理

資料 7 − 1　中年期用の質問例

・あなたのご結婚に足りないものは他に何がありますか？
・**生涯を通じて，心に浮かぶ1番重要な交友関係は誰との関係ですか？**
・**あなたのお子さんについてもう少し聞かせてください。親になって良かったなと思いますか？**
・あなたは信心深い人だと思いますか？
・友情やその他の人との交友関係について聞かせてください。
・性的に親密な関係はあなたにとって重要でしたか？
・**趣味や興味のあるものは何でしたか？**
・**次の世代の役に立ったと思いますか？**
・大人になってから（成人期で）した辛い経験は何でしたか？
　□ 誰かあなたと親しい人は亡くなりましたか。離れていった人は？
　□ 病気になったことはありますか。事故にあったことは？
　□ よく引っ越しましたか。職業を変えたことは？
　□ 孤独に感じたことはありますか。見捨てられたことは？
　□ 満たされていないと感じたことはありますか？
・他に何か話したいことを思い出しましたか？
・**次の世代の人たちに伝えたいあなたの経験や知恵は何ですか？**

論の第7段階（普遍性）に呼応する質問は，資料7−1に一覧を載せています。太字の質問は語り手の生成的な体験についてたずねる質問です。これらの質問は，聴き手の考えに焦点を当てながら，聴き手と語り手の両方をライフレヴューのひとつひとつのセクションに沿ってガイドします。

仕事と家族

　先週の対話が今回の訪問の間にたずねる質問の参考になるでしょう。前回もし語り手が家族の話題に集中していたら，職業あるいは趣味や交友関係について質問をしてみてください。また，訪問第4回をずっと鉄道の車掌時代の話をし，第5回も仕事の話を続けたがったSさん（男性）のような語り手に出会うかもしれません。彼は他に何も思い出すことがなく，家族さえも話題に上らない全くの仕事人間でした。このような人は，この世代の男性に珍しくありません。

　　聴き手：Sさん，話を成人初期の前半に戻しましょう。父親になった時について聞かせてください。
　　Sさん：それがだねぇ，その頃の記憶はおぼろげなんだ。赤ん坊が病院か

ら帰って来る前に赤ん坊の部屋の壁の色を塗り直したのは覚えているんだ。それから真夜中に家内が起き上がってお乳を飲ませているのもね。だけど，当時はシカゴ方面への列車を走らせていて，家に帰れたのは週にたった1度か2度だったんだ。昇進したばかりだったから，もっと家に帰れるように違う方面の路線を担当できるように頼むなんてのは無理な話だったんだよ。

 聴き手：息子さんたちは野球が上手だったとお聞きしました。Sさんが教えたのですか？

 Sさん：いいや。その頃には指導する立場だったから，いろいろな都市の鉄道を監督していて平日はずっと家を空けてたんだ。

聴き手は家族についての質問を続けましたが，Sさんは何も詳しいことは語らず，家族との思い出は一向にはっきりとしませんでした。彼は確かに良い稼ぎ頭ではありましたが，家族においては自分をそういう役としてしか見ていませんでした。聴き手をしていると，仕事が人生そのものという語り手にたくさん出会うことでしょう。特に古い世代の人は，今日の父親に比べ家族とあまり時間を過ごしませんでした。昔の世代の父親というのは，家族を養う存在でしたから，家族をどう養っていたかに誇りをもっていたのです。このような人たちも，彼らの時代には常識だったように自分を犠牲にして家族を金銭的に支えていたのですから，心の中では普遍的であったといえるでしょう。語り手が職業上の成功について喜びを表すことを許し，また，語り手が仕事の誇りを思い出しながら訪問第5回を完了できるよう対話を行ってください。

交友関係

生涯を通じた友情や家族の外の交友関係はほとんどの語り手にとって重要なものです。いくつもの老年学の研究によると，大切な異性の存在や腹心の友がいるということは，高齢者の心身の健康の大きな要因となっています。家族とは別に長年の交友関係をもつことが，退職や，死別，社交的な機会の減少によって世界が狭まってしまった高齢者にとって特に重要なのです。人生に影響を与えた古くからの交友関係は，ライフレヴューにとって有意義なもので，今も続いている関係は語り手の現在の生活の満足度に影響します。

 語り手に親しい友人と友情についてたずねてみてください。「親友の話」を

第7章　訪問第5回：中年期

聴くとたいてい楽しいひとときとなります。もし親友が亡くなっていたら，悲しい話になるかもしれませんが，それでも有意義な時間には変わりなく，聴き手は語り手の悲嘆作業を支え，手助けすることができます。語り手Jさん（女性）は，生涯を通じて重要だった長年の親交が時を経てよりいっそう重要なものになってきたと話しました。

　　Jさん：戦時中，私たちの夫がみな戦地に行っている間，私たちは自分たちの手で何とかやっていかなければなりませんでした。隣近所のサリーさんにはいつもお世話になっていました。私の子どもが病気になれば，助けにきてくれ，私も彼女に同じようにしました。お互いのベビーシッターを買って出たり，よく子どもたちが寝静まった夜にお互いを訪ねたりしました。一日中子どもしか話し相手がいないと，大人同士で話し合えるのがとてもありがたかったです。週末になると子どもを連れて，一緒に出かけました。お互い家族のような付き合いでした。夫が戦争から戻ると，私たちはそれほど支え合う必要がなくなりましたが，家族ぐるみの親しい関係は続きました。

　　聴き手：まだお互いに会ったりするのですか？

　　Jさん：ええ，もちろん。ひと月に一回は電話で話します。私の夫が死んだ時，サリーさんが来て慰めてくれました。彼女がいてくれて本当に良かったです。彼女も独り身になったので，また近所に引っ越そうかしらと話したこともあったんですよ。

　Jさんの友人の話を聴くと，この交友がJさんの生涯でとても重要なもので，人生そのものだけでなくライフレヴューにも影響したことに気付かされます。Jさんは，血のつながった兄弟姉妹よりもサリーさんとの方が一緒に過ごすことが多く，より親密でした。このような思い出は，語り手の心に喜びをもたらし，しばしば過去の決断に新しい見地をもたらすので，大切な交友関係を思い出すことを励ましましょう。ひとりの親友は，高齢者である語り手にとって，たくさんの知り合いよりも大切で，心の宝物という意味合いだけでなく，ライフレヴューにおいても有意義な思い出であることが多々あります。

　他の語り手には，より親密な交友関係があったかもしれません。例えば，まだ公になっていない，そして，これからも誰も傷つけないために秘密にしておかなければならないような愛人との関係などがそれです。家族以外の交友関係

についてたずねる時，語り手にこのような思い出を共有する機会を与えることができます。そして，語り手は，どの思い出を打ち明けるかを決めることができます。しばしば，いたってシンプルな質問が，さまざまな驚きの記憶や，また，たまに表に出て来ない方が良いような思い出までをも誘発することがあります。浮気をしたことのある人たちは，しばしば罪悪感を引きずっていて，感じていることや，どうして道を踏み外したかについて話したいと思っています。これらの暴露話は対応が難しいものです。なぜなら，語り手が過去の決断について正当化するのを聴き，見届ける以外にできることはほとんどないからです。聴き手と過去を共有する行為によって，罪の許しを望む語り手は救われるのです。

個人的な興味

　これまでのセッションで過去の親密な関係について語りつくし，訪問第5回の最中にそれ以上何も話す思い出がなくなってしまう語り手もいます。このような語り手の場合は，趣味やボランティア活動などの個人的な趣味について質問することで，語りたい思い出を見つけてもらえるかもしれません。語り手の心は仕事や家族以外の個人的な興味に関する思い出でいっぱいなのに，それについて話を始める良い機会をつかめずにいたのかもしれません。共感的聴き手は，その興味が何であれ，そのようなことも話せるチャンスを提供する必要があります。もし語り手がゴルファーだったら，ホールインワンについて話すのをきっと楽しむでしょう。もし釣り人だったら，「逃した魚は大きかった」話をするでしょう。趣味，地域活動，個人的に成し遂げたものなどは，家の外で働いたことがない人や身寄りのない人にとって，ちょうど良い話題になります。そしてこのような話は，深く振り返るべき他の思い出話のきっかけになるかもしれません。他の思い出話につながる，つながらないにかかわらず，こういう話はしていて楽しいものですし，ライフレヴューの満足度もあがります。

　語り手Kさん（女性）は，「専業主婦」で，ライフレヴューの訪問第4回に家族についての話題を語り尽くしてしまい，聴き手は残りの訪問のために，有意義な話題探しをすることになってしまいました。Kさんは家の外で働いたことがありませんでした。家族が彼女にとって人生そのものであり，他にどんな興味があるかは誰も知りませんでした。訪問第5回は，人生の評価を始める前

の，思い出を思い出す最後のセッションなので，このような一見大切ではないが他の重要な中年期の思い出につながるかもしれない記憶を引き出すことは，たいへん価値があります。

　同様に，話を聴いている時に，聴き手自身が面白い話題に窮することがあるかもしれません。もしそうなったら，適切な質問ができるように，語り手の興味のあることを調べる基礎準備が必要になってきます。また，何か目につく思い出の品や小物，身の回り品がないか部屋の中を見回してみてください。例えば，Kさん（女性）のリビングルームにボウリングの球があるのに気付いた聴き手は，球の重量についてコメントしました。偶然出たこの話題が，Kさんの得意なボウリングの話につながりました。

　　Kさん：私は軽い方，12ポンドのやつを使うの。
　　聴き手：12ポンドって重いんじゃないですか。
　　Kさん：重いわね。最初に買ったのは，13ポンド近かったわね。いつも2つの球を使うようにしていてね，新しいのを買った時なんかは，使い慣らすまでスコアが出ないこともあったわよ。私ね，2つの球と靴を入れるキャスター付きの鞄も持ってるのよ。
　　聴き手：それはまたずいぶん真剣ですね。
　　Kさん：1度200点以上を出したことがあるのよ。いいこと，1ゲームでよ？シニアリーグの選抜に出てね，結構いいとこまでいったのよ。

　ボウリングの腕前に対するKさんの自信は明らかだったので，聴き手は，絶対彼女のようにボウリングはできないという姿勢を維持し，Kさんの偉業に敬服していることを示しました。ボウリングのような個人的な興味に関する活動は，達成感を加え，喜びの源となり，ライフレヴューを，語り手を引き込む豊かなものにします。このような自信と喜びを感じることは，語り手にとってライフレヴューの成功に関わる重要なものです。それゆえ，訪問第5回は，中年期を終えるにあたって，家の外での興味や偉業について語る機会をもてるよう，質問の土台となる話題探しの範囲を広げてみましょう。

忘れられた記憶

　語り手は，いったん頭の中で思い出話を探し始めると，出て来る数の多さに驚くものです。ライフレヴューをしていると，忘れられた記憶が結構出てきま

す。おそらくそれは，あるひとつの思い出が忘れられていた記憶を呼び起こすからでしょう。楽しい思い出であったり，悲しい思い出であったりしますが，長らく表面に出て来ずに潜伏していたのですから，ライフレヴューで重要な役割をもっているかもしれません。しばしば語り手は，「何で今こんなことを思い出したんでしょう」と言います。「新しく思い出した」記憶の分かち合いの機会を終える前に，「他に何か話したいことはありませんか？」と言うような質問をすることで，語り手はその機会に乗じて話すことができます。そのような例として，Ｏさん（女性）を紹介します。

> Ｏさん：兄弟姉妹のことは，もうずいぶん長らく考えたこともありませんでした。妹のメアリーと私は，40年ほど前，子どもたちのことについてのちょっとした意見の食い違いのせいで，仲違いをしてしまいました。あれは私の娘の結婚式についてのことだったのですが，娘はメアリーの子どもたちの誰も花嫁の付添人として選びませんでした。それでメアリーは侮辱されたと思ったのです。子どもたちはすぐに仲直りしたのですが，私はメアリーとはそれ以来ずっと話していません。40年間も疎遠状態というわけです。学童時代について語っていたら，メアリーとすごく仲良しだったことを思い出しました。子どもの頃はとっても仲が良かったんですよ。会いたいわ。メアリーは，私に残された唯一の妹なんです。

> 聴き手：メアリーさんとの関係は，そのままでよろしいんですか？

> Ｏさん：40年間も彼女の方からごめんなさいって言ってくるのを待っていたなんて，本当に馬鹿げていると思います。私の方から電話して，「ごめんなさい」って言おうかしら。

セッションが終わると，Ｏさんは，妹のメアリーさんの電話番号を調べてくれるよう，聴き手にお願いしました。そして，聴き手が荷物を鞄に戻していると，Ｏさんはメアリーさんに電話をかけました。メアリーさんは，姉からの電話に喜びました。ふたりが電話で笑ったり，涙ぐんだり，お互いを訪ねる予定を立てている間に，聴き手はそっとドアから退室したのでした。

長い間忘れていた記憶は，壊れた関係を修繕する機会を与えます。その結果，未完の課題を完了することにもなります。ライフレヴューを通して得た洞察の結果，壊れた関係が修繕されるのは珍しいことではありません。語り手は，人

生に重要なのは何かということが見えてきて，過去の遺恨や侮辱のばかばかしさに気付くのです。そして，しばしば，できるうちに関係を修繕したいと思うようになります。共感的聴き手として，一見それほど重要な記憶とは思えないちょっとした思い出から，一生涯抱えていた課題の解決に至るかもしれないということを知っておくのは大切なことです。それゆえ，どんな記憶でもライフレヴューには欠くことができないと考え，語り手の話についていってください。

6　カウンセリング技術：共感

　共感とは，聴き手が学び，取り入れなければなければならない4つ目のカウンセリング技術であり，人生を振り返っている人の気持ちへの理解と同情を組み合わせる技術です。これができる共感的聴き手は，語り手の思い出話に伴う感情に受容的で，最大限の関心を向けることができます。事実，聴き手は語り手が感じることを感じ，体験の深さの価値を認め，語り手にそのように反応する聴き手側の感情を見せることができなければなりません。

　共感は，しばしば同情と混同されますが，この2つは違うものです。共感とは，誰かとともに感じることですが，同情とは，誰かのために感じることです。共感的理解は，気持ちを共有することで，語り手と聴き手を同等の感情的立ち位置に立たせます。反対に，同情は，哀れみに似ていて，聴き手を上から目線の立ち位置に置きます。共感的関係には，序列はありません。共感的聴き手は，語り手の苦痛を察し，かわりに語り手は，反応する聴き手の思いやりを知ります。

　どのように共感を身に付けたらいいのかを教えることは困難です。語り手の問題を聴いて共感することが自然にできる人もいれば，注意深く聴き，語り手の感情に反応よく自分自身の感情を関連づけ，思いやり訓練を継続してはじめて身に付けることができる人もいます。訓練によって，自分自身にも語り手の気持ちにも正直でいることができるようになり，誠実な感情でもって語り手の感情を映し出すことができるようになります。語り手の体験を忠実に感じること，つまり語り手が感じているがままに感じることは，語り手がより正直になれる寛容な雰囲気を作り出します。以下の，交通事故によって17歳の若さで亡くなった娘さんを思い出している時のPさん（男性）が，その例です。娘さ

の死について語っている時，彼の目は涙であふれました。

　　Ｐさん：友人を訪ねた帰り，幹線道路沿いを歩いていた娘を，酔っぱらいの運転する車がなぎ倒しました。その前に娘が迎えに来てと電話してきた時，私は庭の芝生を刈っていて忙しいから，終わるまで待っていなさいと言いました。娘は待たずに歩いて帰り始めました。もし私が迎えに行っていれば，娘は生きていたでしょう。

　　聴き手：Ｐさん，娘さんがまだ10代で亡くなるなんて，どんなに辛いでしょうね。子どもに先立たれるより辛いものはありませんよね。そのような喪失感というのは消えるものじゃないと思います。きれいな娘さんだったのに…。あそこの写真でわかります。

　　Ｐさん：今でもずっと娘のことを考えています。きれいなだけでなく，本当にすごく良い子で，頭が良く，なんでも器用でした。あの子の母親も，あの子のことをずっと考えていました。実際に，死ぬ時まで考えていました。死に際に娘の名前を呼んでいましたから。

　　聴き手（涙をあふれさせながら）：Ｐさん，娘さんに先立たれ，それから奥様も先に亡くされるなんて，どんなに辛いことか想像もできません。どうやったらそんなに強くいられるんですか？

　Ｐさんは，セッションの残りを，失ったものの大きさと，信仰から得た喪失感に耐えうる強さの話をして過ごしました。聴き手は，娘さんの死後，奥さんがやせ衰えてしまったので，Ｐさんが両方の悲劇に責任を感じていると言った時には，特に共感的な反応を続けました。もし娘が迎えに来てと電話をかけてきた時に迎えに行っていれば，ふたりとも生きていただろうに，と，Ｐさんは繰り返しました。

　読者のみなさんなら，この場合どうするでしょうか？少し考えてみてください。実際のライフレヴューでは，聴き手は，注意して聴き，Ｐさんの考えを否定しないよう共感的に反応しながら，その出来事を少しだけ違う角度から見られるように手助けしました。聴き手は，Ｐさんが迎えに来るのを待たないと決めたのは他ならぬ娘さん自身であること，また，娘さんの交通事故以前にすでに奥さんは肺がんで弱っていたことを指摘しました。明らかに，2人の死はＰさんのせいではありませんでした。Ｐさんは，悲嘆作業を続けましたが，この話を分かち合い，聴き手からあたたかく共感的な反応を受けるにつれ，その悲

しみは軽減していきました。最終的に，Ｐさんは２人の死の責任から解放され，ライフレヴューを平安のうちに完了することができました。

7　面接技術

自己開示

　自己開示とは，共感的聴き手による個人的な体験談を分かち合う行為で，滞った会話を先に進めるため，あるいは，聴き手のことを語り手によりよく知ってもらうために行うのが目的です。次の例の聴き手は，語り手が家族との体験について語り尽くしてしまい，ライフレヴューの人生評価の段階に進む準備ができていたのを知っていました。聴き手はＱさんをよく知りませんでしたが，Ｑさんのような元気で面白味のある女性なら家族以外のことになにか興味があるに違いないと思いました。そこで，聴き手は，Ｑさんにお手本を示すために，自分の個人的体験を分かち合うことにしました。

　　わたしの子どもたちが大きくなって家を出てから，自分の時間を埋めるために何か始めなければと思いました。そこで，編み物屋さんに行き，編み物教室に入ることにしました。月に一度教室に行って，スクエアモチーフの新しい編み方を習い，年末にすべてのスクエアをつなげてアフガン毛布を作りました。今ではすっかりはまってしまって，もっと編み物をする時間があれば良いのにと思います。編み物本当に大好きです。

聴き手の自己開示が狙いどおりに行き，Ｑさんはこう返してきました。

　　あら，私も編み物関係は全部大好きですよ。でも１番好きなのはキルトなんです。ステートフェア（訳注：アメリカ各州で開催される農産物品評会）でブルーリボン賞（訳注：最高名誉賞）をいただいたこともあるんです。

　彼女の顔は誇らしげに輝き，聴き手にたくさんのキルト作品を見せてくれ，セッションが終わるまで，話は続きました。

　Ｑさんは，キルト作品について話す機会を大いに楽しみ，喜びに包まれました。自己開示はＱさんに対してうってつけの面接技術で，ここにあげた例は，聴き手の自制の効いた良い自己開示の使用例です。自己開示をする時に気をつけなければならない点は，語り手を反響板として利用してしまい，聴き手が役割を忘れて自分のことについて話をし過ぎてしまうことです。自己開示がしっ

かりとした自制のもとに行われないと，ライフレヴューセッションは聴き手のためのセラピーセッションになってしまいます。ですから，自己開示を行う時は，上記の例にみられるように，絶えず自分の語りを監視し，最小限にとどめなくてはなりません。

語りの後押し

　語りを後押しすることは，適切な返答をすることであり，上手なコメントは語り手の記憶を引き出します。この面接技術は，語り手にあなたが注意深く聴き，話についてきていることを伝えます。語り手が話したことに，時々「はい」，「ええ」などと相槌を打つことで練習することができます。しかし，内容に合わせて，例えば「当時は若かったんですねぇ」とか「わかります」とか「どうぞ続けてください」といった言葉に，語り手の感情の度合いに呼応する聴き手自身の気持ちを表すコメントを抱き合わせるとより効果的です。

　語りの後押しは，語り手が躊躇する時に特に役に立ちます。訪問第5回の最中であっても，辛い思い出を話す時，語り手はためらいがちになることがあります。継続的な奨励は，次の例の語り手が薬物使用の過去を打ち明けている時のように，語り手が話し続けることを助け，進行を促します。

　　聴き手：薬物使用を始めたきっかけを聞かせてください。
　　語り手：アイツが給料を持ってきては，週末ずっと宴会をしたものだったわ。
　　聴き手：そういうことが，どのくらい続いたのですか？
　　語り手：ヤクのこと？　1年ぐらいずいぶんやったかなぁ。アイツもアタシもやめたかったんだけどね，連れがみんな家にやって来る時，ヤクを持ってくるもんだからさ。
　　聴き手：それでまた彼らとは距離をあけるわけですね。
　　語り手：アイツはカウンセリングに通ってはいたんだけど，ヤクのことは嘘をついてたよ。バレてたけどね。
　　聴き手：そうでしょうねぇ。
　　語り手：でも最終的には一緒にやめようって決めたの。
　　聴き手：かんたんにはいかなかったでしょうね。

　続く2週間，語り手は，薬物中毒の話をすべて打ち明け，中毒を乗り越える

までの話を思いのままに続けました。語り手はこうやって誰かにこの話を打ち明けて気持ちがすっきりしたという思いに至りました。この話が進むに連れて，語りの後押しのための聴き手からのちょっとしたコメントも必要なくなっていきました。話はすらすら出てきました。しかし，ためらう語り手に対しては，繰り返し，語りを後押しするたくさんの言葉が必要でしょう。

8　ライフレヴューの特徴：個別化

　ライフレヴューが他の回想法の様式と違う点についてはすでにお話しました。構造的ライフレヴューの過程のもうひとつの特色で，この過程の成功に関わる特殊な点が，研究により確認されました。それは，個別化です。

　個別化とは，一対一で他の人に聞いてもらいながら，つまり聴き手と語り手という形でライフレヴューを行う様式を意味します。個別によるプライバシーと絆が語り手の安心感を高め，前節で触れた薬物中毒の女性の例のように，秘密を打ち明けて肩の荷を降ろすのに寄与します。

　一対一でのやりとりでは，共感的聴き手の注意が一身に集まり，語り手は，自分が何か重要なことを言う人物として優遇されているように感じます。多くの語り手は自分に注意が集まることを嫌い，自分の人生の重要性を疑うかもしれませんが，誰かが彼らの記憶に興味を示し，思い出すのを手伝う時，彼らが生きてきた人生に誇りを感じ始めます。個別介入はグループ介入に比べひとりに割く時間が多くかかりますが，ライフレヴューの中で繰り広げられる自己省察と共有において個別化という点は，欠くことのできないものです。

　個別介入は，共感的聴き手が語り手にとって大切な人になるという点で，絆も作り出します。この絆と信頼は，孤独で友人を簡単に作らないような語り手にとって特に重要です。一対一から発展する関係は，そのような語り手にとって他者との真のつながりを初めて感じる経験になりうるのです。

9　語り手の分類：拒否的な語り手

　拒否的な語り手とは，この手引書で取り上げる語り手のタイプのうちのひとつで，過去をあまり深く振り返らない人たちです。それゆえ，拒否的な語り手

は，ライフレヴューをしてもほとんど心境の変化が起こらない人たちです。

　一般的に，拒否的な語り手は，困難や不幸の責任を避け，厳しい現実や真実を直視することを拒否して人生を生きてきた人たちです。しばしばこのようなタイプの語り手は，人生について語る時，他人に対しても自分に対しても，見かけを良く見せ続ける必要を感じています。真実を避けるために，自分で作りあげた偽りの見地から過去の出来事を見返します。それは，彼らにとっては，見たいものだけ見るという，人生を通じてずっと使ってきた，特に困難な時を乗り越える時にうまくいっていた方法，つまり防衛機制なのです。

　拒否的な語り手は，他の人と同様に，ライフレヴューを楽しみますが，見かけを良くしようということだけに気を配るので，洞察はほとんど得ることはありません。洞察を得るかわりに，ライフレヴューは自分のことについて話し，長年使っていた虚構の自分を再確認する機会を与えるに過ぎません。拒否的な語り手は，既存の防衛機制を補強することもあります。彼らは，語り手と聴き手のやりとりを容認しますが，ライフレヴューは彼らにとって，正直に自分の過去の行動，決断，出来事を見直すタイプの人ほどは，セラピーとして有効ではないでしょう。

　聴き手は，拒否的な語り手の扱い方を学ばなければなりません。なぜなら，拒否は長い間彼らの防衛機制だったのですから，必ずしもその防御を剥ぎ取り，語り手を丸腰にしてしまうべきではないからです。拒否的な語り手が思い出について話し，額面どおり受け入れるよう励ましてください。通常のライフレヴューの質問で本当の自分を打ち明ける機会を与えてください。しかし，彼らの答えに異議を唱えてはなりません。彼らの言うことは彼らにとって真実であり，また聴き手にとっても同様だからです。本当かどうかは重要ではありません。おそらく拒否的な語り手には，架空の事実をそのままにしておき，現実を認めさせるようなことはしない方が良いでしょう。彼らにとっての現実に対するセーフティーネットを損なわせないようにすることが必要です。

　ライフレヴューはこのような語り手の心を変えるための時間ではありません。なぜなら，聴き手にそうできるほどの力量があるかもわかりませんし，たとえあったとしても，そもそも人生の晩年に厳しい現実を突きつけることには，あまり意義がありません。聴き手役をするたいていの人は，利己的な話に覆われた人生のベールを，心の癒しとなるように治療的に取り除いていくことができ

るほど，心理療法の訓練を受け，十分な技術をもち合わせているわけではないからです。ライフレヴューの中での関係は，語り手が優位にあり，語り手の話したいように話すことができます。拒否的な語り手の話を聴くことに志気をくじかれる気がするかもしれませんが，以下のZさん（女性）とのライフレヴューの例にあるように，聴き手の役割は，彼らが傷つくことなくありのままでいさせてあげることです。

　　生涯のどの時期についても，Zさんはすばらしい学童時代や楽しい家族の思い出について語りました。ライフレヴューの中で，誕生日パーティーや母親の作ってくれた誕生日ケーキについて思い出しました。母親が作ってくれた美しいドレスや賢くて愛情豊かな母親をもつ幸運など，Zさんの人生はすばらしい家族の思い出でいっぱいのように語り続けました。時折，お兄さんが出て行く原因となった，家での両親のあつれきに触れることもありました。しかし，その出来事について質問されると，お兄さんはただ単に荒れていただけだと言い，楽しい暮らしの思い出話に戻ってしまうのでした。

結婚についても同じでした。夫がアルコール中毒であったことを認め，やがて夫を残して出て行ってしまうのですが，Zさんはこう語りました。

　　夫とよくニューヨークにバスケットボールの試合を見に行ったものですが，高くてとても宿泊できないようなウォルドーフホテルでは本当に楽しいひとときを過ごしました。格別なレストランに行っては夕食とお酒を何杯かいただいて，とっても楽しかったです。時々あの人は飲み過ぎることがありましたが，それも楽しい思い出です。

Zさんは，どうやらそんなバラ色の人生を思い描かなければならなかったようです。しかし，彼女がそのような姿勢を崩さない限りは，聴き手はZさんの話しを受け入れるしかありませんでした。Zさんは，人生の課題について深く見つめ直すことなくライフレヴューを終えました。心の癒しという点ではほとんど得るものはありませんでしたが，語りたいように語り，ライフストーリーを楽しみました。おそらくは，多くの点で防衛機制の補強という効果を得たのでしょう。

10　訪問第5回の終了

まとめのセッション

　訪問第5回の終了にあたり，語り手のために今回のセッションの要約の時間をとりましょう。今回の訪問で話し合った話題について反復し，聴き手の理解が正しいかどうか，語り手から確証を求めます。もし，悲しい話題があったなら，その話の明るい面や語り手がセッションで分かち合った何か特別な点に焦点を当てるよう心がけてください。そうすることで，訪問第5回を明るいムードで終えることができるでしょう。

次の訪問

　訪問第5回を要約したら，次のセッションのための予約をしましょう。訪問第6回の約束をする時に，次回の訪問が終わったら，人生について語る機会はあと2回しかないことを指摘してあげましょう。もしライフレヴュー記録用紙が手元にあれば，記録用紙の最後のセクションである評価の部分の質問を見せてあげましょう。そして，最後の2回は，これらの質問が焦点になることを告げましょう。語り手に，来週は人生の評価をしてもらい，これらの質問を使って人生の最良の部分と最悪の部分について話してもらうことになることを伝えましょう。

　これまでのように，語り手に約束の時間を書いた約束カードを渡します。忘れないよう自分のノートにも日時をメモして，また，退室するとともに今回のセッション内容をノートに書いておきましょう。

第8章
訪問第6回：まとめと評価

あらゆる真実は一度発見されれば理解するのは容易だ。
肝心なのは真実を発見することだ。　　　　　　ガリレオ・ガリレイ

1　訪問第6回：聴き手のガイドライン

　訪問第6回は，まとめと評価と題され，ライフレヴューの過程の中で，語り手が過去を振り返り，カギとなる思い出をまとめ，評価する段階にあたります。まとめることによって，語り手は，ひとつひとつの出来事についてではなく，人生を全体として振り返ることができ，総括的評価をすることができます。評価とは，ありのままの人生を自己評価することであり，それは，変えることができない過去の出来事，ひいては歩んで来た人生そのものをありのままに受け入れることにつながっていきます。その結果とは，統合です。今回の訪問では，共感的聴き手は評価的な質問をし，語り手がライフレヴューにおいて人生を整理し，受容する心構えができるよう手助けします。この章では，調和というカウンセリング技術，評価をする時特有の技術であるまとめのための面接技術，そして，「苦しみに苛まれる語り手」として知られるタイプの語り手について触れたいと思います。
　今回の訪問では，ライフレヴューがもうすぐ終わりになることを語り手に伝えましょう。それを聞いて，ライフレヴューが終わるのを残念がる語り手もいますが，普通はライフレヴューの完了を嬉んで迎えます。ほとんどの語り手は，ライフレヴューという楽しい課題を終えると，残りの人生を精いっぱい生きたいと思うようになります。しばしば新しいエネルギーに満ち，未来を楽観視するようになります。例えば絵画を習ったり，外国を訪れたりと，これからしてみたいことがある人もいます。ライフレヴューの最中に浮かんできた壊れた関

係を修復したいという人もいます。また，体調が悪かったり，新しいことにチャレンジしたりする気力がないという人もいるかもしれませんが，ライフレヴューの結果，心に新しい平安を得る人もいます。彼らは，ついに人生の課題を「完了した」という確信に至って，安眠することができるのです。

2 準備的課題

ライフレヴューの訪問第6回を行うにあたって，事前に準備しなければならない新しい課題はありません。語り手に，2週間後に迫る最終回を思い出させることだけです。例えば，「さて，先週が第5回の訪問でしたよね。ということは，今日の訪問が終わると，お話を聞けるのはあと2回だけになります。それでは，さっそく始めましょう」と，言うこともできます。2週間以上余裕をもって，語り手にライフレヴュー終了の心の準備をさせることは，重要です。十分に心の準備ができていたほうが，語り手は残りの過程をより存分に行い，躊躇なく終わりを受け入れることができるでしょう。

3 訪問第5回のフォローアップ

フォローアップでは，今回に至るまでのセッションを入念に振り返り，語り手がこれまで何を思い出したかをこれ以上ないくらい明確にします。フォローアップによる明確化は，訪問第3回の児童期から成人初期へ移行する時や，再度，今回の訪問第6回の移行時のように，振り返るライフステージの段階あるいはトピックを移行する時に特に重要です。今回の訪問では，「人生で最も幸せな思い出とは何ですか？」「改めてあなたが歩んで来られた人生を振り返って，どう思いますか？」というように，中年期について聞く質問からはなれ，語り手に人生の総括と評価を求める質問をしなければなりません。次の段階やトピックに移る必要があろうとなかろうと，聴き手が前回聴き，よく理解できなかった思い出話や出来事は，以下の聴き手の例のように，明確にしてもらうようお願いしなければなりません。

聴き手：お父様との関係についてもう少しお聞きしたいと思ったんですけど，よろしいですか。お父様に，「二度とするんじゃねぇぞ！」と言っ

て立ち向かったのが，転機となったとおっしゃってましたね．それから，あの時の決意が大人になってからの自分に影響を与えたとも．このような理解で合ってますか？　では，もう少しわかりやすく説明してもらえますか．具体的にどのように影響したのでしょう？

語り手：覚えてるかい？　親父は酒飲みで，わしが警察を呼ぶまでお袋を殴り続けたんだ．それ以降，二度としなかったけどな．わしにも指一本触れなかった．でもその時までいつも親父のことが怖かったよ．

聴き手：それじゃあ，立ち向かったので，お父様はあなたを痛めつけたりできないということがわかったということですか．

語り手：そのとき初めて，自分の人生は自分で決めるって感じたんだよ．

この例では，聴き手は，語り手が「転機」について触れた時何を言いたかったのかはっきり理解できていませんでした．語り手が何を意味したのか明確にしてくれた時，語り手が父親に立ち向かって自分に自信をもったこと，そして自分自身の意思で人生を生きていくのだという実感をもったことがわかりました．もしライフレヴューに影響するかもしれない不確かな点があったら，次のライフステージの段階へと進める前にあなたが理解できるよう，その点について再び語ってもらうよう必ずお願いするようにしてください．

4　エリクソンモデル：老年期

エリクソンモデルの最終段階は，統合（歩んで来た人生をありのままに受容すること）です．受容とは統合に至るために重要なことです．そこで，構造的ライフレヴューでは，最終段階の統合への第一歩として，受容という中間の段階を踏みます．受容についてはこの章で説明し，統合については次の第9章で説明したいと思います．

受　容

受容は，語り手が客観的に過去のライフイベントを熟慮し，避けて通ることのできなかった人生の一部として適応する時に起こります．しばしば，語り手はライフレヴューを通して，人生の予期せぬ出来事に関してはどうすることもできなかったことに気付きます．例えば，退学したり，クビになったり，離婚

したりということを計画的に行う人はほとんどいません。しかし，このような出来事が節目，節目に起こることがあるかもしれません。そしてこのような出来事を，時間をかけて受け入れる必要があります。語り手の家族や友人の突然の死などは，このような辛い出来事のひとつですが，語り手にはどうしようもありません。心から受け入れることができない場合もありますが，このような悲しい出来事はライフレヴューの過程で語ることによって，許容できるようにはなるかもしれません。Lさん（女性）は，子どもたちの死を受け入れることについて，このように語りました。

　Lさん：私の子どもたちは亡くなったって話したかしら？

　聴き手：いいえ。聞かせてください。

　Lさん：ええ，息子がひとり，娘がひとりいたんだけど，2人とも器量好しだったわ。娘が先に亡くなったの。買い物をしに，食料品店に行ったのだけど，駐車したところがとても狭い通りだったの。買い物が済んで，子どもたちが先に車へ走っていったの。そしたら突然大きなトラックが通り過ぎて，娘をタイヤに巻き込んでしまって。どうしたら良いのかわからなくて，息子に娘の無惨な姿を見せたくなかったので，そのまま息子の腕をとって家に帰ってしまったのよ。娘の遺体をそこに残してね。

　聴き手：それで，どうなったんですか？

　Lさん：家に着く頃には，もう町中に知れわたっていてね。ご近所の方が娘の遺体に毛布をかけに行ってくれて，葬儀屋さんにも連絡してくれたの。私は息子のそばにいて，娘は神様のもとに召されてしまったのよ，神様には理由があってしたことなのよと，言い聞かせていました。

　聴き手：息子さんはどうしていましたか？

　Lさん：とても気の毒だったわ。全然話さなくなって，学校に行っても，お腹を壊してばかり。私もあの子もただひたすら悲嘆にくれて，それがきっかけで絆が深まったわ。夫は海外だったので，1週間しか戻って来れなくて。だから，長いことジョンとふたりきりで何とかうまくやっていきました。もし生きていれば，娘は今日で63歳でした。

　聴き手：今でも娘さんの死を嘆いていますか？

　Lさん：娘のことはよく考えるわよ。でも神様には彼女を…，子どもたちを先に召される理由があったんだと思うの。頼れる信仰がある私は好運

だと思うわ。起こったことは変えられないんだから，受け入れるしかないわよね。

聴き手：それで，その後息子さんが亡くなられるまではどれくらいあったんですか？

Lさん：あの子が21歳の時まで。ちょうど誕生日だったのよ。マサチューセッツ工科大に行っていたんだけど，誕生日を祝いに家に帰ってきていたの。息子の大好物と友だちとね，とっても良い夜だったわ。それから，空港まで送って行って，それっきり二度とあの子の姿を見ることはなかったわ。

聴き手：あなたにとってもご主人にとっても，本当にひどいことでしたね。そんな大変な困難を乗り越えられて，あなたは本当に強い女性ですねぇ。

Lさん：でもね，神様は，しばらくの間愛情を注ぐことができるエンジェルを2人も与えてくれた，って思うようにしてるのよ。子どもたちを亡くした後，私も主人も教会の青少年のためのボランティアをしたの。精神的に助かったわ。

　Lさんのライフレヴューは，クリスマスシーズン中に行われ，ちょうど子どもたちの命日と重なっていました。毎年クリスマスが近くなるとうつになることについて話してくれました。共感的聴き手は，Lさんに，毎年子どもたちの死というような悲惨な出来事への反応性うつ病（適応障害）になるのはふつうのことなのだと安心させました。喪失感に暮れることは容易に理解でき，受け入れやすいことでしたから，聴き手はLさんが悲しみを分かち合う機会をもてたことを嬉しく思いました。クリスマスシーズンにライフレヴューをするというタイミングの悪さではありましたが，Lさんは聴き手をサポートシステムとして，過去を再体験し，追悼する機会を得ることができました。心の重荷を分かち合った結果，Lさんは，今年は例年ほどふさぎ込んでいないと言って，聴き手が話を聞いてくれたことに感謝しました。Lさんは，今年のクリスマスシーズンは子どもたちの死をこれまでになく受け入れることができ，これからもそうでありたいと願いました。

否　定

　エリクソンの枠組みでは，否定は受容とは反対の心の状態をいいます（受容

対 否定）。否定とは，考えるだけでも恥ずかしいあるいは苦痛な過去の出来事を潜在意識の中で退ける／払拭することであり，受容とは相反するものです。そのような出来事について考えることは胸が痛みます。そのような出来事があったことを否定すれば，その場はしのげます。しかし，心の痛みはけっして解消しません。たとえ実際に起きたという否定のしようのない証拠を突きつけられたとしても，突然の死，子どもの頃に受けた虐待，離婚などの苦痛な出来事があったという語り手の認識する事実には，しばしば誤りがあるか不備な点があるものです。語り手には時々，そのような悲劇が自分の身に起こったということを認めることができない人がいます。彼らは，それらの出来事に関してすべてを否定し続けて暮らしています。継続的な否定は，心を支配してしまうこのような問題が表面に浮かんでくる度に少しずつ，より心の深いところ，意識の外へと追いやっていくだけで，けっして解決しないことを意味します。

　否定は，うつ症状と非常に大きな関連があります。落ち込んでいる語り手は，そもそもうつ病の原因となったであろう困難な過去を拒絶しているという事実を認めようとせず，しばしば落ち込んでいる自分を認めることを拒否します。聴き手が過去の事実を捉え直し，新しい見方を示しても，語り手は過去が人生に及ぼした衝撃を否定するかもしれません。語り手はよく「それについては考えられない」と言います。こうして，過去の課題と折り合いを付け，以前の自分とは変わり，そして，ことによれば癒される機会をまたひとつ失うのです。以下のＸさん（男性）の話は，前出の（前章訪問第５回の）拒否的な語り手の話（Ｚさん）と同じく，否定の状態にある人の代名詞的な例です。

　　Ｘさん：孤児院で育ったのは，両親が私を養うことができなかったからだよ。そこじゃ，昼めしにピーナッツバターサンドイッチを食べるために，けんかに勝つことを覚えたよ。その後，姉が孤児院から出してくれて，一緒に住むことになったんだ。

　　聴き手：孤児院での生活は辛かったですか？

　　Ｘさん：他の自分の手でしなけりゃならなかったことに比べて，特に辛かったってこたぁないよ。

　　聴き手：今でも生活は大変ですか？

　　Ｘさん：したいと思ったことはしてるさ，酒を飲んだり，ダンスをしに出かけたり，女を見つけたりね。子どもの頃よりゃいいかもな。お袋も，

姉も，妹も，みんな死んじまったし，親父には会ったことすらない。気ままな人生はいいもんさ。

Xさんは，筆記の抑うつ尺度ではうつ病という結果が出ていたにもかかわらず，現在の健康状態は良好だと言いました。アルコール度50%のウォッカからもっと弱いウォッカにかえることで飲酒を自己管理していましたが，以前と変わらない量を同じくらい頻繁に飲んでいました。最近，飲酒が原因で仕事をクビになっていました。聴き手の質問が答えづらくて不愉快だった時，Xさんはジョークを言ったり詩を暗唱したりして話をそらそうとしました。とにかく少しでも困難だったり辛かったりしたことは全く思い出したくなかったようでした。共感的聴き手は，Xさんが辛い学童時代を認めることができるよう働きかけましたが，不成功に終わりました。Xさんには8週間のライフレヴューでは十分ではなく，彼の人生観はほとんど変わることはありませんでした。また，Xさんは，別の人の支援への紹介を拒否しました。抑うつ検査の結果や飲酒からみてもわかるように，否定してもいいことはなかったのに，Xさんは，否定しながら生きることに問題はないと言い張りました。読者のみなさんも，いずれXさんのような語り手を相手にすることになることでしょう。どんなに頑張っても，すべての語り手とのライフレヴューが良い結果に終わるとは限りません。不器用にも，Xさんのような人は，自分の手で問題を解決するために，あるいは問題に手を付けずに置くために，ひとりにしておいて欲しいと願っているのです。彼らは自分のライフレヴューは自分でするという人たちですから，聴き手は，たとえ彼らがもがこうとも，彼らに任せるべきなのです。

5 ライフレヴュー記録用紙の使用

ライフレヴュー記録用紙のまとめ・(自己) 評価セクションの質問は，それ以前のセクションの質問とは違っています。まとめ・(自己) 評価セクションの質問は，ライフレヴューの最初の4週間にしたような，人生の発達段階（学童時代や青年期など）についての質問ではありません。かわりに，示唆に富み，語り手を考えさせ，彼らの人生を形成していく中でカギとなった出来事を評価させる質問です。訪問第6回と第7回で使われる示唆に富んだ質問は，語り手に自己評価することを教え，自分の人生に関する見識を深めさせます。

第Ⅱ部　構造的ライフレヴューの実践

資料8-1　訪問第6回の質問例

- 押し並べて，どんな人生を歩まれたと思いますか？
- もし全く同じ人生を歩むとしても，もう1度人生をやり直したいと思いますか？
- もしもう1度人生をやり直すとしたら，何を変えますか？　それとも何も変えませんか？
- これまであなたの人生についていろいろ話していただきました。あなたが全体を通して感じること，これまでの人生についてどう思っていらっしゃるかお話しましょう。人生で主に満足したことは何ですか？　3つあげてください。その3つのことに満足を感じたのはなぜですか？
- すべての人は失望を経験します。あなたの人生で主立った失望とは何でしたか？
- あなたの人生で向き合った最も辛いこととは何でしたか？
- あなたの人生で最も幸福だった時期はいつ頃でしたか？　その時期が最も幸福だった理由は何ですか？　なぜ現在のあなたの人生はその時ほど幸せではないと思われますか？
- あなたの人生で最も不幸な時期はいつ頃でしたか？　現在のあなたはその時より幸福ですか？　それはなぜですか？
- あなたの人生で最も誇りに思う瞬間は何でしたか？

　この先2週間は，資料8-1のリストの質問を資料7-1の質問と織り交ぜながら使うこともできますが，それは，訪問第2回から第5回までの記録用紙の質問を選択的に使用した時とは違い，聴き手がライフレヴュー記録用紙のまとめ・（自己）評価セクションのすべての質問をしようとするのであればということです。ふつう，2週間という長さは，この章と次の第9章の中のまとめ・（自己）評価セクションの質問を使い切るのに十分な長さです。もちろん，物語の語り手が相手の場合，すべてのまとめ・（自己）評価セクションの質問を使うのは不可能な時もあるでしょう。もしそうであれば，それに応じて判断をして，特定の質問を選択的に使用し，時間内に終わるように心掛けましょう。

柔軟性

　このライフレヴューの方法はとても構造化されているので，自分なりの変更をしてはいけないとか，決められたスケジュールを厳守しなければならないと考えられがちです。しかし幸い，そのようなことはありません。推奨するスケジュールは，模範的な構造的ライフレヴューの行い方を聴き手に示し，最善の結果をもたらす枠組みを提供するためです。ライフレヴューの案内役をする技術が向上するにつれ，この基本的な枠組みから外れた方が良い時というのがいつか直観的にわかるようになります。語り手にはじっくりと時間をかけた方が

良い人もいます。このような人は，例えば，痛ましい出来事について繰り返し振り返りたいと願ったり，あるいは成人期や家族の死などについてもっと時間をかけて語る必要があったりするかもしれません。語り手は，一人ひとり違いますし，必要なことも違います。このガイドラインを守りながら，直観を信頼して，それぞれの語り手の個人差や違った必要に応じて支援するようにしましょう。

洞察の深化

　ライフレヴュー記録用紙のまとめ・(自己)評価セクションの質問は，語り手がどうして人生をそのように歩んだのか，どうしてそのような選択をしたのか，どうしてそのような伴侶や友人を選んだのか，その理由を明確にする手助けをします。このまとめ・(自己)評価セクションは，継続的なライフレヴューの過程の中で，後から振り返って得られる付加的な補助があってはじめて可能になる新しい洞察を深めていくための内観と評価を促します。この時点で，語り手の過去の出来事に対する見方は変化するかもしれません（普通，ポジティブな方向へ）。そしてその変化は聴き手と語り手の両方にとって驚きとなるかもしれません。例えば，Uさん（女性）は繰り返し自分の人生を辛いものと描写していましたが，ライフレヴューのまとめ・(自己)評価セクションに来て，これまでと違った新しい捉え方で言い表しました。

　　聴き手：押し並べて，どんな人生を歩まれたと思いますか？
　　Uさん：良い人生だったと思いますよ。
　　聴き手：そうでしたか？
　　Uさん：ええ，そりゃあ，辛いこともたくさんありましたよ。でも，ちゃ
　　　　　んと乗り越えてきましたし，屈しなかったですもの。
　　聴き手：では，辛い時もちゃんと乗り越えてきたので，人生自体良いもの
　　　　　だったと思えるわけですか？
　　Uさん：ええ。ちょうどね，主人が亡くなって，本当に打ちひしがれてた
　　　　　時みたいに。落ち込んでいた自分に，「もっと積極的になろう。傍観者
　　　　　にはならないぞ。ダメ女を脱ぎ捨てて，人生を全うしよう」と，言い聞
　　　　　かせたんです。
　　聴き手：それは感服しました。そうやって切り抜けて来られたんですね。

Uさん：ええ。そうですね，本当に。

Uさんのライフレヴューで語られた思い出は辛い時のことばかりで，ほとんどが不幸であることについてでした。ですから，ライフレヴューの終盤で，Uさんが良い人生だったとまとめた時には，驚きでした。それまでライフイベントをひとつひとつ振り返っていた時は，彼女は否定的に言い表していました。Uさんの否定的な様子から，聴き手にはUさんの「良い人生だったと思いますよ」という肯定的な答えが理解しがたく感じられたのでした。

ライフレヴューを聴いている時，このように驚く答えが返ってきたら，聴き手と語り手の両方が，語り手の人生観の表面上の変化についてその理由を理解するまで，その答えについて十分に意味を探究するようにしましょう。Uさんは，人生の辛い時について語っているうちに，自分自身の強さと辛いことに対処する力について洞察を得ました。訪問第6回に，人生をまとめ，評価したUさんは，いく度となく辛い時を乗り越えてきた自分に誇りをもっていることに気が付きました。その結果，Uさんは自分の人生が良いものだったと結論づけることができたのです。この最後の肯定的な評価が，ライフレヴューを締めくくるにあたってUさんが自信をもつように変えました。聴き手は，Uさんが良い心境になったことを知って，安心して退室しました。ライフレヴューが大仕事をやってのけたのです。

繰り返し

繰り返し，つまりライフレヴュー中に以前思い起こされた記憶について反復して語ってもらうことは，構造的ライフレヴューの過程の顕著な特徴です。聴き手は，語り手がその特定の思い出話を語っても動揺しないようになるまで，やっかいな記憶や注目すべき話を何度でも語るよう促さなくてはなりません。繰り返しは，語り手が時間をかけて少しずつ不快な過去の出来事に適応するのを助けます。

繰り返しによる回顧の結果得られる癒しの効果のゆえに，ライフレヴュー記録用紙のこのセクションの質問のいくつかは同じことを何度も聞いているように思えるかもしれません。例えば次のような2つの例を見てみましょう。「あなたの人生で主だった失望とは何でしたか？」や「あなたの人生で向き合った最も辛いこととは何でしたか？」です。この2つの質問は人生の困難だった部

分について聞いていますが，それぞれの質問は困難だった部分について違ったアプローチをし，それゆえ違う反応を引き出します。このような一見繰り返しのような質問は，語り手にやっかいな話を再び語る機会を提供します。語り手の中にはこの２つの質問を同じ質問だと解釈する人もいるかもしれませんが，ライフレヴューの終盤で自分は良い人生を歩んだと言ったＵさんの例は，これらの質問が違う働きをし，Ｕさんにとって違う意味をもっていたことを示しています。

　　聴き手：すべての人は失望を経験します。あなたの人生で主だった失望とは何でしたか？
　　Ｕさん：そうねぇ，主人のアルコール依存症かしらね。酔いから醒めた彼とだったらもっと良い時間をもてたのに。あとは，うまくいかない家族かしらね。
　　聴き手：家族の生活がもっと良くなるように，あなたは一所懸命だったんですよね。何が１番辛い時だったか聞かせてくれますか？
　　Ｕさん：おやすい御用よ。息子が捕虜になった時よ。家族は何がどうなってんのか全く知らされなかったんですもの。
　　聴き手：私にはどんなに辛かったか想像もつきません。勇敢に乗り越えていらっしゃったんですね。

　ライフレヴュー記録用紙のまとめ・（自己）評価セクションでは，まず同じような質問を違う質問から切り離し，あとで「あなたの人生で向き合った最も辛いこととは何でしたか？」という質問に戻った方が最適の場合があります。また，「あなたの人生で失望したことについて話していただきましたが，今度は，あなたが向き合った中で一番辛かったこととは何か，聞かせてください」と言って，語り手に聴き手の聞きたいことを明確にしても良いでしょう。

自己評価

　まとめ・（自己）評価セクションの質問は，語り手に過去をよくよく振り返ってもらい，そして特定の時期や出来事について判断を下してもらうことによって，自己評価を促します。自己評価とは，過去をよくよく振り返って，現在まで歩んで来た人生への影響を評価してもらう過程をいいます。自己評価は，新しい認識，調和，受容，そして究極的には統合へと寄与します。例えば，自

省の最中，しばしば語り手は，人生がたどった道筋の責任は自分にあったことに気付かされます。この新しい理解にもとづく認識とともに，語り手は人生の結末をより容易に受け入れることができます。あるいは，自分には落ち度がなかったことに気が付き，自分を許し，現在の状況をなるべくしてなった避けられない結末として受け入れることができます。

カギとなる出来事の再考

　カギとなる出来事の再考とは，いくつかの個々の出来事に的を定めるという点で，繰り返しとは異なります。カギとなる出来事，すなわち親との死別や幼少時代の虐待などの，人生の初期に影響を与え，ライフレヴューの初期に語られた出来事は，まとめ・（自己）評価の段階で再び取り上げられるべき記憶です。これらの出来事を再考する目的は，語り手にそれらについてもう一度語ってもらうよう促すことによって，語り手にとっての継続的な影響を評価してもらうためです。

　聴き手は，ほとんどの語り手が，ライフレヴューのまとめと評価の段階で最大の失望と最も辛い時期について思い起こしまとめようとする時，自然と自分から過去の出来事に立ち返ることに気が付くでしょう。もし語り手が，はじめて語った時に大きな苦痛を伴った思い出を再考するそぶりを見せない場合，まとめ・（自己）評価のセッションで適切なタイミングで聞いてみて，語り手が，ライフレヴューの中でのYさん（男性）のように，その記憶に折り合いを付けていることを確認してください。成人初期の第6章で触れましたが，Yさんは，子どもの頃父親に道路傍で捨てられました。ライフレヴューの開始当初，Yさんは毎週のように捨てられたことについて語りました。それにもかかわらず，ライフレヴュー終盤では，最も辛いことは何だったかと聞かれた時に，捨てられた思い出について話しませんでした。

　　聴き手：Yさん，あなたの人生で向き合った最も辛いこととは何でしたか？
　　Yさん：親方の奥さんが癌になった時だな。ありゃあ，辛かった。親方が奥さんにしてあげられることは何もなくてさ，オレは親方に何もしてあげられなかった。今でも親方は悔やんでてさ，訪ねてくる度に奥さんのことを話したがるんだ。オレは話を聞いてあげるだけなんだけど，もう

奥さんが亡くなってから20年だよ。

聴き手：お父さんに道路傍で捨てられた時よりも，その時の方が辛かったですか？

Yさん：ああ，そうだよ。本当，そうだよ。だって，オレには何もできなかったからなぁ。

　どうやらYさんは，子どもの頃に捨てられたことに折り合いを付けられたようでした。折り合いを付けられて，Yさんは他の思い出についても取り組むことができるようになったのです。Yさんの人生後半の，より大きな悩みは，悲しみに暮れる親方でした。なぜなら，Yさんには親方の悲しみを和らげてあげることができなかったからです。しばしば語り手は，Yさんのように，ライフレヴューのまとめと評価のセクションに至る前に，自分自身で過去の課題に折り合いを付けてしまうことがあります。しかし，もし過去の課題に折り合いを付けられていなければ，聴き手は，語り手のより切迫する現在の悩みを認めた後，要となる出来事に再び立ち返っておく必要があります。語り手のさらなるコメントが，現在の課題がどんな状態かを明らかにしてくれます。

6　カウンセリング技術：調和

　ライフレヴューの過程に適用する技術の中で最後にご紹介するのは，調和です。調和とは，聴き手と語り手の間の一致感をいい，語り手に「わかっていますよ」というメッセージを伝えることです。調和には，聴き手が語り手の感情を感じ取り，投影し返すことが必要です。調和が存在する時には，どちらかが話し，もう一方が聴いている中で，聴き手と語り手の間に合意している，同調しているという気持ちが感じられます。共感的聴き手は，語り手の感情を見て取り，その感情と一致した感情を反映し言い表すことによって調和を実演します。もし語り手が学童時代の楽しい思い出話をしているなら，聴き手は微笑んだりうなずいたりしながら楽しい感情を反映します。調和するために，聴き手は心を開いて，その時語られている語り手の体験に気持ちを通じ合わせなければなりません。聴いている間は，話に集中してください。ちょうどWさん（女性）の話を聴いていた共感的聴き手がしたように，聴き手は，語り手の見解を無条件に理解し受け入れなければなりません。母親に虐待された語り手Wさん

を思い出してみてください（訪問第2回参照）。

　　Wさん：母は学校行事に1度も来てくれませんでした。優勝して金メダル
　　　　　をもらった時だってそうでした。
　　聴き手：お母様がいらっしゃらなくて，不愉快でしたか？　来て欲しかっ
　　　　　たですか？
　　Wさん：ええ，だって見に来て欲しかったですもの。
　　聴き手：あなたの輝いている姿を見てもらえたら良かったですよね。優勝
　　　　　した時は，どんな気持ちでしたか？
　　Wさん：気持ち良かったわ！私にも何か秀でたものがあることをみんなに
　　　　　見せることができたって感じました。母にというよりは，自分自身にで
　　　　　すけど。
　　聴き手：わぁ，すごい。みんなから認められるというのはすばらしい気持
　　　　　ちだったでしょうね。その時の気持ちを分かち合えてわくわくしました。
　　　　　でもお母様がその時の様子を見られなくて残念でしたね。

　聴き手はWさんの勝利の興奮に合わせ，彼女の輝いた姿を見逃した母親に対する残念な思いを分かち合いました。聴き手は，Wさんがやり遂げたことを賞賛しました。共感的聴き手は特別な瞬間を分かち合うことの喜びを理解し，自らもWさんとその喜びを分かち合いました。2人とも釣り合いの取れた，調和した状態でした。

　同じような状況に身を置いた時，語り手の語るひとつひとつの言葉に注意深く耳を傾けることを忘れないでください。そして，話の中の状況とその状況に対する語り手の反応を優しく理解してあげてください。もし聴き手の感情と語り手の感情を心の底から一致できるようになれば，その聴き手はこのカウンセリング技術を習得したといえ，調和を引き出せるようになるでしょう。

7　面接技術：まとめる

　まとめるとは，共感的聴き手が，語り手のライフストーリーのすべて，あるいは一部を理解しやすいように要約し，語り手に伝え直す技術のことです。聴き手が語り手に語りのエッセンスを返し，話をより簡潔に整していくことによって，語り手と聴き手の双方の記憶を明瞭化していくことを助けることになる

でしょう。

　まとめる時は，時折聴いたことについて聴き手の解釈が入っても恐れずに，語り手によって明確にしてもらったり，肯定してもらったり，また必要であれば，正してもらいましょう。各訪問の終わりかはじめに語り手のためにセッションをまとめていたと思いますが，ここではライフレヴューもあと２回で終了ですので，カギとなる点をより綿密に要約し，語り手の全生涯を思い起こされたとおりに生き生きと描写するようにしてください。この技術によって，ひとりの人の人生がどのように歩まれたかの「スナップ写真」を提供します。次の例では，聴き手は語り手に最も誇りに思った瞬間を選び出してもらうようお願いし，語り手の生涯のまとめにもっていこうとしています。

　聴き手：あなたの人生で最も誇りに思う瞬間は何だったと思いますか？
　語り手：海外にいた時かな。
　聴き手：その時の特に何が誇りに思えたのでしょう？
　語り手：エンジニアをしていて，わりと重要な仕事をしていたんだよ。それで仕事柄フランスのあちらこちらを廻って，フランスでたくさんの親友ができたんだ。フランス語も習って，日常生活では困らなかったよ。我ながら外国の生活にもうまく慣れたと思うよ。あの頃は楽しかったな。
　聴き手：お仕事をとても誇りに思っていらっしゃるようですし，海外の環境にも適応して，外国語も習得されました。この数年間はあなたにとってとても良い時期だったようですね。
　語り手：良かったねぇ…最高だったよ。

　何歳の時でもかまわないから過去のある時期を選べるとしたら，いつを選ぶかと聞かれ，この語り手は19歳の時，つまり海外に出た時だと言いました。聴き手は，その時の思い出話を総括し，「この数年間はあなたにとって本当に良い時期だったようですね。満足感が漂ってます」と締めくくりました。そして語り手は海外での生活を誇りに思っているともう１度断言しました。

　ライフレヴュー記録用紙のまとめ・（自己）評価セクションの質問はまとめの技術に役立ちます。「あなたの人生で最も幸福だった時期はいつ頃でしたか？」というようなまとめの質問は，語り手が，人生で最高だったのは何だったか評価することを手助けしてくれます。まとめを続けるうちに，ありのままの生涯がより明確にそして完全な形で浮かび上がってきて，語り手は評価の準

備ができます。

8 ライフレヴューの特徴：評価

　ライフレヴュー特有の特色は，構造的ライフレヴューの過程を他の形式の回想と一線を画す特徴的な側面です。研究によって，4つの特色が確認されました。その4つの特色のうち，おそらく評価という側面が，ライフレヴューのセラピー効果に寄与している最も重要な特色です。特色としての一側面ではありますが，評価とは，ライフレヴューの訪問第6回と第7回で行われた人生の特定の部分についての自己評価と同じものです。実際のところ，特色としても技術としても両方において評価は構造的ライフレヴューの過程の根底にある基本です。

　評価とは，人生の出来事をそれぞれ関連づけながら天秤に掛け，価値を決めることを指します。ライフレヴューにおける評価は継続的ではありますが，訪問第6回と第7回で全生涯を集合的に評価することを特に強調するには理由があります。共感的聴き手は，語り手を示唆に富んだ質問（気持ちを問う質問，あるいは評価を問う質問と呼ばれる質問）やライフレヴュー記録用紙のまとめ・（自己）評価セクションのコメント（資料8-1と資料9-1）について考えさせることによって，この評価の最終段階で語り手を導きます。訪問第6回と第7回でのこれらの質問は，語り手が人生における彼らの選択の影響を判断し，成功（あるいは名誉，出世）を感謝し，不運な出来事を受容することを手助けします。このまとめ・（自己）評価セクションの質問についてよく考えている間に，語り手は，何かについて違う対処をすべきだったかどうか，あるいは何かできることがあったかどうか，またあるいは自分の選択に満足できているか，昔の選択や行動をその時できた最善のこととして受け入れることができるかを判断します。評価の過程は，語り手に，レヴューを終えるにあたって，過去も現在も含めて，全生涯のよりはっきりとしたイメージを心に描く機会を提供します。語り手には，過去の特定の出来事について注意深く考え，それぞれの出来事のつながりを見つけ，これらの出来事が彼らをどう感じさせたのかを考えてもらいます。「それはどんな気持ちがしましたか？」とか，「あなたの人生で向き合った最も辛いこととは何ですか？」とか，「あなたは望んだとおりの人

生を歩まれましたか？」などといった質問は，語り手が思い出をいろいろ違う角度から検討し，自分自身や人生について判断を下す手助けをします。

　ライフレヴューの全過程を通して継続的に使用する評価に付け加え，全生涯の集約的な評価は，この訪問第6回で開始し，第7回の終わりまで行われます。この手引書（第Ⅱ部）の応用セクションには，自己評価を促すための「気持ちを問う質問」例が多数あります。聴き手の励ましとともに語り手がどのように詳細な評価を実践するかがわかるでしょう。さらに，以下は，ライフレヴュー過程終盤での語り手による生涯の集約的な評価の実例です。

　　聴き手：今日はあなたの人生を評価していただきたいと思います。
　　語り手：いやぁ，我ながらそこそこ良い人生だったと思うよぉ。若い頃は収入が少なかったから休暇や旅行には行けなかったけど，子どもらは大学までやれたし，子どもらが一人前になってからは何度か休暇を取れたし。
　　聴き手：もし何かを変えなければならないとしたら，何を変えますか？
　　語り手：何も変えないと思うよ。再婚したけど，両方ともうまくいったし，子どもらを3人育てたしな。みんな親孝行だよ。オレのことをよくわかってくれてるし，家族なら当然だけどよく面倒みてくれてるよ。
　　聴き手：何か失望したことはありませんでしたか？
　　語り手：あるとすれば，オレ自身が大学に行かなかったってことだな。今じゃもう気にならないが，昔はオレだけが大卒じゃなかったからやっぱり気になったよ。夜間の大学に2年くらい通ったけど，結局学位をもらうところまでいかなかったんだ。
　　聴き手：大学を出ていたら，人生はもっとうまくいったと思いますか？
　　語り手：そいつはどうかなぁ。事業には恵まれてたけど，自分に関して言えば，大学を出てないから成功しなかったよ。だってオレの下で働いた奴らはみんな学位をもってたもの。
　　聴き手：でも大したものじゃないですか。大卒の人たちを部下にもって。しかも，それなのにご自身は学位なんか必要なかったみたいじゃないですか。
　　語り手：そうかもな。まぁ，終わったことだよ。

　ライフレヴューの終わりに，この語り手は生涯の評価を続けていくうち，自

身の成功と幸運に驚いたようでした。彼は，学位は特に必要なかったし，人生，特に事業に関しては最近数億円で売却したところだったので，思っていた以上にうまくいったという結論に達しました。彼は，歩んで来た人生をありのまま受け入れました。統合に至る見事な例でした。

9　語り手の分類：苦しみに苛まれる語り手

　苦しみに苛まれる語り手とは，過去を振り返る時に否定的な出来事の思い出でいっぱいの語り手をいいます。そのような語り手は，自分自身を人生の被害者として見て，人生がどんなに辛いものだったか繰り返し話すことでしょう。人生を評価するよう促されても，しばしば彼らの否定的な傾向は変わりません。苦しみに苛まれる語り手は，すべてのものの「良い面」を見ることが困難な悲観主義者なのかもしれません。

　Wさん（女性）を思い出してください。彼女は，聴き手に学童時代の痛ましい話をした不幸な女性です。苦しみに苛まれる語り手の典型的な例です。確かに学童時代に関して落胆するのも当然ですが，ひどい出来事にしがみついたまま，母親との気の毒な関係を成人期まで引きずっていました。共感的聴き手の最大限の努力にもかかわらず，Wさんの自分自身に対する否定的な見解はライフレヴューを続けても変わりませんでした。心の中でいろいろなことに向き合っていきながらも，Wさんの母親に関する話が対話のほとんどを占めていました。共感的聴き手は，ライフレヴューの間ずっと忍耐強く受容と前向きな姿勢を投影し続けました。その受容とともに，Wさんは初めて自分を認めてもらえたと感じました。しかし，否定的な見方は良くないとわかっていながらも，それを手放そうとはしませんでした。やがて，彼女は，否定的な考えに打ち勝とうとする内面の葛藤を打ち明けました。それ自体は，母のひどい思い出を解決し，先に進まなければならなかったWさんにとって大きな進歩でした。ようやく最後の数セッションになって，彼女は多少なりとも洞察を得たことを示しました。

　　Wさん：心の中にずっとあるこの気持ちがいやなんです。自分自身に，どうして満足できないのかと問い続けているんです。なんで私は物事をありのままに受け入れられないの？なんで私はいつも物事をひっくり返し

て，否定的にしか考えられないのだろう，って．そう，否定的な自分…否定的になりたくないんです，前向きでありたいんです，私は．

聴き手：これまでの訪問は役に立っていると感じますか？

Wさん：ええ．ええ，役に立っています．あなたが聞いてくれたことの中に，今まで考えたこともなかったと答えたことがたくさんありましたから．長年私は物事をひとつの方向からしか見ていなかったんだと思います．でも，あなたがいろいろ質問してくれてから，考える機会をいただいて，たくさんのことをこれまで長いことずうっと見ていたのとは違うように見られたと気付きました．

共感的聴き手は，この苦しみに苛まれる語り手に変化をもたらし，その結果，語り手は自分の否定的な考え方に気付き，どうにかしたいと思うようになりました．苦しみに苛まれる語り手の話を聴く時，聴き手自身が前向きな見解を維持し，ライフレヴューの間中，無条件の肯定的受容をすることが大切です．聴き手の継続的な肯定的受け止め方が，語り手に悲観的な考え方を手放すことを鼓舞し，やがて変化をもたらすカギとなるかもしれません．受容や無条件の肯定的受容などの面接技術を利用することは，いつも他人からそのような肯定的な反応を受けていたわけではないであろう，苦しみに苛まれる語り手にとって喜ばしい初めての経験かもしれません．

苦しみに苛まれる語り手を手掛けるのは，努力が報われることの少ない，非常に忍耐が要求されることだということに気付くことでしょう．Wさんのような難しい人には，ライフレヴューが終了した時にカウンセリングを続けるよう専門家を勧めることが必要になってくるかもしれません．私たちは，Wさんのような苦しみに苛まれる語り手が，紹介先でも継続していくために，ライフレヴューを終えるまでに少しでも洞察を得られることを願うばかりです．苦しみに苛まれる語り手との対話がどんなに難しいものでも，1度ライフレヴューを始めたら，聴き手には終了するまで見届ける責任があります．とにかくこの手引書で学んだ肯定的な技術を駆使して頑張ってください．

10　訪問第6回の終了

まとめのセッション

　訪問第6回を終えるにあたってセッションのまとめをする時，次の訪問第7回で繰り返さないよう，このまとめと評価の訪問でどの質問を使ったかに注意してください。また，語り手に今回のライフレヴューの中核となる部分で前向きな点を指摘し，ライフレヴューを完了する時に，次回使う残りの質問を語り手に見せてください。いつでも楽しい調子で退室することが大切です。語り手がした注目すべき発言に再度短く触れ，語り手に次回の訪問でも同じような質問をすることを伝えてください。

次の訪問

　まとめと評価の質問は訪問第6回と第7回で，交互に入れ替えても使えることを忘れないでください。メモを取っておくと間違えにくくなるでしょう。さらにその後，ライフレヴューの締めくくりとしてのセッションが残されています。語り手に訪問はあと2回残っていると教えてあげましょう。次回の訪問の日にちを話し合ってください。これまでのように，黒字で大きく約束カードに日時を書いて，語り手に渡してください。

第9章
訪問第7回：統合

人の知恵はすべてのことに疑問をもつことから始まり，すべてのことと折り合うことで完結する。　　　　　ゲオルク・クリストフ・リヒテンベルク

1　訪問第7回：聴き手のガイドライン

　訪問第7回は，語り手とライフレヴュー面接をする最後のセッションです。この章では，ライフレヴュー記録用紙の評価セクションの使用法をさらに解説します。また，聴き手自身の聴き方について振り返る方法を紹介します。訪問第7回に乗り出すにあたって，語り手に訪問はこのセッションのあと，残るはあと1回であることを指摘してください。そして，ライフレヴューの過程はこの訪問第7回で最後になることを告げてください。最終訪問は終結とお別れがメインになるからです。この章を見ればわかるように，聴き手と語り手はこのセッションで重要な仕事を完了することになります。そのためには，統合へと導く評価技術を用います。

2　準備的課題

　準備的課題は，すでに聴き手にも語り手にもおなじみになっていることでしょう。語り手はおそらく約束の場所で早く始まるのを待っているのではないでしょうか。聴き手の方はというと，グラスの水と録音機のスイッチが入っているかどうかに気を付けるだけで，準備万端でしょう。

3 訪問第6回のフォローアップ

　訪問第6回をフォローアップし，訪問第7回にスムーズにつなげることは非常にかんたんです。なぜなら，両方ともライフレヴュー記録用紙の自己評価の質問を使用するからです。フォローアップには，1週間前に何を話したかを思い出すための役割があります。語り手に，前回のセッションで聴き手が聴いたことを思ったとおりに伝え，間違っていたら訂正してくれるようにお願いしましょう。以下のようにお願いすれば，きっと訂正し，間違った点を明確にしてくれるでしょう。

　　聴き手：先週のお話は大変興味深かったです。楽しくてわかりやすいお話だったのですが，ちょっとわからない出来事がありました。先週，結婚は秘密にしてあったとおっしゃったあと，2度目に結婚した時とおっしゃいましたが，再婚されたのですか？

　　語り手：あぁ，あれね。あの結婚式は，同じ男性とまた結婚した時のことなんですが，その時は公にできたんです。お父さんがバージンロードを一緒に歩いてくれました。7月でした。エアコンができる前だったので，暑かったのですが，とっても嬉しかったです。結婚したことをやっとみんなに話せるようになりましたから。

　　聴き手：そうですか，それが最も誇りに思った瞬間だったんですね。2度目の結婚をした時と，公にできたこと。

　　語り手：ええ，だって大好きなマーティンをみんなに知ってもらいたかったんですもの。

　フォローアップの間，聴き手は語り手にその時の気持ちを追体験してもらい，再び誇りを感じる機会を設けました。聴き手は，また，語り手の人生に心からの興味を示しました。なぜなら，聴き手は語り手の結婚についてきちんと理解したいと願ったからです。ようやく，聴き手は語り手が2度，同じ相手と結婚したことを理解しました。

4　エリクソンモデル：老年期

　エリクソンの発達理論の最後の段階は，自我統合性 対 絶望です。第8段階の自我統合性とは，ライフレヴューのゴールと同じです。なぜなら自我統合性の定義（人生をありのままに受容すること）は，ライフレヴューの望む結果と一致するからです。統合の反対の状態は絶望です。この両方の状態が，エリクソンの発達理論の最後の段階を形成しています。

自我統合性

　自我統合性とは，歩んで来た人生をそのまま受け入れることですが，それにはいくつかの条件があります。語り手が，人生に折り合いを付け受け入れるためには，彼らの人生の行路を理解する必要があります。エリクソンら（Erikson, E. et al., 1986）は，この段階で人々は，究極的には人生のすべての断片をひとつに統合し，知り，受容することによって，英知を獲得すると言っています。統合する行為には，全体がバランスの取れた状態になるまで，断片をひとつひとつ併合していくことが要求されます。すなわち一生涯をバランスの取れた状態にもっていくには，その過程で振り返りとこれまで歩んで来た人生との折り合いを付けることが要求されます。自我統合性は，自己に対しての満足感（過去の選択との折り合い）と歩んだとおりの人生の受容を意味します。自我統合性は，一貫性があり，揺るぎないものです。Dさん（男性）は，自我統合性に至った人のよい例です。

　　聴き手：退職された後，人生はどう変わりましたか？
　　Dさん：そうだねぇ，以前より旅行に行けるようになったなぁ，海とか山とか。ヨーロッパにも行ってみたかったけど，バージニアが飛行機に乗るのが怖くて，あまり遠くまでは行かなかった。
　　聴き手：他には何か変わりましたか？
　　Dさん：そうだなぁ，以前よりゴルフをもっとするようになったのと，孫たちにもっと会えるようになったなぁ。娘がね，母子そろってわしらに会えるようにしょっちゅう催促してくるんだ。あの子は養子なんだよな。実の子は生まれなかったんだよ。ま，すべてうまく行ったって感じかな。

わしは幸せ者だよ。

Dさんが語ったことの多くは，彼の選択ではなかったことに注目してください。Dさんはヨーロッパに行くことはありませんでしたが，それを受け入れていました。実の子をもつことはできませんでしたが，養子縁組をすることを選択し，養女と孫には満足していました。いくつも叶わなかった願いはありましたが，Dさんは彼の歩んだ人生を受け入れ，悔いはありませんでした。

Dさんは，他人の手を借りずに自我統合を達成していましたが，聴き手は評価の質問でもって人生の断片を検討することを促すことによって，ライフレヴューの最終局面である今，語り手が自我統合という目標を達成することを手助けすることができます。この最後の面接訪問で，語り手は，人生でしてきたことに満足するか，見方を変えて考え方に折り合いを付けるまで，いろいろな角度から過去の出来事を検討し，評価し，熟考することができます。聴き手が，良かった選択やどうやって彼らが挫折を乗り越えてきたかを指摘することは，語り手がそれまで気付いていなかった強さを認識する助けとなります。聴き手の役目は，語り手が自分の目で見えるようになるまで，彼らの人生の良さに脚光を当てることです。

絶　望

絶望とは，自我統合の欠如が原因であり，絶望的な気持ちや憂うつな気持ちとして語り手の心の中に存在します。絶望している人は，落胆し，気落ちしています。このような人は，やっかいな出来事と折り合いが付けられず，人生の良かった部分がどこかを認識することもできません。バトラーは，気落ちした高齢者は，問題を解決することができず，心の中でライフレヴューに行き詰まり，身動きが取れなくなっていると考えたと言っています。解決できない問題に絶えず圧倒されていれば，心には達成されない課題だけが残り，不安，憂うつ，漠然とした不幸感が引き起こされます。

訪問第6回と第7回の章の中で学んだ技術すべてが，絶望している人の役に立ちます。絶望している人を相手にする時，聴き手は，語り手が行き詰まりから抜け出すために，過去を異なる角度から見られるよう（これまでに学んだ技術の名前をいくつかあげれば，捉え直しや反復を受容，共感，思いやりとともに使って）より懸命に働きかけなくてはなりません。絶望している人に大きな変化

をもたらすことは滅多にありませんが，まれに過去を違ったふうに考えるよう方向転換させることができることもあります。ただし，それも小さな変化だけです。Mさん（男性）の共感的聴き手はそのような小さな変化をめざして努力しています。

 Mさん：最初の結婚で浮気をして，家族を置いてその女のところへ行きました。娘が3人いましたが，1番小さいのが3歳でした。あの子たちを捨てたのが心残りです。別の選択もあったのではないかと思います。
 聴き手：別の選択とは何があったと思いますか。
 Mさん：そうだなぁ，あの女のことを考えないようにして，妻や娘とうまくやっていけるように努力することですかね。娘はまだみんな小さかったですから。イヤな男でしたね。
 聴き手：私たちはみな失敗をするものですよ。
 Mさん：ええ，娘たちのためなら二重生活をすることもできたのに。
 聴き手：その方が良かったですか？
 Mさん：嘘をついたことになったと思いますが，今じゃすっかり疎遠になってしまいましたから。もう20年も会ってないんです。
 聴き手：娘さんたちに会えないのが本当にお辛そうですね。
 Mさん：辛いです。娘らの誕生日なんかは特に。長女は先週で39歳になったはずです。
 聴き手：娘さんたちを見つけようと思ったことは？
 Mさん：そりゃあ，もちろん。でも拒絶されてしまいました。あの子たちを捨ててしまいましたが，それで辛い思いもしたようで，みんな私に腹を立てているんです。
 聴き手：もう1度連絡を取ろうとされない理由は？
 Mさん：拒絶されてるからねぇ。

 Mさんは，自分自身について言及し，ホームレスを経験し少々からだが不自由になったこともあるが，日常生活で問題のない酒飲み（飲んでいてもちゃんと働ける人）と評しました。そして，思っていたよりも悪い人生を送ってしまったと思うとも言いました。現在の彼は1匹狼で，社会的接触を避けています。この聴き手は，ライフレヴューを通してMさんの人生に新しい光を当て，語り手に折り合いを付けることはまだ可能だと思ってもらえるような方向へ小さな

変化をもたらしました。家族を捨てた大きな罪悪感は意識の最前線に残っていましたが，Mさんは徐々に，娘さん一人ひとりに後悔の気持ちを綴った手紙を書いたり，誕生日に花を贈ったりと，ひとりでもいいから返事をくれるよう，新しい連絡の取り方について考えるようになったのでした。

5　ライフレヴュー記録用紙の使用

　今回がライフレヴューの最後から2番目の訪問であり，質問を完了する最後の機会になります。ここまでに，ライフレヴュー記録用紙の評価セクションにある質問の前半部分は済んでいると思います（資料8-1参照）。今回は，以下にある追加の指示に従って，資料9-1にある残りの評価を問う質問をする時間です。訪問第6回と第7回用に推奨される質問をすべて使うことを忘れないでください。

理解を促進する

　語り手がライフレヴューを完了するよう手助けする時，語り手が全生涯を想起し人生の意味を理解できるよう，人生の断片を要約するお手伝いをすることが聴き手の目標です。このためには，このセッションに至る前回までの訪問で書きためたリストから，語り手の生涯の良いことを列挙します。この準備はとても重要です。語り手に，長い間忘れていたさまざまな成果の喜びを味わう十分な時間を与えてください。そのうえで，ひとつの出来事が次の出来事にどうつながっていったかを示し，語り手が受け入れることができるように，生涯の全体像を作りあげていってください。悪い時期のことも含めて，語り手がどう克服してきたかや，どのように悪い時期のおかげで良い時期がやってきたのかを示してください。訪問第7回までにしっかりと宿題をしてくることで，語り手が人生をまとめる手助けをするためにより良い準備ができます。

　語り手は，どのような状況で，なぜそこに至ったかを理解しなければ，避けられなかった人生の曲がり角を受け入れるようにはなりません。そのためには，聴き手はさらなる探究を鼓舞する「そしてどうなりましたか」「それで何が起こりましたか」などの洞察に満ちた質問と返答でもって語り手を手助けしていきます。ライフレヴューを完了することで，人々は行き詰まっていたところか

資料9-1　訪問第7回の質問例

- もし人生のある時期をずっと続けて過ごせるとしたら，何歳頃を選びますか？　それはなぜですか？
- どの程度満足のいく人生を歩んできたと思いますか？　願っていたよりも良かったですか，悪かったですか？
- **人生を願ったとおりに歩みましたか？**
- 現在のあなたについてちょっとだけお話しましょう。今のお年になられて最も良いこととは何ですか？
- 今のお年になられて最も嫌なこととは何ですか？
- 現在あなたにとって最も大切なものとは何ですか？
- お年を重ねていって，これから先どんなことを望まれますか？
- これから先何が起こるか不安ですか？
- **これまでの人生の選択や決断について満足していますか？**
- 将来を見つめた時，自分自身のために何を望みますか？
- このようにあなたの人生の振り返りをしてみていかがでしたか？
- 何かご意見やご提案はありますか？

ら「抜け出す」ことが許され，前向きになることができます。時々語り手が，ライフレヴューによって洞察や未解決の問題と折り合いを付ける努力を再び始める支えを得ることもあります。

　　語り手：あなたに話したことの多くは，全く誰にも話したことがないのよ。
　　聴き手：わかっています。でもね，もしお気に触らなければ，また同様の質問をさせてください。
　　語り手：私の答えが変わるかどうか見るためかい？
　　聴き手：いいえ，でもね，物事に対するあなたの考え方が変わったかもしれませんよ。
　　語り手：まぁ，それもそうね。
　　聴き手：ええ，そして何かに対して考える時の目線が変わるということは時々あることです。心の痛むことだったと，一方で理解はしていても，目線を変えて少し違う角度から理解することもできます。
　　語り手：わかってるじゃないの。姉の死はとっても胸が痛んだわ。本当に苦痛だった。四六時中そのことを考えたわ。姉の死はね，全くの医療過誤だったのよ。話してみて，それはもう変えられないということがわかるようになったわ。結局は忘れなければいけない時が来るのよね。まだ時々，突然心に浮かんでくることがあるけど…でも時間が経つにつれて，

以前ほど頻繁にじゃなくなったわ。
　聴き手：良かった。お姉さんの死についてこれからも考えるでしょうが，より良いように捉えていけますね。

　最後の訪問までにこの語り手が，物事はなるようにしかならなかったと理解し，人生の一部として受容する方向に動き出したのが見て取れると思います。また，このような考え方が，人生を統合した全体として眺められるように，語り手を動かします。

成功を再び振り返る

　ライフレヴューの最終セッションであるこの訪問は，語り手が喜びの瞬間を追体験できるように，大切な成功を再び思い出す最高の機会を提供します。彼らの会心の出来事や一番誇りに思う時についてたずねる時は，以前彼らが何と言ったかを思い出させるようにしてください。例えば，辛い学童時代を過ごしたWさん（女性）を思い出してください。聴き手が彼女に最大の喜びについてたずねると，ほとんど習慣のように子どもたちが彼女にとっての最大の喜びだと答えました。聴き手は，Wさんの子どもたちについてさらにたずねましたが，「あなた自身がスポーツで輝いた時も大きな喜びではありませんでしたか？」と，付け加えました。「あぁ，それも嬉しかったですが，子どもたちほど誇りに思うことはありませんよ」と，Wさんは答えました。共感的聴き手は，ライフレヴュー記録用紙の評価セクションを使い，Wさんが人生や自分自身についてより肯定的な気持ちをもちながらライフレヴューを完了できるよう，過去の他の成功を指摘し続けました。

困難な時を再度捉え直す

　聴き手には，語り手の人生の困難な出来事を違う角度から捉え直すことによって，彼らが受け入れられる人生の全体像を形作る手助けをする機会が，あと1回残っています。以前ライフレヴューで最初に捉え直した時は即座にうまく行かなかったかもしれません。語り手には，まだ折り合いを付け，受容しようとしている人生の出来事がいくつかあるかもしれません。今回の訪問が聴き手にとって，語り手が人生の出来事を違った角度から見直し，より肯定的な光明を見出す手助けをする最後のチャンスなので，今でも語り手の心をかき乱す出

来事についてたずねるか，少なくともライフレヴュー記録用紙の質問を使って失望や沈痛な時期についてたずねたりすると表出する出来事に，語り手の方から触れないかどうかに注意しましょう。「あなたの人生で最も不幸な時期はいつ頃でしたか？」という質問は，語り手が答えようとする時に激しい動揺を引き起こすかもしれません。もし語り手の心がかき乱されるようなら，そのチャンスを逃さず，以前取り組んだ課題を再検討してください。「今でも……について，そんなふうに感じておられるのですか？」というような質問は，さらなる捉え直しを後押しするか，少なくとも語り手のなかなか消えない認識やものの見方を知らせてくれます。失望について聞かれたAさん（男性）が良い例です。

聴き手：人生の最大の失望があるとしたら何ですか？

Aさん：そうだなぁ，まずは大学に行かなかったことだなぁ，でも学歴のせいで困ったことはなかったし。そうなると，やっぱり一人目の女房が死んだ時だなぁ。娘をひとりで面倒見なきゃならなかったから。あれは，きつかったな。それからわしのお袋が死んで，娘とふたりきりになっちまった。

聴き手：おひとりで娘さんを立派に育てられましたね。大変な努力ですよね。

Aさん：うん，うん，まったくだ。今でもあの子は良い子だよ。

この例で，語り手はすでにこのような辛い時期を捉え直し，受容できていました。彼は最初に学歴の無さに触れ，それから死を悲しみました。不幸な出来事に関しては，語り手からの手助けは少しだけで，ほとんど自分自身で折り合いを付けることができていたようです。大学への進学など，実際とは違うようになっていたらと思う出来事もありますが，結果的に満足の行く人生を歩み，最善を尽くしたと実感したのでした。

これからの焦点を設定する

これからのことを肯定的に期待をもって捉えているというのは，落ち込んでいない語り手の特徴です。このように，将来についての態度が心身の健康状態に影響するので，語り手の焦点を過去から将来へと転じていく必要があります。ライフレヴュー記録用紙には，語り手の意識をこれからのことに向けるのに役

立つたくさんのコメントや質問が載っています。「これから先何が起こって欲しいですか？」あるいは，「残りの人生をどんなことをして過ごしたいですか？」（趣味，友人，取り組み，など）というような質問は，思考の転換を生じさせます。人生を振り返り終わった時，語り手は生きる力を取り戻しています。聴き手は，彼らがその力を新しいことに向けるよう手助けしなければなりません。例えばAさんは，ライフレヴューを終えた時，とたんにこれからの計画を立て始めました。

　　聴き手：これからについて，何かご計画はありますか？
　　Aさん：まぁ，まずはこの股関節手術の療養をして，それからだな。そしたら，浜辺の小さな掘建て小屋に住んでみたいなぁ。朝は早起きしてさ，少し泳いで，そして夜は自分でステーキを焼くんだ。
　　聴き手：でも，それでは少し寂しくないですか？
　　Aさん：そうかも知れないな，でもほんの数年でいいんだよ。そのあとは自分で料理しなくてもいい施設に入るから。
　　聴き手：すでにお考えがあるようですね。1年くらいなら借家なんていいかもしれませんね。
　　Aさん：あぁ，そうだね。それならできるな。

　これからの選択は，時には将来の夢であったり，時には人生の締めくくりの準備であったりと，語り手によって違ってきます。長年の未解決の課題を解決し，心に平安がある語り手は，しばしば死への準備ができています。か弱い高齢者とライフレヴューを行う場合，そのような結果を恐れてはいけません。死への準備ができているというのは，ライフレヴュー終了直後であろうが，何年も経ってからであろうが，良い結果です。今日，アメリカでは，苦痛緩和ケアを促進したり，末期患者のためのホスピスケアを建設するために何百万ドルという政府のお金が毎年費やされています。このような試みに，ライフレヴューはとても優れたツールです。多くの高齢者や病気の人々は，自分が何者であったかという最後の言葉をこの世にいるうちに言い表す機会があることを永遠に感謝することでしょう。

6　カウンセリング技術：全容の振り返り

　この手引書で学んだ技術を，自信をもって使えるようになるまで，何度も復習し，練習してください。この最後の訪問は，語り手の必要に応じてもてる技術をすべて使う，聴き手にとっての集大成ともなる機会です。以下の抜粋では，共感的聴き手が語り手のコメントに応じ，すべての技術を実演しています。フレーズは文脈から外れていますが，聴き手の反応は容易に理解できると思います。

　例1）受　容
　　語り手：ほとんどの決断が正しい選択だったのは，幸運だったと思います。
　　聴き手：いやぁ，確かに私もそう思います。ご自分で決めたことを貫いて，後悔なさらない。その気質は称賛に値しますよ。
　例2）思いやり
　　語り手：教会は私たちにとってとても大切なんです。もう教会に通えないのはすごく寂しいものです。
　　聴き手：引っ越して教会を離れるというのはきっと辛いことでしょうね。大切なものを失うというのはどれだけ辛いことかわかります。
　例3）無条件の肯定的受容
　　語り手：この手術を乗り越えるのに本当に苦労しているんです。いつもすべて自分でやってきたものですから。
　　聴き手：そうですね，いつもご自分で何でもしてこられて，人生の大変な出来事にもすぐに適応して，上手に対応してこられましたね。今回も大丈夫ですよ。今までたくさんの困難に直面しても乗り越えてこられたんですから。
　例4）共　感
　　語り手：ごめんなさい，もう乗り越えてなくちゃいけないのに。でも息子の死に方を思い出すたびに，怒りが込み上げてきて，そのあとまた悲しくなってしまうんです。
　　聴き手：息子さんの死は早すぎましたよね。そのことを思うと，私だって悲しくなります。

例5）調　和
　　語り手：いやぁ，昔から人前で話すのは苦手だったんだよ。恥ずかしがり屋だったんだな。もう気にしてないけどな。
　　聴き手：そのお気持ちよくわかりますよ。私も人前で話すのは好きじゃないです。

　上記の例を読みながら，自分自身のライフレヴューの録音記録を聞いてみてください（もし初めてでしたら，現在進めているライフレヴューを振り返ってみてください）。これらの技術を使えるような場面で，自分の反応のすべてに癒しの効果があったかどうか自問してください。もし自分の反応に改善の余地があれば，同じような場面で次はどう反応すればよいか考えておきましょう。以下のようなくだけた言い習わしがあることを覚えておいてください。「練習は熟達への道。振り返ればよくわかる。時間とともに上手になるものだ」これらの言葉は，聴き手の共感的聴き手としての成長にも当てはまります。

7　面接技術

統合する

　共感的聴き手としてあなたが適用しなければならない最後の面接技術は，統合です。共感的聴き手が統合するというのは，あくまでいくつもの人生の出来事，すなわち語られた話を統合するという技術としての意味です。反対に，ライフレヴューの語り手が人生を統合するというのは，目標に到達するという心の状態としての意味です。

　統合するということは，物事をひとつにまとめるということです。聴き手は，語り手の体験談を用い，語り手がそれらを融合し調和のとれたひとまとめのものとし，生涯を歩んだとおりに理解できるよう手助けをするのです。ひとつの出来事がどのように次の出来事を引き起こしたかを示しながら，語り手がそれぞれの出来事を合併し，溶け合わせ，消化できるように助けていきます。聴き手自身が全体を理解できるよう適切な質問をし，聴き手が正しく理解しているかどうかを確かめるために語り手にまとめを聞いてもらうことで，統合の技術を実践することができます。ライフレヴュー記録用紙の評価の質問は，語り手を別々の人生の出来事を理解可能なひとまとめへ統合するよう方向付けをしま

第9章　訪問第7回：統合

す。聴き手の解釈を聞く時，語り手は，以下の例にあるように，間違いを正したり，口添えしたり，あるいはまた違う角度から見るようになるかもしれません。

聴き手：弟さんの死についてもう少し聞かせてください。

語り手：真っ先に思い出すのは，弟の臨終の時です。どちらも真っ白な，ちっちゃな棺とちっちゃなワゴンで，弟は，やって来た人たちに運ばれて行ってしまいました。よくキッチンの鍋とフライパンの間に隠れては，自分も連れて行かれないようにと思っていました。

聴き手：なんて怖い思いでしょう！なぜ自分も連れて行かれてしまうのではと思ったのですか？

語り手：わかりません。子どもでしたし。でも，病院は今でも怖いですし，お通夜には最近まで全く参列しませんでした。

聴き手：当時何がどうなっていたのか誰も説明してくれなかったのですか？

語り手：はい，誰も。両親ともスイス出身で英語をあまり話さなかったので，全然話しませんでした。父は一日中働いていましたから，何かについて話したという記憶もありません。

聴き手：そのことに関して何か感じることは？

語り手：時々寂しく思うことはあります。いつも弟のことは不思議に思います。まぁ，あとになってわかったことは，弟はたぶんインフルエンザだったんですが，死んだ時は誰も教えてくれませんでした。

聴き手：弟さんのことは何か覚えていますか？

語り手：いいえ。家でお通夜をしましたが，私は友人と一緒に鍋とフライパンの間に隠れていました。

聴き手：どうやらそのことについてはずいぶん悩まれたようですね。

語り手：ずっと忘れたことはありません。たぶんそれで葬儀場や病院が嫌いなのかもしれません。

聴き手：ありえますね。まだ子どもで人の死を理解できなかったことが，自分自身の死に対する恐怖を生み出してしまったのでしょうね。その恐れが病院やお葬式が嫌いになってしまった要因なんだと想像できますよね。

聴き手は，出来事に対する自分なりの理解を伝え，理解が明確になるよう語り手に聞くことによって，小さい頃の弟の死と語り手の病院嫌いを関連づけました。聴き手のほうから出来事がより明確になるようお願いすることは，聴き手がよりしっかりと理解することを助けるだけでなく，過去を考え直すことで，語り手自身にとってもしっかりと理解する機会をもたらしました。この例の語り手は，病院や葬儀への恐れが，4歳の時に目撃した弟の死から始まったものであるとやっと悟りました。彼は，人生の全体像を理解しようと，それぞれの出来事をつなぎ合わせ，統合しようとしていたのです。

今までの技術の振り返り

最後の技術である統合について学んだ後は，すべての面接技術について見直し，レパートリーの一部として必要に応じて選択して利用できるようになってください。効果的な聴き手になるためには，カウンセリング技術を身につけた時と同じように，継続的にそして意識的に練習をしなければなりません。これらの技術のうちいくつかは，いずれ習慣のようになるでしょう。それ以外のものは，注意と練習という聴き手の努力が要求されることでしょう。人の話を聴く練習として普段の会話の中でこれらの技術を使ってみることもできます。それから，折に触れ，第Ⅰ部の面接技術のリストをチェックして，すべての技術を忘れずに，いつでも使えるようにしてください。

8　ライフレヴューの特徴：4つの要素すべてを検討する

構造的ライフレヴューには，他のライフレヴューや回想法と一線を画す4つの特徴があります。すでにお話ししたように，その4つの特徴とは，構造，期間，個別化，そして評価です。今現在あなたが行っているライフレヴューを完了する時に，この4つの特徴と構造的ライフレヴューとのつながりについて考えてみてください。あなたが行っているそのライフレヴューの中では，この4つの特徴をすべて取り込んでいますか？もしあなたの答えが「はい」なら，この手引書で紹介された概念をよく理解できているということです。あなたには，ライフレヴューをもっと行い，これらの特徴をあなたなりに組み合わせて実践する準備が整っています。もし答えが「いいえ」なら，次回ライフレヴューを

行う時は，この手引書に沿って注意深く進行しましょう。

9　語り手の分類：語り手のタイプを把握する

　この章では，聴き手が訪問するかもしれない語り手のタイプについて考えてください。そして，その語り手がどのタイプに当たるか識別し，その語り手のライフストーリーを引き出すための最も役に立つ技術を選んでください。そして，次の語り手へと進む時，できるだけ早く，今度はその人のタイプを識別し，訪問に先立ち，役に立つ技術を選んでおくようにします。例えば，物語の語り手の場合，ライフレヴューが脱線しないために，即座に方向修正できるよう，セッションの枠組みを提供する技術がないといけません。ですから，頭の中でおおまかなプランを立て，各セッションの終わりに，適切な質問を選び，全体の過程が順調に進むようにしましょう。しかし，消極的な語り手の場合は，語り手が話を始めるよう，あらかじめ分かち合う話をいくつか決めておかなければならないかもしれません。この手引書に沿って事前に計画を立てることが，読者のみなさんの行うライフレヴューをより効果的なものにします。

　もちろん，この手引書に描写されているどのタイプにも当てはまらない語り手がいることでしょう。質問に容易に答え，脇道に外れず，楽しい話をしてセッションに貢献してくれる人かもしれません。そのようなケースでは，無理に分類しようとせず，訪問を楽しむようにして，語り手に反応をたくさん返すようにしましょう。そうすることで，語り手が楽しみながら構造的ライフレヴューの治療的効果を得られるようになります。

10　訪問第7回の終了

まとめのセッション

　訪問第7回をまとめるにあたって，ライフレヴュー体験の全体を要約しましょう。語り手のライフストーリーを知ることができ，訪問ができたことへの聴き手自身の喜びを分かち合ってください。語り手が割いてくれた時間に感謝をしてください。聴き手が思う，語り手にとって益となったことを伝え，語り手もそう思うかたずねてください。ライフレヴュー記録用紙の最後から2番目の

第Ⅱ部　構造的ライフレヴューの実践

質問を利用して，語り手がどのように全過程を楽しんだかを確かめてください。以下の例で，4人の語り手が，ライフレヴューを楽しんだかについての質問にそれぞれ異なる答えをしたことと，答えからどれくらい上手に共感的聴き手が全過程を行っていたかについての理解が得られることに注目してください。

ライフレヴュー　No. 1

　　聴き手：人生の振り返りをして楽しかったですか？
　　語り手 No. 1：何を？
　　聴き手：あなたの人生について話してみて楽しかったですか？
　　語り手 No. 1：どうかしらね，でも話す機会はいただきましたね。
　　聴き手：話してみて，いろいろ新しいことについて考えさせられましたか？
　　語り手 No. 1：いつもいろいろ考えるけど，小さな箱にカギをかけて誰にも話さないわ。
　　聴き手：昔のことを思い出すのは，役に立ちましたか？　それとも辛かったですか？
　　語り手 No. 1：両方あったわね。

ライフレヴュー　No. 2

　　聴き手：あなたの人生を振り返ってみて，楽しかったですか？
　　語り手 No. 2：ええ，ええ，おかげさまで孫のために私の人生をまとめた本を完成させることができました。あなたのおかげで忘れていたことも考えてみることができましたよ。これで孫娘も私らや私らの両親のことがわかりますよ，だって全部本の中に書かれているんですからね。
　　聴き手：それってすばらしいことですよね。お孫さんも成長するにつれて感謝するでしょうね。

ライフレヴュー　No. 3

　　聴き手：ライフレヴューは楽しめましたか？
　　語り手 No. 3：いいえ，楽しくありませんでした。過去を蒸し返すのは，気分の良いものではありませんでしたよ。昔のことを思い出すのは好き

第9章　訪問第7回：統合

じゃないんです。触れないでおくのが1番いいですよ。でも誰か訪ねに来てくれるのは楽しかったです。

聴き手：そうですか。あなたを訪ねられてとっても楽しかったです。お時間どうもありがとうございました。

ライフレヴュー　No. 4

聴き手：人生の振り返りをして楽しかったですか？

語り手 No. 4：あなたの訪問は，ほんとうに楽しかったわ！長い間忘れていたことを思い出すことができました。今まで誰にも言ったことがないことまで，あなたには話してしまいました。自分について考えることができて，良い気分転換になりました。

聴き手：では，ご自身の生涯を思い出す時間はお役に立ちましたか？

語り手 No. 4：まったく想像していた以上でした。

ここに選んだ抜粋には，ライフレヴューの過程に好意的な反応と批判的な反応の両方があり，否定的なものから肯定的なもの，この上ない賛辞までさまざまです。ほとんどの人は過去について語るのが好きで，構造的ライフレヴューを気に入ってくれます。残念ながら，ライフレヴューをしてみて，さまざまな理由で後悔する人もいます。願わくは，読者のみなさんのライフレヴューの経験も，私たちの経験と同じくらいやりがいがあるものとなり，ライフレヴューをもっと行いたくなるような，励みになる経験になって欲しいと思っています。

紹介を検討する

ほとんどの語り手は紹介の必要がありません。しかし，もし予想以上に悩まされている語り手を見つけたら，その人と専門家の助けについて話し合うことをお勧めします。読者のみなさんはこの手引書を通して共感的聴き手になる訓練をし，人の感情についてより敏感になったのですから，聴き手の能力以上の助けが必要な人に気が付くほど明敏になっていることでしょう。重度の精神的な症状に対応できるプロのカウンセラーあるいは精神療法士，または薬を処方できる精神科医に紹介してください。聴き手からの提案が，語り手にセラピーの可能性について考えるきっかけを与えるかもしれません。紹介が必要になる

第Ⅱ部　構造的ライフレヴューの実践

ことはないかもしれませんが，万が一必要であれば，第10章をご覧ください。

次の訪問

　これまでのセッションと同様に次回の，最後となる訪問の約束をしますが，その時語り手に，お別れの訪問のためにもう1度戻ってくることを伝えてください。最終回となる訪問は，終了とお別れの意味でとても大切です。また，まるまる1時間はいらないかもしれません。最後の訪問の中で，お別れをしている間，ライフレヴューの全過程の結果と語り手にとってどれほど影響があったのかを評価する時間にあててもいいかもしれません。もし質問紙を使ってライフレヴューの結果を査定するのであれば，事前，つまり訪問第7回のうちに，語り手に査定についてお知らせしておいてください。そして，なぜどのようにその査定結果を使用するのかという説明をすることを忘れないでください。

第10章
訪問第8回：終結と成果

知恵は授かるものではない。それは他人にかわってもらえない，免れることのできない旅の果てに自ら発見しなければならない。

マルセス・プルースト

1　訪問第8回：聴き手のガイドライン

　この最後となる第8回の訪問は，残っている細々した事柄を片付けたり，専門家へ紹介したり，成果を確かめたり，語り手と聴き手という関係を完結したり，ライフレヴューの過程を完了したり，語り手に感謝を伝える機会を提供します。この訪問は，社交的なひとときをもちながら終了と別れという区切りをつけるという意味で，特に語り手にとって有益なセッションです。今回の訪問中，ライフレヴューの全過程の成果を判断するための時間や，以前に約束した健康に関する資料や専門家の紹介などがあればそれらを提供するための時間を取るようにしてください。

　語り手と聴き手という関係の終焉についても，訪問第8回にやってきます。聴き手とともに過ごした時間，また全体としてライフレヴューの過程が語り手にとって十分であったことを確かめなければなりません。訪問第8回は，個々の語り手の必要を見据え，訪問の終了とともに全過程の完了へと至る時間にあたります。

　訪問第6回と第7回の終わりに全過程の完結に向け語り手に心の準備を促してきましたので，実際に終結の時がきても，語り手は予期していたこととして受け入れています。終結が予期されているというのは，語り手にもライフレヴューは決まった期間の間行われるものであると理解されていますし，全過程を終えたということは自ずとわかるからです。このように，語り手は十分に心の

準備ができていて，ライフレヴューの課題も完了した今，語り手との別れは比較的容易なはずです。しばしば，語り手は前向きに残りの人生を楽しみにしていますので，聴き手を引き止めることなくライフレヴューの過程を終えることができるでしょう。

2　専門家への紹介

　他の専門家や医療提供者への紹介を最終決定するのは今です。もし聴き手がこの訪問のガイドラインに従っているのでしたら，訪問第7回ですでにそのような紹介の必要性については触れていることでしょうし，語り手にそのような追加の援助を求めることの可能性について考える時間を与えていることでしょう。語り手のうち，悩んでいる人々にとっては，ライフレヴューによって得られる援助よりも，カウンセリングなどの援助が必要なのは明白なことでしょう。ライフレヴュー過程の中で育まれた絆のおかげで，語り手は追加的な援助を求めた方がよいという聴き手の勧めを素直に聞くことができるかもしれません。ただし，そのような勧めは常に歓迎されるとは限りません。侮辱されたと感じたり，一時的に怒ったりする語り手もいるかもしれません。

　語り手の反応の善し悪しにかかわらず，もし聴き手が，彼らにはさらなる援助が必要だと考えるのであれば，それを伝えなければなりません。そのままで大丈夫，援助は必要ないと言い張る語り手もいることでしょう。しかし，後で勧めのとおり紹介された専門家に連絡を取るかもしれません。追加的な援助を求めることを語り手に勧めても，失うものは何もありません。あるのは語り手が得るところです。そのような勧めをする時は，語り手があとで相談できる何人かの専門家の名前と電話番号を書いたメモを渡すようにしましょう。もちろん，このメモは前もって用意しておく必要があります。

　これまでの訪問の中で，それ以外の役に立つ機関を紹介することもあったかもしれません。例えば，アルツハイマー病を患う人のためのデイケアプログラム，あるいは法律問題に悩む人のための司法扶助などの紹介です。ライフレヴューの語り手である高齢者はどのような支援でもありがたく思うでしょう。なぜなら，高齢にまつわるさまざまな問題に関して，地域ではどのような支援が利用可能なのかを知らない場合が多いからです。一方で，聴き手はそのような

支援に関する情報にも精通していることが望まれます。もし地域での役立つ機関を知っていたら，ただ勧めるだけでなく，連絡先などの詳細を紙面ではっきりと提供できるようにしましょう。情報の提供はライフレヴューの一部ではありませんが，語り手と聴き手の交流の一部ではあります。なぜなら，ライフレヴューの中での関係は「手助け」の関係だからです。

3　連　絡　先

　ライフレヴューを完了し，語り手と別れたあと，特に語り手が引っ越してしまったり，入居していた施設から退去してしまったりした場合，語り手を見つけ，再び連絡を取る方法がないという場合がしばしばあります。ですから，ライフレヴューの最後の訪問を終える前に，ひとりか2人，語り手と連絡の取れる人の連絡先を教えてもらっておくことはとても大切です。このような人たちの連絡先を聞いておくと，よく入院したり，養護老人福祉施設や息子・娘さんの家にお世話になったりする高齢者とライフレヴューする場合にとても便利です。連絡の取れる人として知っておきたいのは，語り手の息子・娘さんか親戚です。なぜなら，これらの人々は，語り手がどこにいて，どうやったら連絡が取れるかを知っているからです。高齢者と再会することは難しいことではないのではと思う人もいるかもしれませんが，たいていの施設では，退去後の連絡先の把握や郵便物の転送を義務づけられているわけではなく，またそのような情報を聴き手に教えてくれることもないでしょう。死亡通知はいつも最新のものではないですし，昔からの友人や近所の人たちも亡くなったことを知られずにいるかもしれません。ですから，最後の訪問を終える時には，語り手と常日頃から連絡を取っている人のうち少なくとも2人ぐらいの連絡先を聞いておくことによって，あとで語り手がどこにいるかわからなくなるということを避けることができます。

　ライフレヴューが終了したあとも，語り手と連絡を取り合っていきたいと思うのでしたら，名刺を渡しておくことが語り手にとっていつでも会えるようにしておく最良の方法です。名刺を渡すことは，友情を表す行為であり，再開への扉を開いておいてくれます。専門家への紹介がその後どうなったかを確かめたり，単純に語り手がどうしているかを知りたくて，連絡を取り合えるように

しておくのも結構です。ライフレヴューを終えてから6か月後に再び連絡を取るというのも，セラピー効果の結果を調べる事後調査のタイミングとしては良いでしょう。語り手が聴き手に会いたいと思った時に会えるように，連絡先を書いた名刺を渡すことは，あくまで聴き手の判断によります。

4　感謝の手紙やその他のカード

　8週間にわたるセッションの終わりに，割いていただいた時間に感謝するために，かんたんな感謝の手紙を送ることが一般的な礼儀です。手紙は心のこもった直筆で，きれいな切手を貼って郵送するのが良いでしょう。感謝の手紙によって，語り手は，共感的聴き手に人生を語った時間が，この世への恩返しになったと感じることでしょう。もし語り手が高齢者なら，世の中へ恩返しをする方法は限られてきますので，ライフレヴューをすることは彼らにとってよりいっそう意義あるものとなります。感謝の手紙によって，語り手は理解され，尊重されていると感じることができます。

　私たちはライフレヴューを長年にわたり行ってきた中で，ライフレヴューの過程を終えたあとに，聴き手に誕生日カードを送ることが慣例となりました。ライフレヴューの過程を始めた頃から，語り手の年齢・性別・住所・家族構成などの人口統計情報を収集しました。その中には誕生日の情報もありました。私たちは，月ごとの覚え書きカードを作り，一人ひとりの語り手の誕生日にカードを送るようにしました。私たちは，こうしてカードを送ることによって語り手が受ける喜びの大きさに，非常に驚きました。多くの方たちは孤独で，私たちのカードが唯一誕生日に受け取ったカードだったのでした。痛ましくも，私たちのカードが人生で初めて受け取った誕生日カードだったという人もいました。

　私たちはカードをパソコンで作りましたし，切手の費用は，それによって生み出される善意や好感に比べれば小さなものでしたので，労力はたいしたことはありませんでした。もし語り手ともっと緊密に連絡を取り合いたいと思うのでしたら，年賀状やクリスマスカードなどを送っても良いでしょう。このようなカードや手紙でのやりとりを継続していれば，お見舞いに行ったり，もう1度ライフレヴューの効果をテストしたいと思った時に，語り手の所在を把握し

やすくなります。どれくらいの期間カードや手紙でやりとりを続けるかは，聴き手次第です。しかし，ライフレヴューが完了してから少なくとも1回はカードを送ると良いでしょう。特に誕生日カードは，心が伝わって，大変喜ばれます。

5　評価と結果

　訪問第8回は，語り手とともにライフレヴューの全過程の評価のために使う時間です。評価にはさまざまな方法があります。例えば，測定結果を用いたり，観察結果によったり，過程について語り手に意見を求めたりする方法などがあります。また，聴き手はライフレヴューを行っている期間，しばしば同僚やスーパーバイザーによる継続的なスーパビジョンからフィードバックを受けています。ですから，ライフレヴューを行いつつ，普段から自分の技術を評価し，より良い共感的聴き手となれるよう努力しているわけです。

テスト結果

　テスト結果というのは，信頼性と妥当性がある質問紙を用いる測定によって得られます。多くの場合，研究者によって語り手の心境が介入前と介入後で測定されます（巻末付録D～F参照）。読者のみなさんもこれらのテストを使ってライフレヴューの効果を測定することができます。語り手の現在の心の健康状態を測定するには，訪問第8回の最中，ライフレヴューの過程を始める前に行った事前テストと同じものを再び語り手にしてもらう必要があります。最後の訪問時に同じテストを再びしてもらうことによって，ライフレヴューの過程の結果，語り手の心の中で起こったどんな変化も客観的に測定することができます。結果を数字という形で得るためには，介入後の点数から介入前の点数を引いてください。その点数の差が，8週間にわたる過程で語り手のうちに起こった変化の程度を現しています（Haight et al., 1998の例を参照）。もしライフレヴューを始める前に介入前のテストをしていなかったとしても，介入後の点数からライフレヴューの終了時点で語り手がどう感じているかがわかります。しかし，介入前テストを行っていない場合は，8週間の間に起こった変化を客観的に測定することはできません。

私たちが勧めるテストは，みな短くてわかりやすいものです。これらのテストは，私たちの行ったライフレヴューの研究プロジェクトで語り手の変化を測定するために使用したものです。これらのテストでは，情緒，精神機能，全般的な健康状態などを測定することができます。高齢者用抑うつ尺度（Geriatric Depression Scale：GDS）は気分を測定するのにとても良いテストです（巻末付録F参照）。ご利用いただけるよう，付録にはその他の信頼性と妥当性の高いテストを掲載してあります。

語り手からのフィードバック

これまで共有してきたライフレヴューの過程についてどう思うか，語り手にたずねることは大変有意義です。語り手の評価はライフレヴューの継続的な使用にとって重要な批評であり，共感的聴き手に役立つフィードバックをもたらします。ライフレヴュー記録用紙の最後から2番目の質問は，語り手がどのようにライフレヴューの過程を楽しんだかをたずねるものではありますが，語り手の中にはより踏み込んだ批評を提供したり，例えばこの手引書のはじめに紹介したライフレヴューの中で性的関心について話すことの必要性について語った語り手のように，付加的な情報を提供したい人もいます（コメントや提案をお願いするためのライフレヴュー記録用紙の最後の質問を参照）。

また，語り手は共感的聴き手にライフレヴューの行い方や聴き手の技術について重要な洞察を与えてくれることがあります。語り手によるライフレヴューの過程の評価は，聴き手が将来ライフレヴューを実施する時にやり方を変えることになるような影響を及ぼすかもしれません。事実，もし語り手が聴き手の反応に批判的で，ライフレヴューをする中で不快な時があったと明言するなら，自分を振り返り，改善していかなければなりません。これは，ライフレヴューの録音記録を冷静に，そして客観的に聞き直すことで可能です。そうすることで，自分の失敗した点を見つけ，手順や習慣を適切に改善することができます。語り手の評価が，次回ライフレヴューを行う時までに，より良い聴き手となるための機会を与えてくれるのです。

観察結果

質問紙によるテスト以外にも，ライフレヴュー完了後の語り手の変化を測る

観察的あるいは主観的な方法は，たくさんあります。ただ観察するだけでも，聴き手は語り手の感情，活動レベル，興味，そして容姿などの変化にかんたんに気付くことができます。特に，聴き手がライフレヴュー開始時と完了時のメモを見比べれば，なおさらです（巻末付録Eの，ベースライン評価の書式用紙はこのような比較に便利です）。単純に語り手に今どう感じているかを言ってもらうようお願いすることも，観察による変化の記録をメモするのと同様に，測定のひとつの方法です。一般的に，量的にも質的にもライフレヴューから得られる効果は一人ひとり違います。しかし，ライフレヴューの過程には，すべての語り手に共通する好ましい効果という結果があります。それらの効果は，以下に説明をします。

① 関連性と理解

これらの観察可能な結果のうち，まずひとつ目は見えるものではなく，むしろ感じるものです。それは，なぜ人生をそのように歩んで来たのかという，人生を首尾一貫し，それぞれの出来事を関連したものとして捉えた理解や感覚といったものです。理解というものが語り手に心の平安や満足感を与え，この理解あるいは最終的な関連性こそが統合に至るのを助け，人生を受け入れるのに必要なのです。ライフレヴューの中で思い出されたひとつひとつの思い出が，ちょうどすべてのピースがひとつにまとまり絵が完成するパズルのように，まとまって全体像を浮かび上がらせ，語り手は，人生の出来事について理解を獲得するのです。「物事」の理由を理解し，心のうちの疑問に答えを得た語り手は，人生を受け入れ始めます。いったん人生の「なぜ」を理解した語り手は，事実と事情を受け入れ始めます。過去の未解決の体験は新しい解釈でもって，語り手を過去の一連の事情のもとで選択した人生として，受容へと導いていきます。

② 自己受容

人生を理解し受容することで，自己受容（ライフレヴューを完了した語り手のうちに起きる重要な結果のひとつ）へと至ります。語り手にとって自己受容とは，過去に選んできた道は何であれ選択すべき道であったと再確認することです。それは，自己への敬意や人生を通じての自分自身への信頼へとつながっていきます。人生の「成功者」とは，自分自身や能力を信じてきた人たちです。幼少時の教訓や自分自身の失敗経験のせいで自分を信じなかった人たちは，それほ

ど成功しなかったかもしれません。

　ライフレヴューは，語り手に過去の否定的評価を反証し，過去を再解釈し，現在の自分を認め直す機会を与えます。自己受容は，ライフレヴューの中で検証してきたように，過去のさまざまな断片の再考と調和とともに，語り手が今の自分と過去の行動を承認することです。思い出される記憶は，時間の経過とともに違ってきて，今ではより受け入れやすくなってきているかもしれません。10代の頃には問題であったことが，今ではそれほど悪いことではなく，過去の事情からすればむしろその方が適切であったり，当然そうでなければならなかったことのように見えてきます。自己受容は満足感や幸福感に似ていて，自信として表れます。自分が好きな人は，もはや自分自身と対立していません。そのような人からは，落ち着きや自信が発せられます。

　③　意義の発見

　語り手がライフレヴューの中で過去を検証し，自分なりの人生の目的や存在理由を認める時，人生の意義が見出されます。語り手には，人生の経過とともにかわってきた複数の目的を見つける人もいれば，その人にとっての最大の目的に焦点を当てる人もいます。目的なしでは，存在意義も，動機も，頑張ろうとする確かな理由も，意味も，何もかも無いも同然と言う人もいます。人生の目的というのは，例えば職業などのさまざまな活動の舞台から浮かんできたり，壮大なものではなくても，語り手にとっては重要で確固たるものであったりします。目的は，語り手としてライフレヴューで人生を振り返るまで，しばしば本人には認識されないものです。その目的が認識されてはじめて，語り手にとって人生全体を通じて何が重要で何が重要でなかったのか，はっきりとわかるようになり，人生の意義を見つけ出すのです。

　例えば，学歴もなく手に職もない「ただの」専業主婦であるがゆえに，主な役割といったら育児であり，出世したとは感じられない語り手を想像してください。人生を通じて，彼女は重要なことを何も達成しなかったと感じていたかもしれません。例えば，自分自身を弁護士である妹あるいは有能なビジネスマンであるご主人と比較した時などはなおさらです。そして晩年になってようやく，ライフレヴューをした時に，彼女は人生の本当の目的とは，子どもたちをしっかりと育てることだったのだと気付きました。何も達成したものがなかったと感じるかわりに，今，彼女は，例えば母親思いで出世して立派な大人に

育った4人の子育ての重要性を改めて認めるかもしれません。このような自分の役割の真価を普段あまり認めない人は，一般的な仕事社会の基準で自分自身を測って，人生の中でたいしたことをしていないと感じています。しかし，振り返ってみた時に，目的というものが人生に意味を与えてくれていたことに気付きます。

その人の生き方やそのような人生を生きてきた理由に意義を見出すことは，ほとんどの人にとってとても重要なことです。多くの人はどうして物事がそのように起こったのか理由があるに違いないと信じています。ライフレヴューを完了した後，しばしば語り手は人生に意味を与えてくれた目的が何だったのかがわかります。そして，世の中にある自分自身の存在の重要性と居場所に気付きます。この認識とともに，しばしば語り手は，自分の存在意義を認める心の余裕ができ，自分の生き方にこれまでよりいくぶん満足するようになり，同時に余生を期待とともに待ち望むようになります。

④　つながりの再構築

ライフレヴューによる他の結果は，つながりの再構築です。つながりの再構築とは，人，趣味，親戚，過去のその他の人脈など，年月とともに忘れられたり失われたりした昔のつながりと再びつながるということです。ライフレヴューは，語り手に，古い友だち，昔取った杵柄，過去に成し遂げたこと，以前の人間関係など，過去のさまざまな活動範囲との関連性を取り戻させます。以前のこれらの関係や活動がいかに語り手にとって大切なものであったかを思い出すことによって，ライフレヴューは，語り手の過去に埋もれて失われていた人びとや物事とのつながりを提供します。日常の世界が狭まってきてしまった高齢の語り手であれば，ライフレヴューで思い出された昔の人間関係をよみがえらせたいと思うかもしれません。他者とのつながりの再構築は，独居生活の人，感情のはけ口の少ない人や，他人と関わらなくなってしまった人にとって，特に大切です。しばしば，「一匹狼」の人は，人とつながっていたいという欲求を失ってしまっていて，暮らしの中に他者がいることがどれだけ良いことかをライフレヴューが思い出させます。多くの語り手は，ライフレヴューの中でもうひとりの人（共感的聴き手）との関わり方を改めて学び，体験しながら他者とのつながりの価値を見出していきます。

古くからの友人や親戚とのネットワークを思い出すことによって，語り手は

再び友人へ連絡を取ったり，もし昔からの友人が遠くへ引っ越してしまったり，亡くなってしまったりした場合は，新しい友人を作ったりすることを促がされます。昔の思い出が頭に浮かんで，多くの語り手は再びこのような友情を体験したくなります。つながりの再構築は，過去の誤解ゆえに傷ついてしまった関係を修復するひとつの方法です。仲違いしてしまって，お互いを許すことを潔しとせず，連絡を取り合うことをしなくなってしまった兄弟姉妹があるかもしれません。このような無意味な確執は，どちらか一方が亡くなるまで，長年にわたって続くこともあります。そうなれば，昔はとても大切だったこのような関係は，もう修復することはできません。このような昔の誤解を語る語り手には，なんて馬鹿なことをしているのかと気付き，まだ修復できるうちに仲直りをしようと，自分から再び連絡を取ろうと勇気を振り絞る人もいます。

　過去の技能や力量への再関連は，過去の友人と再び関係を取り戻すのと同様に重要なことです。語り手は，過去にどのように問題を解決し，不幸を乗り越えてきたかを思い出し，そこから以前はどれほど有能であったかを思い出し，そして今でもまたそうなれるのだと励まされます。語り手は昔楽しんでいた趣味を思い出し，今また興味を新しくするかもしれません。例えば，ゴルフをしたり，絵を描いたり，木の彫り物を作ったりなどです。過去と再びつながり，当時のような気持ちを取り戻す語り手にとって，残された人生は可能性でいっぱいになります。

⑤　体験の共有

　ライフレヴューは，語り手に数週間にわたって共感的聴き手と人生の良い時の思い出も悪い時の思い出も共有する機会を与えてくれます。実際，ただ思い出を言葉にするだけでもひとつのライフレヴューとなり，そのような有意義な体験を共有することができます。ライフレヴューの中で共有された体験は，単純に語り手の人生において重要だった出来事の打ち明け話であったり，共感的聴き手への信頼の現れであったりかもしれません。もし打ち明け話が辛いものであれば，共感的聴き手と共有することによって，その辛さが楽になります。なぜなら他者と共有することで，重荷は軽減されるからです。逆に，共有される体験が喜ばしい思い出であれば，共有することによってその喜びは倍増します。そして，語り手と聴き手の双方ともが一緒にその喜ばしい出来事を追体験することができます。他者を反響板として利用できるということは，語り手の

重荷の重さや喜びの大きさに大きな違いを生みます。

　ふつう，親友というのは，共有するというニーズを満たしてくれる存在ですが，晩年では多くの人の親友は亡くなっていたりします。共感的聴き手は，そのニーズを満たすことができるだけでなく，往々にして親友よりも上手にそのニーズに応えることができます。聴き手は他人であり，その過程に客観性をもち込みます。人は，親友や家族，その他の親しい人といる時，しばしば立派な外見を保たなければいけないと考えがちです。ライフレヴューにおいては，「他人の関係」ゆえに，語り手は相手の反発を恐れずになんでも打ち明けることができます。共感的聴き手は，赤の他人であり，二度と会うことのない人かもしれません。聴き手は，語り手が赤の他人である聴き手の価値を認め，ライフレヴューの中で打ち明け，重荷を共有できるよう援助しなければなりません。

⑥　絆の形成

　絆とは，愛情と信頼に基づいた語り手から聴き手への心理的な愛着です。語り手は，非常に陰うつな思い出を共有したとしても，聴き手が無条件の肯定的受容で受け止めてくれることを体験します。ライフレヴューは，協力することであり，限られた間だけの友人関係であり，語り手が聴き手を無二の親友と捉え，信頼して秘密をも話すことができる関係です。多くの語り手にとって，ライフレヴューは，絆という他者との親しさを感じる感覚やつながりを味わう初めての体験です。絆はふつう，ライフレヴューの訪問第4回の間に，2人の関係における信頼の結果として現れてきます。語り手がライフレヴューの関係の中ではじめて信頼を感じる時，他者と思っていることを交えるという機会に魅了され，それはさらに強い絆を形成します。

　語り手の中には，それ以前に他者との絆を全く経験したことがない人もいます。彼らは，ライフレヴューの中でしばしば感じられる安心感や愛情という感情をもったことがないのです。絆という現象を今まで体験したことのない人にとっては，少し時間がかかるかもしれません。しかし，絆を形成する体験に気付き，味わう語り手は，しばしばそれ以後にできる関係に同様の体験を求めるようになります。ライフレヴューの経験の結果，語り手には同年代の人々により心を通わせられるようになったり，同年代の親友を作りたいと思うようになったりする人もいるでしょう。ライフレヴューの中で，彼らは信用できる誰かがいるという気持ちを学んだのかもしれません。

⑦　カタルシス

　カタルシスとは，ストレスや心の中の問題を浄化する行為です。それは，最終的に感情の解放や心の中の問題からの脱出という結果をもたらします。この感情の浄化は，特に気付かないうちに起こることもしばしばです。語り手はただ単純に気が晴れたと感じ，前より気分が良くなったのは聴き手のおかげだと言う人もいるでしょう。実際には語り手は，切迫した気持ちを解放し自分自身でカタルシスを行っただけで，聴き手はこの解放と安堵には直接関与していないのです。しこりとなっている出来事を気持ちがすっきりするまで話すよう励まし，語り手を正しい方向に導く以外は，すべて語り手自身がしていることなのです。

　カタルシスは，思い出した困難な記憶を何度も話してもらうことでよく起こります。繰り返しの行為は，語り手にその出来事をさまざまな異なった角度から検証させ，聴き手に肯定させ，やがて語り手自身がより良い理解をし，受容できるようにします。思い出を反復することによって，心の痛みはしだいに軽減され，やがて消えていきます。そのようなカタルシスを体験したあとは，語り手はしばしば感情的に解放され，人生を前に進められるようになります。

⑧　今後の見通し

　構造的ライフレヴューの過程は，記憶を呼び起こし過去を改めて整理するとともに，語り手に今後の見通しをもたらします。8週間にわたって過去についてゆっくり考えることで，語り手は過去を後にし，現在の事柄について前向きに進んでいく準備が整います。現在の事柄というのは，往々にして，やってみたかったけれども今まで機会がなかった活動であることがあります。また，語り手は今後を心に描き楽しみにすることができるようになって，生き生きと楽観的になることもあります。

　過去の問題の解決あるいは改めて良い人生だったと気付くことには，人を自由にする特色があります。中には，もはや長年の未解決の問題には悩まされていないように見える語り手もいます。この解放はやる気を起こさせます。語り手はそこから新しい活動の予定を立てたり，人間関係を新しくしたり，あるいは家族へ働きかけたりすることができるようになります。また，語り手は，以前達成できなかった課題ではあっても，ライフレヴューの結果，新しい意義をもつようになった課題を達成する計画を立てることができるようになります。

悩みのなくなった語り手には，多くの機会が待っています。

　⑨　新たな活気

　ライフレヴューを完了すると，人生を前向きに進め，さらに何かを成し遂げようという新たな活気が出てきます。この新しい活気は，ライフレヴューの結果として得た今後の見通しと関係しているのかもしれません。新たな活気は，ライフレヴューを始める以前にあった無関心を払拭することができます。活気に満ちることはしばしば楽観的な気持ちになることと結びついています。長年の心の荷物を処分することで，語り手は楽観的な気持ちと活気を取り戻すのです。その新たな活気で，語り手は今後の予定を立て，生きる喜びを示すようになります。

　⑩　安　心

　ライフレヴューの結果，予想されるもうひとつの効果は安心で，落ち着いた気持ちとして現れます。ライフレヴューを終えた語り手は，静穏，平静，沈着といった新しい心境に至ります。自分の歩んで来た道や自分自身がよくわかり，またその知識のおかげで，これからどう進んでいくか舵を取ることができるのです。自分自身にゆとりを感じられている人は，幸福であり，将来と向き合う準備ができています。

　⑪　良　き　死

　ライフレヴューを終えたことで得た幸福感と心の平安は，非常に高齢な人や病に伏している人にとっては，違った様子で現れるかもしれません。もしも高齢で，衰弱し，また病気である場合，死は避けられませんが，その死は穏やかなものであることが見込まれます。平穏な死というのは，ライフレヴューによってもたらされる良い結果のひとつです。多くの緩和ケアセンターでは，ケアの一部として何らかのライフレヴューあるいは回想法が利用されています。そして，亡くなったあともご家族が引き続き姿を見られるよう，ビデオにまとめる施設もあります。また，私たちがするようにインタビュー形式にまとめるところもあります。どのような形式かにかかわらず，ライフレヴューを行うことは，語り手にとって終焉を迎える助けになり，死を受け入れることを容易にしてくれます。

　1800年代初頭に，作家のトルストイは，平穏な死は人生を振り返ることで得られると書いています（Tolstoy, 1960）。トルストイは，イヴァン・イリックの

死について，長期間にわたる激しい闘病の末，最後の数日間「人生の振り返りの中で過ごし」，それから平穏のうちに横たわり，埋め合わせをするために家族を呼んだあと，目を閉じ，亡くなったと書いています。ライフレヴューを通して，イヴァンは未完了の課題や悩みの種を処理しました。これを済ませたあと，彼は安心して死を迎えることができたのです。

6 　ま と め

これまでにあげた例は，私たちがライフレヴューを完了した人々を観察した結果です。これらの観察の結果は主観的なものであり，研究でテストされたものではありませんが，語り手を見てきた多くの聴き手の人々やそのような効果を体験された語り手の人々から報告されたものです。聴き手と語り手の両方による体験報告ですから，実証するためのテストはなされていませんが，「推薦図書」に掲載されている文献で報告されている根拠に基づいた効果と同じように重要なものです。訪問第8回は，語り手と聴き手の間の最後の訪問であり，これで構造的ライフレヴューの過程における活動を一通り終えたことになります。

第III部

構造的ライフレヴューの目的と結果

第11章
構造的ライフレヴューの多様な目的

　回想することで人生は新しく生まれ変わる。　　　　　　　作者不明

　この章では，構造的ライフレヴューの過程のさまざまな目的についてご紹介します。ライフレヴューの過程は治療的であり，参加された方のほとんど全員が恩恵を受けます。以下にあげる例は，私たちの経験に基づいた最も一般的な応用方法です。

　構造的ライフレヴューは，非常に広い範囲で応用が可能です。これまでライフレヴューは，主に高齢者のために利用され，特に長期介護施設への入居や，緩和ケアへの入院，あるいは認知症やうつ病の発症などの，人生において重要な出来事や悲劇的な出来事のあとに，その効果を発揮してきました。他にも効果的に利用できると思われるのは次のような人々です。

・大切な人の死や大切な物の喪失の後の悲嘆にくれている人
・長期間にわたって入院中の人
・内省的，孤独，あるいは疎遠になった人
・職を失ったり，突然退職を余儀なくされたり，昇進の可能性を失った人

　言い換えれば，ライフレヴューは非常に強いストレスを感じている人や，大きな目標を達成できなかった人など，どんな人にも応用が可能です。想像力次第で，応用の可能性は無限大です。

　私たちの経験に基づいた目的を，例えば認知症の人々のような特定のグループに合わせた過程の調整例を以下の節で詳細に紹介します。さらに，その他の語り手や利用可能な場の例と続きます。

第Ⅲ部　構造的ライフレヴューの目的と結果

1　転居と移動

　構造的ライフレヴューは，生涯にわたって慣れ親しんだ家から，介護の付いた場所へと移らなければならない高齢者に特に役立ちます。入居して間もない人は，新しい場所や人に慣れる必要があるだけでなく，以前の慣れ親しんだ居場所や利便性の喪失に慣れなければなりません。転居は，たいていの場合しかたのない状況によって強いられたものであり，そういう意味で自らすすんで決めたものではありません。新しい環境に移って来た時には，施設そのもの，食事の時間，よく顔を合わせる人など，適応しなければならないことはたくさんあります。しばしば，すべてのことが不慣れなゆえに，孤立したように感じます。誰かに悩みを打ち明ける必要があるにもかかわらず，新入居者には本当に信用できる人がいないのです。

　共感的聴き手は，まさにその信用できる人となることができます。そして，理想的な反響板としてつながりがもて，悩みを打ち明けられる，頼れる存在となることができるのです。しばしば，入居したての語り手は，ライフレヴューに加えて，転居に伴う現状の辛さについて思いを打ち明けるためだけの訪問を必要とします。もし語り手ではなく，誰か（子どもや親戚の場合が多いかと思いますが）が入居を後押ししたのであれば，意に反して決められた選択に語り手は怒りを覚えているかもしれません。そうであれば，彼らは怒りに対処しなければなりません。驚くことに，現状の辛さを声に出すために行った訪問の翌週には，ほとんどの語り手がライフレヴューの過程を始める心の準備ができています。一度始めてしまえば，この手のグループにあてはまる語り手には，その他の調整は必要なく，これまでに本書で説明した過程のとおりにライフレヴューを進めてかまいません。

　ふつう，新入居者である語り手は，ライフレヴューの過程の中で新しい環境に適応していきます。新しい環境への適応とライフレヴューとの間には，社会的サポートとしての，共感的に聴いてくれる耳のような存在（つまり共感的聴き手の存在）とその過程に参加している期間の長さ以外には，直接的な相関関係を示す研究結果はありません。しかし，構造的ライフレヴューの8週間という時間枠の中で，語り手は彼らの置かれた状況を受け入れていくように見えま

す。構造的ライフレヴューは，入居したての時に比べて全般的な健康状態や生活満足度を向上させることがわかっています。そしてそれは適応状態にも影響してきます。仮にライフレヴューがなければ，入居後に語り手の状態が（絶望感の増加あるいは全般的な健康状態の増加の）どちらに転ぶかわからないことからも，この手の危機にある人たちに対してライフレヴューの好ましい影響は証明されています。

2　うつ病の予防

　構造的ライフレヴューの過程は，うつ病を予防するのにも効果的な手段です。多くの高齢者は，何重もの喪失に耐えていることから，うつ病の危険度の高い状態にあります。転居のうえに，多くの人たちが配偶者の喪失，自立感の喪失，あるいは障害や新たに診断された病気による健康の喪失を経験します。独居生活にはさまざまな危険がありますが，何百万人もの不幸な高齢者が誰にも頼らずに生活を続けようと労苦していて，その結果うつ病にかかる危険度を高めてしまっています。多くの人が塞いだ気分を老化現象の一部と考え，疑問に思うことすらなく受け入れてしまって，自分がうつ病であることを否定します。自分の不幸せな気分を気にかけないのは，そのように感じることが当たり前だと思い込んでいるからです。それゆえ助けを求めることもしません。また，治療や薬のためのお金がないか，精神保健福祉を受けることを恥辱，すなわち弱い人たちのためのものと考えているのかもしれません。

　それにもかかわらず，うつ病になりかけている危険度の高い人たちは，ライフレヴューを楽しみ，その過程から恩恵を受けます。ライフレヴューのことを，対話を楽しむ自然な過程だと考えているのかもしれません。口頭伝承に慣れていて，語るのが楽しいという人たちもいます。このように，ライフレヴューに参加し人生を語ることで，癒しが起こっていることに気付くことすらなく，治療的効果の恩恵を受けているのです。治療を忌み嫌いながら，一度ライフレヴューを始めると，たいていの人が最後まで行い，最終的に8週間の時間枠すべてに参加する傾向があります。彼らが参加を了承するよう，ライフレヴューへ上手に引き込むことは，彼らのために聴き手ができる最良のことかもしれません。

3 依存症からの回復

　以下の事例は，非常に変わったライフレヴューです。1回限りの事例で今のところその後は二度となく，検証も行われていませんが，とてもやりがいのあった事例です。ある30代の若い女性が高層マンション内の看護クリニックに来院し，リハビリセンターから退院したばかりのサポート体制の無い状況で，これからアパートで自立していけるよう支援が必要だと言ってきました。座って話を聞くと，すぐに，関係してきた男性の悪い影響でいやいやながらではあるものの，およそ15年間も薬物依存症だったということが判明しました。今度こそは，児童養護施設に預けられている娘のためにも麻薬を常用せず，娘を自分の手で育てたいということでした。

　私たちの薬物依存治療に関するノウハウはほとんど皆無でしたが，私たちはそのクリニックでライフレヴューの進め方を学生たちに教えていたので，その女性がライフレヴューに参加してみるかたずねてみました。彼女の答えは「はい」でした。彼女は私たちを頼みの綱だと思っていたので，私たちは彼女のライフレヴューを行うことにしました。障害のある多くの語り手の例に違わず，彼女は子どもの頃に受けた虐待の話や，家出の話，失敗に終わった2度の結婚の話，容易に手に入る麻薬の話などをしました。その間も，次々と給料の良い仕事2つに恵まれ，彼女は良き母親だったということでした。しかし，夫が麻薬パーティーに参加したがらない彼女に腹を立て，彼女を逮捕させて，娘を児童養護施設に送ってしまったというのです。

　彼女は利口でしたが，じっと我慢するおとなしい女性でした。高層マンションは都市の中にあり，田舎出身の彼女はバスが怖くて乗れませんでした。これまでの乱れた生活を脱した彼女は，今すぐに生活を安定させる必要がありました。パソコンには触ったことがありませんでしたが，就職のためにも覚えようというやる気でいっぱいでした。そこで，ひとりの作業療法士をめざす学生が彼女を担当することになり，毎週図書館行きの違うバス路線を教え，図書館でパソコンの使い方を指導しました。今では彼女はガラス会社の受付として，パソコンを使う仕事をもち，娘とともに自立した生活を送っています。麻薬はもう彼女の生活の一部ではなくなりました。

これはライフレヴューに無限の可能性があることの証拠として，年齢に関係なく応用できることを示す事例です。ライフレヴューと作業療法の組み合わせがこの女性にはうまくいって，彼女は麻薬に近寄らず，充実した生活を送る手助けとなりました。

4　終末期の人

　終末期を迎えた人々が，この世に残された務めを全うし安らかに逝くのを手助けするのに最も有効な方法のひとつが，本書で述べてきた構造的ライフレヴューの過程です。1度，死が避けられないものだという事実に適応できると，人は人生を整頓したくて仕方なくなります。ある人にとってそれは遺書や遺産相続という形であったり，家族計画や葬儀の執り行いの計画であったり，あるいは終末期のケアに関する手はずであったりします。「未解決の課題」がないのであれば，このような必要な準備ができた時初めて，心に平安を得るのです。もしも未解決の課題があれば，語る時間が必要であり，しばしば最初に自分の臨終について語りたいと思うものです。終末期の人は，昔の問題を片付け，安心して死を迎えたいと感じます。ライフレヴューは，何もできなくなってしまった終末期の人たちに，人生終盤の出来事について自分で何かをしているという実感を与えてくれます。死に臨んでいる人は，年齢に関係なく，あとに残していく自分の生き様を振り返り，生きた証をどんな形で残していくかを考えることに非常に熱心なものです。死ぬということは，未知とのやりとりであり，とてもプライベートなものなのです。

　構造的ライフレヴューを行ってきた私たちの経験は，終末期を迎えた人々の中でも，とりわけ緩和ケアの患者か骨髄移植を待っている入院患者が対象でした。そのような状況にある人は，死は避けられないものとしての意識がとても高く，まだいろいろとできる間にできるだけのことをしたいと切望するものです。あるひとりの患者は，幼少時代に兄から受けた性的暴力を打ち明けたあと，その事実を死ぬ前にどうしても兄に面と向かって突きつけたいと思っていました。対峙することはライフレヴューの一部ではなく，患者が自分でしたことであり，ライフレヴューは問題を心の中心に据え，患者に熟慮する機会を与えたにすぎません。彼女には，どれだけ傷ついたかを兄に話す必要があったのです。

兄は，長年この暴力の罪の意識を心にもち続けて疎遠になっていて，どうやら彼自身妹に会ってこのことについて話をするのを望んでいたようです。2人の再会は，兄にとって妹に謝って許しを請う機会を得るものでした。結果として2人の関係は修復され，彼女が亡くなるまでの数週間，もとの関係を取り戻したのでした。ライフレヴューの過程がきっかけとなり，穏やかな死という結果をもたらしました。

　終末期の人に行う場合，ライフレヴューにはひとつだけ大きな調整を加える必要があります。共感的聴き手は，語り手のその時々の身体的状態を加味して一人ひとりに合うようにライフレヴューの時間を仕立てなければなりません。疲れやすい終末期の患者にとっては，より短時間で，より頻繁な訪問の方がうまくいくということがわかりました。ライフレヴューの過程に注意を向け，1時間集中し続けることは，彼らにとってきついことです。そういうわけで，私たちはこのような人たちの訪問を週に2回，約30分ずつ行うことにしました。

5　喪と別れ

　ライフレヴューの過程は，喪と別れを経験した人にとって悲嘆に対処する手助けをするのに役立ちます。死別のあとは，亡くなった人と過ごした大切な時間を思い出すことが，しばしば心の安らぎになります。例えば，姉を亡くした女性であれば，小さい頃に一緒に人形で遊んだり，ショッピングや初めてのデートなど，思春期に一緒に楽しんだ共通の話題について話したりした当時を追体験することができます。やがて，結婚式や結婚生活，そして姉と自分が遊んでいた時のように遊ぶ自分たちの子どもについて楽しく思い出すことができます。そのようなライフイベントの記憶は，思い出されることで残された人に癒しをもたらします。ライフレヴューが完了するまでの間に，悲嘆作業をある程度済ますことができるのでしょう，しばしば残りは自分自身で行う準備ができているものです。

　終末期の男性の家で行われたライフレヴューの事例では，Xさん夫妻のために例外的な調整を加えました。妻は，終末期の夫を共感的聴き手ひとりの手に委ねることを心配しました。なぜなら，夫が何か必要な時に聴き手ひとりではどうしたらいいかわからないのではと考えたからでした。それに，夫も妻がそ

第11章　構造的ライフレヴューの多様な目的

ばにいることを望んだので，妻がベッドサイドにいる中でライフレヴューを行わなければなりませんでした。夫は，妻とは学童時代一緒に学校に行った仲であり，たくさんの共通の友人や思い出を共有していると語ってくれました。妻には，たとえ夫が話している最中に疲れてきたとしても，話のほとんどを夫に任せること，そして，もし，夫が妻に話をかわって欲しいと言えば，その時に限って加わってかまわないということを了承してもらいました。ライフレヴューの過程は，笑いと涙に満ち，妻も指示したとおりに行動してくれ，とてもうまくいきました。私たちは，思い出の共有が続けられ，各訪問の間も毎日2人の間でライフレヴューが続けられていたことに気付きませんでした。2人とも一緒にライフレヴューをすることにとても熱中し，非常に楽しんでいました。ライフレヴューの訪問第6回では，妻は玄関先で，夫が前夜に亡くなったという胸が痛むニュースを伝えてくれました。取り乱しているようでもなく，葬儀の手配や翌日の子どもたちの到着などについて教えてくれました。また，夫に関することや夫がいなくなってどれだけ寂しいかを語ってくれました。何か手助けが必要なことはないかたずねると，何もないと答えました。それから彼女は，ライフレヴューが2人にとってどれだけ有意義だったか，また，ライフレヴューをしながら，すでに避けられない2人の時間の終焉について一緒に悲嘆作業を済ませておいたことが，今になって，夫の死に際して最善を尽くすことができたと受けとめるのにどれだけ助けとなったことかを語ってくれました。

　数週間後，フォローアップの訪問でわかりましたが，彼女は古くからの交友関係を取り戻し，昼食を食べに出かけたりして，感心するほど上手に夫の死に対処していました。彼女は良い精神状態を，夫と行ったライフレヴューのおかげだと言って，惜しみない感謝の意を表しました。

6　認知症高齢者

　ライフレヴューを行うのに最も構造的な調整を要するのは，認知症高齢者の介護をしている家族です。認知症とは，認知能力の低下を含むさまざまな病状の総称であり，いわゆる症候群と呼ばれるものです。代表的なものでは，アルツハイマー病があります。アメリカでは，85歳以上の人の50％がアルツハイマー病を発病しています。この病気の悲劇的な点は，2つの被害者が存在する

219

ということです。それは，介護者（家庭で認知症の人を介護する人）と被介護者（認知症の人）です。どちらも自分自身のライフレヴューをすることで大きな恩恵を受けます。

認知症の人の介護者

　ライフレヴューは，介護者の慢性的なストレスを軽減します。慢性的なストレスは，しばしば別の病気の原因となります。ふつう，介護者は，訓練を受けていない一般の人で，大きな負担が肩にのしかかってストレスの原因となっています。共感的聴き手は，介護者のためにも他の人に行う時と変わらず構造的には同じ過程を用います。介護者のライフレヴューには，若干の調整しか要しません。例えば，介護者が座って1時間語ることができる時間にスケジュールを合わせて訪問することです。介護者は普段忙しく，被介護者に集中しているので，自分自身に焦点が当たる会話を特にありがたく感じます。このようなライフレヴューでは毎週1時間，介護を受ける側の人にではなく，むしろ介護者自身に，自分のアイデンティティをケアするための時間を提供します。

認知症の人

　認知症の人のためには，多くの調整を要します。なぜなら，彼らの認知的欠陥と薄れ行く記憶を見込んでライフレヴューの過程を調整しなければならないからです。最近まで，認知症の人には構造的ライフレヴューは難しすぎると信じられてきました。しかし，最近の研究では，驚くべき結果とともに彼らにも取り組めることがわかりました。振り返り（レヴュー）が進むにつれて，認知力の低下に合わせた調整をライフレヴューの過程に施していたのですが，その結果，行き着いた技術については，以下に概要を述べます。
　この手引書で示した構造的ライフレヴューは，病状の初期に最も有効です。アルツハイマー病の初期段階であれば，構造的ライフレヴューの構造をより容易に理解することができ，思い出せる記憶がより多くあります。また，初期であれば，認知機能もまだ高く，過去の問題を解決するのに必要な捉え直しができます。アルツハイマー病の人を介護したことのある人なら誰でも知っていることですが，症状が進行するにつれて困惑するようになり，意図はありながらも一見目的がないような徘徊などの混乱した行動などが目立ってきます。もし

ライフレヴューの過程が，不安を引き起こすような見とおしを早期に解決することができるなら，語り手はしばしばそれ以降，その特定の思惑によって困惑するようなことはなくなり，病状は若干落ち着きます。

ライフレヴューの過程は認知症の初期段階において最も有効ではありますが，それ以降の進行状態においてもまた有効です。より症状の進んだ段階の人とでも，コミュニケーションが取れる間はライフレヴューを行うことは可能です。末期の段階では，記憶を促すためにもっと道具を使うことが必要になってきたり，語り手と聴き手双方に，より多大な労力が必要となってきます。この手引書にある通常の過程に従い，毎週訪問するごとにひとつのライフステージを扱いながら，応用セクション（第Ⅱ部）で設定されたガイドラインの流れに沿って行うと良いでしょう。また，アルツハイマー病のない人にも使用するように，同じカウンセリング技術と面接技術を使用すると良いでしょう。

認知症の人のためにしなければならない調整は，手順を進めるうえで，十分に考える時間を与えるために，よりいっそうゆっくりと行わなければならないということです。病気のせいで，彼らの思考は遅くなり，よく考えるようになります。また，間違いを犯すのを恐れているので，よけい慎重になります。さらに，短い集中力なりに一生懸命考えるために，疲れやすくなっていることでしょう。

注目を浴びることや再び自分自身について考える機会が与えられることを喜んでいるように見えるかもしれませんが，アルツハイマー病の人にとって，ライフレヴューは大変な努力を要するものであるということを忘れないでください。実際，彼らは積極的に参加できることに満足感を感じています。ですから，短い時間での，より頻繁な訪問にとてもよい反応を示してくれるでしょう。認知症の人にとって，30分ずつ，週2回の訪問がおそらく最良のペースです。なぜなら，30分ずつの訪問を16週にわたって行うより，次の訪問までの時間が短く，忘れづらくなるからです。

ライフレヴューの構造に沿って進めることは，アルツハイマー病の人にとって難しいことではありますが，非常に重要です。語り手が認知症になってどれくらい経過しているかにもよりますが，思考能力と計画的に進める能力をしばらくの間使っていなかったかもしれませんし，少なくとも練習不足なのは確かです。とはいえ，まだまだ能力自体は残っています。アルツハイマー病の人に，

きちんとした枠組みの中で記憶を呼び起こしてもらうよう励ますことによって，聴き手はより整然と考える力を維持するお手伝いをすることになるのです。整然と考えることはライフレヴューの目的ではありませんが，MMSEのスコアが向上するのは悪い効果ではありませんし，アルツハイマー病の人にとってわずかにでも自信となるかもしれません。脳の生理的構造を改善したり，変化させたりすることは不可能ですが，アルツハイマー病の人の考え方をわずかにでも整然としたものに変えるのは可能です。

① 糸 口

アルツハイマー病の人は，記憶がはっきりしていないことが多いため，過去の出来事を思い出してもらうには，体を使ったものや言葉でのいとぐちが必要な時があります。ひとつ思い出せば，関連した出来事を思い出し始め，ライフレヴューの過程が進みます。1番良いいとぐちとなるのは家族や友人などの昔の写真です。1枚1枚時間をかけて，それぞれの写真についていろいろ話せるように心掛けてください。「覚えていますか？」と聞くようなことはしないでください。記憶に問題がある人にとって，「覚えていますか？」という質問は不安を増長させてしまいます。かわりに，「この人は，以前話してくれたエドおじさんではないですか？」というふうにたずねましょう。そうすれば語り手は，あなたの言ったことが合っているとか間違っているとか言ってくれるでしょうし，またもしエドおじさんがその人にとって重要な人物であれば，もっとくわしく語ってくれることでしょう。

家族や自分の写真を全く持っていない高齢者もいます。特に貧困家庭に生まれ育った人はそうです。どこで生まれ育ったかによりますが，その土地の古い建物や有名な場所を見つけて写真に撮ることは可能ですし，そのような写真は記憶を思い起こさせる目的においては昔の写真と同様に効果的です。例えば，ある女性の語り手は，教会のグループ写真によって，その教会での自分の結婚式や聖歌隊で歌っていた頃のことを思い出しました。また別の語り手は，とにかく食べ物を十分に確保することに固執していたので，食べ物の写真によく反応を示しました。魚を見せれば，その男性は兄弟と魚釣りに行った時や，彼が釣った大きな魚のおかげで家族が食いつなぐことができたという貧困だった頃の思い出についてせきを切ったように話し始めたものです。どちらの人も，一般的な写真で十分なライフレヴューを完了することができました。

第11章　構造的ライフレヴューの多様な目的

　親しみのある物，例えば昔ながらの洗濯板やその他の昔の実用品も，アルツハイマー病の高齢者の記憶を思い出させることができます。小さな骨董品の道具，台所の食器，昔の雑誌，古いポストカード，昔のレコード，昔の衣装などは，どれも思い出を呼び起こすのに使えます。触ったり抱えたりできる形のある物は，回想を容易にしてくれます。もし語り手のお宅にいるのであれば，過去の思い出を呼び起こすかもしれない思い出の品々が飾られてないかに注意して，家の中をよく見回してみてください。そして，回想法で使用する通常の道具と同じように，そんな思い出の品を使ってみてください。語り手の過去について教わりたいと努力を惜しまない聴き手には，たいていの家族のみなさんは，とても協力的です。きっと語り手の好きな物など，語り手についていろいろと教えてくれることでしょう。

　五感への刺激は語り手に過去を思い起こさせてくれます。特に匂いは，記憶を最も鮮明に思い起こさせてくれます。このように，記憶を呼び起こす後押しをするために使用する思い出の品々は，触ったり，嗅いだり，聴いたり，味わったり，見たりすることができるものを選びましょう。ある男性の語り手は，母親がパンを焼いていることについて語り出しました。

　　　わしにとって，パンを焼いている匂いっていうのは，真冬の寒い日々と，パン生地が炭火のオーブンの傍で暖められて膨らむのを待っているのを思い出させてくれるよ。それから，特に金曜の夜の，パンやトマトスープの夕食だな。今でも大好物なんだが，ひとつ残念なのは，あの特別なパン（フライパンを使ってバターで揚げ，暖かいまま食べるパン）がもう手に入らないってことだよ。

　また別の語り手は，匂いよりも音楽や昔の曲の方に反応を示すかもしれません。共感的聴き手は記憶を呼び起こすために，うまくいく方法が見つかるまでさまざまな手段を試す必要があります。なぜなら，人によってどのようなものが引き金やとぐちになって反応を示すかは違うものだからです。

　ライフレヴューが進み，現在に近づくにつれ，出来事の記憶はぼやけてきます。ですから，成人期の記憶は児童期の頃の記憶ほど鮮明ではありません。アルツハイマー病の人は，短期記憶の喪失があり，最近のことよりも昔のことの方が容易に思い出せます。おそらくこれが，アルツハイマー病の人がライフレヴューをとても楽しむことができる理由なのでしょう。そして，人生の初期に

ついて語っている間の数週間は，よく思い出すことができるということを経験します。そうした成功体験は，限られた期間だけです。それは，例えば，認知症がどこまで進行しているかによりますが，4週間だけかもしれません。自力で思い出せる思い出を出し尽くしてしまった時には，すでに語られた思い出を繰り返し回想したり，ライフストーリーブックを制作することで，ライフレヴューのまとめをしたりすることが必要となってくる語り手もいるかもしれません。

② ライフストーリーブック

ライフストーリーブックは，アルツハイマー病の語り手に人生の体験を要約してもらいながら，人生を象徴する数々の写真を自分で選んでもらって，構成していきます。自分で選んだ人生を象徴する写真について語り手に語ってもらいながら，共感的聴き手はメモを取り，語り手自身の言葉を使って，ライフストーリーブックに貼った写真の下に配置するよう，短い見出しを選考します。ライフストーリーブックが形になったら，語り手と聴き手は一緒に見直していきます。そして，語り手にとって違和感のあるものは取り除いていき，最終版を完成させます。完成したライフストーリーブックは，わざと少々シンプルなものにしておく方が，認知症がさらに進行したあとも，語り手が引き続き自分のライフストーリーに自分を重ね合わせやすくなります。

共感的聴き手は，まとめと評価をする段階である訪問第6回と訪問第7回をライフストーリーブックの制作にあてると良いでしょう。他の語り手と違い，失認のせいで，アルツハイマー病の語り手にとってまとめや評価をするのは容易ではありません。しかし，過去を再び振り返りながらライフストーリーブックを作ることで，まとめや評価をするのは可能になります。語り手は聴き手に，どの写真や思い出をライフストーリーブックに収めたいのか具体的に教えてくれます。ライフストーリーブックは，人生の評価の手助けとなり，完成後は作品として残るだけでなく，症状が進むにつれ，語り手にとって自分が誰であるかということを思い出させてくれる存在となっていきます。また，安らぎの源となり，語り手や家族にとって宝物になります。家族はしばしばライフストーリーブックを取り出し，コミュニケーションのツールとして，語り手と意思の疎通を図ったり，一緒に過去を回想したりするのに利用できます。

ライフストーリーブックの制作途中，アルツハイマー病の人は，昔のことを

しばしば家族が思い出すのとは違ったように思い出すことがあるということを忘れないようにしましょう。ライフストーリーブックは，たとえ家族にとっての事実と違っていたとしても，語り手にとっての事実を映し出す物であるべきです。例えば，3人の息子さんをもつある男性がライフストーリーブックの制作途中，何度か息子はひとりしかいないと言い出し，その息子の写真しか収めたがりませんでした。その男性は，他の2人は別の男性の子なのだと信じ込んでいて，2人の息子さんの写真をライフストーリーブックに収めるのを拒否しました。幸か不幸か，ご家族は近くに住んではいませんでした。アルツハイマー病の語り手と息子さんたちは疎遠になっていて，ライフストーリーブックは語り手の希望どおりに制作することができました。

　通常，ライフストーリーブックの制作において家族の協力はとても重要です。共感的聴き手にとって，ライフストーリーブックの制作のために必要な写真やいとぐちを見つけるのに，家族の助けは欠かせません。家族がどれほど協力してくれるかの度合いにかかわらず，このライフストーリーブックは語り手のものであり，家族のものではありません。家族は，内容に関してのアドバイザーではあっても，著者ではないのです。時には難しいことですが，著者である語り手のためにライフストーリーブックの内容を擁護し，語り手の望む内容だけを収めるよう，努力しなければならないこともあります。

　③　ライフストーリーブックに関する守秘義務
　ライフストーリーブックには守秘義務の問題は特にありません。というのも，ライフストーリーブックは，それを制作した語り手が所有するものであり，それが本来の目的だからです。構成を決めていく過程を通じて内容は何度でも変更することが許され，語り手が家族と共有したいと思うエピソードだけを残して，他は削除していきます。ふつう，その過程でプライバシーに関わるデリケートな内容は削除します。なぜなら，完成したライフストーリーブックを語り手が使うようになると，周りの人に見せるようになったりして，しばしばその内容が他の人の目にさらされることになるからです。そういう意味でも語り手が，ライフストーリーブックの保管者であり持ち主なのです。

　④　ライフストーリーブックの結果
　制作した人の家族からの報告によれば，ライフストーリーブックには楽しみ以外にも，役に立つさまざまな目的があります。ライフストーリーブックを作

った，あるアルツハイマー病の女性は，病院の救命医療病棟に入院しました。もちろん，誰にとっても不安になるような場所ですが，アルツハイマー病の人だったらなおさらのことです。彼女は好戦的になり，スタッフの言うことに耳を貸さず，常に家族の誰かがそばにいなければなりませんでした。やがて，家族のひとりがその女性のライフストーリーブックを持参すると，語り手である彼女がそれを見るたびに落ち着きを取り戻すことがわかりました。その結果，同様に病院のスタッフも彼女が動揺したり興奮したりした時にはいつでもライフストーリーブックを渡すことにしました。ライフストーリーブックによってその後も彼女の心は安らぎました。

　ライフストーリーブックは，ライフレヴューの終了後も長い間，語り手にとってのコミュニケーション手段として役立ちます。また語り手がより混乱した時や忘れやすくなった時には，適応させるためのツールとしての役割も果たします。語り手は，ライフストーリーブックを見て楽しみながら，以前の個性ある自分を再発見するのです。

7　その他ライフレヴューを語る人

　あまり多くありませんが，ライフレヴューの恩恵を受けると考えられるその他の語り手との私たちの経験は，しばしば個別事例研究をもとにしています。そのような制限をご了承いただいたうえで，構造的ライフレヴューの過程の恩恵を受けられる可能性があると考えられる他の語り手を提案したいと思います。

- 高齢者（特に孤独で，寂しく，また非常に高齢な方）
- ケアハウス，有料老人ホーム，高齢者専用賃貸住宅，また特別養護老人ホームや介護老人保険施設の入居者
- 危機からの回復途上にある人
- 戦闘区域から戻ったばかりの軍人
- その他の心理的ストレスを抱える退役軍人
- お互いに隠し立てのないカップル
- テロの被害者
- 暴力犯罪あるいは精神的な外傷を与えるような犯罪の被害者
- 回復途上にある薬物依存者

・親や親友を亡くした児童あるいはその他の人
・家族から引き離された児童
・非常に大きな変化（例：離婚，退職，引っ越し）を計画している人
・定年間近な人
・長期介護施設，緩和ケア，病院，保健所あるいは社会福祉センター，退職者専用住宅などにいる人
・悲嘆の中にある人

　実際のところ，たいていの人は，人生や環境の振り返り，それらの再評価，過去との折り合い付けによるセラピー的効果の恩恵を受けることができ，その結果「統合」を達成することができます。しかし，ライフレヴューに参加すべきではない人々も少数います。それは，過去を回想することをとにかく拒否する人や精神疾患の診断がある人です。このような人たちは，共感的聴き手が提供できる手助け以上の支援が必要なことでしょう。一緒に思い出への道をたどり始めず，むしろ，心療内科やその他の専門家へ紹介することが賢明です。

推薦図書

　ここでは，構造的ライフレヴューの過程に関する研究や臨床についての推薦図書を列記してあります。この手引書で紹介されている構造的ライフレヴューの過程は，研究と実践の両方を通じて，証例に基づいた過程として洗練されてきたものです。

　回想法やライフレヴューについては，興味深い出版物が数多くありますが，必ずしもこの構造的ライフレヴューの方法論に関するものではありません。他の著者はライフレヴューを同じように定義していないかもしれませんし，この手引書とは違う手順を紹介していたりするかもしれません。ですから，他の著者による書籍は，この手引書で紹介されている構造的ライフレヴューとは違う過程について書かれているものかもしれません。この手引書で紹介されている手法や証例は，構造的ライフレヴューの過程に基づいたものです。

参考文献

Haight, B., Dunn, P., Michel, Y., & Simon, T. (in process) *Life review as an intervention for depression in older adults.* Unpublished manuscript.

　抑うつ感を軽減する目的で200人の成人に対してライフレヴューを実施した結果を示した未刊行の論文。6か月の時点でグループ間に有意差が示された（$p=.02$）（$N=200$）。

Haight, B., Gibson, F., & Michel, Y. (2006) The Northern Ireland Life Review/Life Story Book Project for people with dementia. *Alzheimer's & Dementia: Journal of the Alzheimer's Association,* 2(1), 56-58.

　北アイルランドにおける試験的なプロジェクトに関する報告書で，介護施設居住の認知症高齢者に対するライフレヴューの効果を検証。ライフレヴュー施行グループで，すべての測定尺度が次の有意差を示す：コーネル抑うつスケール（Cornell Depression）（$p<.01$），コミュニケーション（$p<.005$），簡易認知症測定尺度（MMSE）（$p<.005$），肯定的気分状態（Positive Mood State）

(p<.05)（N=31）。

Haight, B., Bachman, D., Hendrix, S., Wagner, M., & Meeks, A. (2003) Life review: Treating the dyadic family unit with dementia. *Clinical Psychology & Psychotherapy*, 10(3), 165-174.

認知症高齢者と介護者双方にとってのライフレヴューの効果検証プロジェクトの研究報告。介護者：抑うつ尺度（Depression）（p<.01），負担感尺度（Burden）（p<.05）：認知症高齢者：気分尺度（Mood）（p<.04）（N=78）。

Dunn, P., Haight, B. K., & Hendrix, S. A. (2002) Power dynamics in the Interpersonal Life Review Dyad. *The Journal of Geriatric Psychiatry*, 35(1), 77-94.

治療における力関係とライフレヴューにおける力関係の比較を通して，力関係の活用上の課題を論述。

Haight, B. K., Barba, B. E., Tesh, A. S., & Courts, N. F. (2002) Thriving: A life span theory. *Journal of Gerontological Nursing*, 28(3), 14-22.

老年看護学の新しい理論について，ライフレヴューを応用例として提示。

Haight, B. K. (2001) Sharing life stories: Acts of intimacy. *Generations*, 25(2), 90-92.

親密性とライフレヴューの課題について論述。

Haight, B. K. (2001) Life reviews: Helping Alzheimer's patients reclaim a fading past. *Reflections on Nursing Leadership*, V, 20,-22.

アルツハイマーの患者さんを援助するひとつの方法として，ライフレヴューの口述史について提示。

Haight, B. K., Michel, Y., & Hendrix, S. (2000) The extended effects of the life review in nursing home residents. *International Journal of Aging & Human Development*, 50(2), 151-168.

ライフレヴューの肯定的な効果は，老人ホーム入居者に対して，少なくとも2年間は継続することを検証した研究論文。抑うつ尺度（Depression）（p<.05），失望感（Hopelessness）（p<.01），人生満足度尺度（Life Satisfaction）（p<.08）（N=100）。

Haight, B. K. (1999) An American in Vienna. *Reminiscence*, 18, 12-13.

イギリスのブラックヒースにある回想法センターについて，ウィーンで開

催された講演会において行った基調講演。

Haight, B. K., & Hendrix, S. (1998) Suicidal intent/life satisfaction: Comparing life stories. *Suicide and Life-Threatening Behavior,* 28(3), 272-284.
　満足感の高い女性の健常高齢者と自殺企図のある女性高齢者を比較した質的研究論文（N=12）。

Haight, B. K., Michel, Y., & Hendrix, S. (1998) Life review. Preventing despair in nursing home residents: Short and long-term effects. *International Journal of Aging and Human Development,* 47(2), 119-143.
　老人ホーム入居者に対する2か月と6か月間のライフレヴューの効果を検証した研究論文（N=250）。

Johnson, M., Ball, J., Haight, B., & Hendrix, S. (1998) A life history perspective on parenting. *Narrative Inquiry,* 8(1), 113-149.
　老年期における幼少期の親子関係が及ぼす影響について，30名の対象者のライフレヴューから検証した質的研究（N=30）。

Michel, Y., & Haight, B. K. (1996) Using the Solomon four research design to test the life review in a frail elderly population. *Nursing Research,* 45(6), 367-369.
　ライフレヴュー研究において，特別の研究デザインを活用して行った研究論文。

Haight, B. K. (1995) Suicide risk in frail elderly people relocated to nursing homes. *Geriatric Nursing,* 16(3), 104-107.
　老人ホームに転居した高齢者の自殺企図への危険因子に関する調査研究。

Burnside, I., & Haight, B. K. (1994) Reminiscence and life review: Therapeutic interventions for older people. *Nurse Practitioner,* 19(4), 1-7.
　回想法とライフレヴュー，それぞれの方法に関するプロトコルを示した論文。

Haight, B. K., & Burnside, I. (1993) Life review and reminiscing: Explaining the differences. *Archives of Psychiatric Nursing,* 7(2), 91-98.
　回想法とライフレヴューの介入の相違に関する論文。

Sumner, E., & Haight, B. K. (1993) Increasing student/older adult interactions by life review assignment. *American Journal of Pharmaceutical Edu-*

cation, 57, 117-121.
　　薬学の学生に対して行ったライフレヴューに関する講義録。
Black, G., & Haight, B. K. (1992) Integrality as a theoretical framework for the life review process. *Holistic Nursing Practice*, 7(1), 7-15.
　　マーサ・ロジャースの理論枠組みをライフレビュー過程に応用した論文。
Burnside, I., & Haight, B. K. (1992) Life review and reminiscing: A concept analysis. *Journal of Advanced Nursing*, 17(6), 855-862.
　　回想法とライフレヴューの概念の相違に関して考察した論文。
Haight, B. K. (1992) Long-term effects of a structured life review process. *Journal of Gerontology*, 47(5), 312-315.
　　閉じこもりがちな高齢者へのライフレヴュー施行を実施し，1年後の効果を検証。人生満足度尺度（Life Satisfaction）（$p<.002$）ウェルビーイングスケール（Well-being）（$p<.003$）（$N=52$）。
Haight, B. K., Burnside, I. (1992) Reminiscence and life review: Conducting the process. *Journal of Gerontological Nursing*, 18(2), 39-42.
　　回想法とライフレヴュー施行過程に関して比較考察。
Haight, B. K., & Dias, J. (1992) Examining key variables in selected reminiscing modalities. *International Journal of Psychogeriatrics*, 4(Suppl. 2), 279-290.
　　構造的ライフレヴューの特徴を検証する研究論文。結果として，個人への構造化された評価を含んだライフレヴュー過程（ISELRP）は他の回想を用いた介入と比較して最も効果的であった。抑うつ尺度（Depression）（$p<.01$），人生満足度（Life Satisfaction）（$p<.01$），自尊感情尺度（Self-esteem）（$p<.05$），ウェルビーイングスケール（Well-being）（$p<.01$）（$N=240$）。
Haight, B. K. (1991) Reminiscing: The state of the art as a basis for practice. *International Journal of Aging and Human Development*, 33(1), 1-32.
　　1960〜1990年代の回想法の先行文献検討に関する初めての総括的な論文。
Haight, B. K. (1989) Life review: A therapeutic modality for home health nurses. *South Carolina Nurse*, 4(1), 19-20.
　　在宅看護の専門職へのライフレヴューの活用に関する紹介論文。
Haight, B. K. (1989) Life review: Part I. A method for pastoral counseling.

The Journal of Religion and Aging, 5(3), 17-29.

　ライフレヴューを牧歌的カウンセリングで活用することに対して検討した論文。

Haight, B. K. (1989) Life review: Part II. Report of the effectiveness of a structured life review process. *The Journal of Religion and Aging,* 5(3), 31-41.

　初期ライフレヴュー研究プロジェクトに関する論述で、ライフレヴュー実験群において人生満足度尺度の次の効果が検証された。人生満足度尺度（Life Satisfaction）：$N=12$, $p<.005$；$N=60$, $p<.0001$。

Haight, B. K., & Olson, M. (1989) Teaching home health aides the use of life review. *Journal of Nursing Staff Development,* 5(1), 11-16.

　在宅準看護専門職へのライフレヴューに関する講義録。

Haight, B. K. (1988) The therapeutic role of the life review in homebound elderly subjects. *Journal of Gerontology,* 43(2), 40-44.

　在宅の高齢者へのライフレヴューに関する論文。ライフレヴュー実施群（$N=60$）では、ウェルビーイングスケール（Well-being）（$p<.0003$）、人生満足度尺度（Life Satisfaction）（$p<.0001$）において有意である一方で抑うつ尺度（Depression）では有意差は示されなかった。

Haight, B. K., & Bahr, R. T. (1984) The therapeutic role of the life review in the elderly. *Academic Psychology Bulletin, Michigan Psychological Association,* 6(3), 289-299.

　ライフレヴューの効果と LRF 応用後の人生満足度尺度の結果を報告。人生満足度尺度（Life Satisfaction）（$p<.005$）（$N=12$）。

書　籍

Haight, B. K., & Gibson, F. (Eds.) (2005) *Burnside's working with older adults: Group work processes and techniques.* Boston: Jones & Bartlett.

　多様な場における回想法とライフレヴューのグループプロセスに関して論述した著者の改訂版。

Webster, J. D., & Haight, B. K. (Eds.) (2002) *Critical advances in reminiscence work from theory to application.* New York: Springer.

回想法とライフレヴューの初めの著書について新しい考察や活用を加えた編著書。著名な本分野の執筆者の論述を編集。

Haight, B. K., & Webster, J. (Eds.) (1995) *The art and science of reminiscing: Theory, research, methods, and applications.* Washington, DC and London: Taylor & Francis.

ライフレヴューと回想法に関する著者たちの既論文を総括的に編集した書。

書籍の担当執筆章

Gibson, F., Haight, B., & Michel, Y. (2007) Evaluating long-stay settings: A study of a life review and life storybook project. In A. Innes & C. Murphy (Eds.), *Evaluation in dementia care* (pp. 124-143). London: Jessica Kingsley.

長期療養施設において認知症高齢者へのライフレヴューの活用やプロセスをスタッフや家族がどのように評価するかに関して検証した記述的論文。北アイルランドの研究プロジェクトに基づく。

Haight, B. (2007) The life review: Historical approach. In J. A. Kunz & L. G. Soltys (Eds.), *Valuing and enriching the lives of older adults* (pp. 93-118). New York: Springer.

回想法とライフレヴューの歴史的な考察を行った論文。

Haight, B. K., & Haight, B. S. (2007) Reminiscence. In J. Birren (Ed.), *Encyclopedia of Gerontology* (pp. 418-424). New York: Elsevier Press.

ライフレヴュー，自分史，単純回想を比較した論文。

Haight, B. K. (2005) Research in reminiscence and life review. In J. Fawcett (Ed.), *Annual review of research in nursing.* New York: Springer.

看護分野での新しい研究として紹介した論文。

Haight, B., & Webster, J. D. (2002) The end of the story. In J. D. Webster & B. K. Haight (Eds.), *Critical advances in reminiscence work: From theory to application* (pp. 314-319). New York: Springer.

回想法の分野における混乱を検証し，明確性を追求した論文。

Hendrix, S., & Haight, B. K. (2002) A continued review of reminiscence. In J. D. Webster & B. K. Haight (Eds.), *Critical advances in reminiscence work:*

From theory to application (pp. 3-29). New York: Springer.

　1995年から2000年に至るまでの回想法とライフレヴューに関する先行文献の総括的な検討を行った論文。

Haight, B.(1998) Use of the life review/life story books in families with Alzheimer's disease. In P. Schweitzer(Ed.), *Reminiscence in dementia care* (pp. 85-90). London: Age Exchange.

　ライフレヴュープロセスを通してのライフレストーリーブック作成を報告。

Haight, B. K.(1995) Using life review to prevent depression and suicide. *Getting started: The NMHA director of model program to prevent mental disorders and promote mental health.* Alexandria, VA: National Mental Health Association.

　ライフレヴュープログラムの精神衛生向上に関する論述。

Haight, B. K., Coleman, P., & Lord, K.(1995) The linchpins of a successful life review: Structure, evaluation, and individuality. In B. K. Haight & J. D. Webster (Eds.), *The art and science of reminiscing: Theory, research, methods, and applications* (pp. 179-192). Washington, DC: Taylor & Francis.

　ライフレヴューを実践するうえでの要点に関する研究論文。

Haight, B. K., & Hendrix, S.(1995) An integrated review of reminiscence. In B. K. Haight & J. D. Webster (Eds.), *The art and science of reminiscing: Theory, research, methods, and applications* (pp. 3-21). Washington, DC: Taylor & Francis.

　1990年から1993年にわたるライフレヴューと回想法の先行文献に関する総括的検証。

Haight, B. K.(1993) Reminiscence through the adult years. In R. Kastenbaum (Ed.), *Encyclopedia of adult development* (pp. 401-405). Phoenix, AZ: The Oryx Press.

　回想研究分野における総説。

Haight, B. K.(1992) The structured life review process: A community approach to the aging client. In G. Jones & B. Meisen (Eds.), *Caregiving in dementia: Research and applications* (pp. 272-292). London: Routledge.

在宅の認知症高齢者へのライフレヴューの実践に関して論述。

招待論文

Haight, B. K. (2000) Research in Japan: Cultural differences. *Dimensions*, 7(4), 4.
　日本におけるライフレヴューの応用。

Haight, B. K., Nomura, T., & Nomura, A. (2000) Life review as an Alzheimer's intervention: Results of an American-Japanese project. *Dimensions*, 7(4), 4-5, 8.
　日本におけるライフレヴュープロジェクトについて記述した論術。

Haight, B. K. (1997) Life review: Past, present, and future. *South Carolina Gerontology Center Newsletter*. Columbia: University of South Carolina.
　ライフレヴュープロジェクトとの最近の研究動向。

Haight, B. K. (1992) The therapeutic use of life review. *South Carolina Gerontology Center News letter* (pp. 3-4). Columbia: University of South Carolina.
　ライフレヴュープロジェクトの研究報告。

Haight, B. K. (1991) The role of life review in depression and bereavement. *Auctus, Fall/Winter*, 6, 44.
　喪失体験とライフレヴュー実践に関する研究報告。

Haight, B. K. (1988, August) *The life review as a counseling modality for use by nurses* (Report No. CG020653). Ann Arbor, MI: Counseling and Personnel Services. (ERIC Document Reproduction Service No. ED292046)
　カウンセリングのひとつとしてライフレヴューを活用することへの論述。

要　約

　以上の推薦図書は，構造的ライフレヴューの過程を現在あるような形にまで洗練していく行程を理解するのに役立つ資料です。これらの図書は，ほんの始まりにすぎず，より多くの研究者による継続した検証と，実践者による吟味が期待されます。介入法としてのライフレヴューは，まだ洗練過程の途上にあるといえます。

参考文献

Barrett-Lennard, G. T. (1998) *Carl Rogers' helping system.* London: Sage.

Bender, M., Baukman, P., & Norris, A. (1999) *The therapeutic purposes of reminiscence.* London: Sage.

Benner, P., & Wrubel, J. (1989) *The primacy of caring.* Reading, MA: Addison-Wesley. (=1999, 難波卓志訳『現象学的人間論と看護』医学書院。)

Brink, T. L., Yesavage, J. A., Lum, O., Hiersama, P., Adey, M. B., Rose, T. L. (1982) Screening tests for geriatric depression. *Clinical Gerontologist, 1,* 37-44.

Butler, R. (1963) The life review: An interpretation of reminiscence in the aged. *Psychiatry, 26,* 65-76.

Butler, R. N. (1974) Successful aging and the role of the Life Review. *Journal of the American Geriatrics Society, 22,* 529-535.

Dunn, P., Haight, B. K., & Hendrix, S. A. (2002) Power dynamics in the Interpersonal Life Review Dyad. *The Journal of Geriatric Psychiatry, 35*(1), 77-94.

Erikson, E. (1978) *Adulthood.* New York: Norton.

Erikson, E. (1950) *Childhood and society.* New York: Norton. (=1977, 仁科弥生訳『幼児期と社会（1）』みすず書房。)

Erikson, E. H. (1963) *Childhood and society* (2nd ed.). New York: Norton. (=1980, 仁科弥生訳『幼児期と社会（2）』みすず書房。)

Erikson, E., Erikson, J., & Kivnick, H. (1986) *Vital involvement in old age.* New York: Norton. (=1990, 朝長正徳・朝長梨枝子訳『老年期——生き生きしたかかわりあい』みすず書房。)

Falk, J. (1969) *The organization of remembering the life experience of older people: Its relation to anticipated stress, to subsequent adaptation and to age.* Unpublished doctoral dissertation, University of Chicago.

Folstein, M. F., Folstein, S., & McHugh, P. R. (1975) Mini-mental state: A practical method for grading the cognitive state of patients for the clinician. *Journal of Psychiatric Research, 12*(3), 189-198.

Gibson, F. (2004) *The past in the present*. Baltimore: Health Professions Press.

Gorney, J. (1968) *Experiencing and age: Patterns of reminiscence among the elderly*. Unpublished doctoral dissertation, University of Chicago.

Haight, B. K., & Dias, J. (1992) Examining key variables in selected reminiscing modalities. *International Journal of Psychogeriatrics, 4*(Suppl. 2), 279-290.

Haight, B. K., Michel, Y., & Hendrix, S. (1998) Life review. Preventing despair in nursing home residents: Short and long-term effects. *International Journal of Aging and Human Development, 47*(2), 119-143.

Ivy, A. E. (1971) *Microcounseling: Innovations in interview training*. Springfield, IL: Thomas.（＝1985，福原真知子，国分久子，檜木満生ほか訳『マイクロカウンセリング――"学ぶ‐使う‐教える"技法の統合：その理論と実際』川島書店。）

Rogers, C. (1980) *A way of being*. Boston: Houghton-Mifflin.

Rogers, C. R. (1961) *On becoming a person*. Boston: Houghton-Mifflin.（＝2005，諸富祥彦・末武康弘・保坂亨訳『ロジャーズが語る自己実現の道』岩崎学術出版社。）

Ross, E. K. (1972) *On death and dying*. New York: Macmillan.

Tolstoy, L. (1960) *The death of Ivan Ilych*. New York: New American Library.（＝1973，米川正夫訳『イワン・イリッチの死』岩波書店。）

Webster, J. D. (1993) Construction and validation of the reminiscence function scale. *Journal of Gerontology, 48*, 256-262.

付　録

付録A：ライフレヴュー過程のチェックリスト

- [ ] 語り手との第1回の訪問の前に：場所の適切さについて考えてみましょう（騒音，まぶしさ，照明，室温，プライバシー，向き合った椅子があるかどうか）。
- [ ] ライフレヴューを実際に始める前に：語り手のニーズについて考え，配慮しましょう（心地よさ，室温，視覚，聴覚，服薬，予定／日課との都合，グラスの水，その他その人特有の問題）。

■ 訪問初回：はじめに
- [ ] 準備（グラスの水，椅子，心地よさ，プライバシー，録音機）
- [ ] 同意（語り手によって同意書に署名してもらう）
- [ ] 音声の録音についての許可（語り手の肉声で録音機に許可する旨を録音してもらう，あるいは署名してもらう）と録音機の電源・録音開始
- [ ] 信頼関係を作り始める
- [ ] 個人的な問題についてたずねる
- [ ] 良き聴き手の技術を実践する
- [ ] 事前テストを行う
- [ ] その他の査定尺度を使用する
- [ ] 次回訪問の日時を話し合う
- [ ] 約束カード・名刺を渡す

■ 訪問第2回：幼児期
- [ ] 準備（グラスの水，椅子，心地よさ，プライバシー，録音機の電源を入れる）
- [ ] エリクソンの心理社会発達理論：「基本的信頼 対 不信」（乳児期）；「自律性 対 恥・疑惑」（幼児前期）
- [ ] ライフレヴューフォーム（LRF）の使用：児童期，家族，家庭
- [ ] よい聴き手の技術を実践する
- [ ] カウンセリング技術：受容
- [ ] 面接技術：注意深く気配りの行き届いた行動；反復；見方を捉え直す
- [ ] 今回の訪問の要約
- [ ] 次回訪問の日時を話し合う（約束カード・名刺を渡す）

■ 訪問第3回：青年前期
   □ 準備（グラスの水，椅子，心地よさ，プライバシー，録音機の電源を入れる）
   □ 前回のセッションの振り返り
   □ エリクソンの心理社会発達理論：「積極性 対 罪悪感」（幼児後期）；「勤勉性 対 劣等感」（児童期）
   □ ライフレヴューフォーム（LRF）の使用：青年前期，家族，家庭，深く探る質問，学校，感情
   □ カウンセリング技術：思いやり
   □ 面接技術：応答；感情の再考
   □ よい聴き手の技術を実践する
   □ 今回の訪問の要約
   □ 次回訪問の日時を話し合う（約束カード・名刺を渡す）

■ 訪問第4回：成人初期
   □ 準備（グラスの水，椅子，心地よさ，プライバシー，録音機の電源を入れる）
   □ 前回のセッションの振り返り
   □ エリクソンの心理社会発達理論：「同一性 対 役割拡散」（青年期）；「親密性 対 孤立」（成人初期）
   □ ライフレヴューフォーム（LRF）の使用：成年初期，質問を個々に合わせる，過去の決断を再考する
   □ カウンセリング技術：無条件の肯定的受容
   □ 面接技術：分かち合う行為；言い換え
   □ よい聴き手の技術を実践する
   □ 今回の訪問の要約
   □ 次回訪問の日時を話し合う（約束カード・名刺を渡す）

■ 訪問第5回：中年期
   □ 準備（グラスの水，椅子，心地よさ，プライバシー，録音機の電源を入れる）
   □ 前回のセッションの振り返り
   □ エリクソンの心理社会発達理論：「普遍性 対 停滞」（中年期）
   □ ライフレヴューフォーム（LRF）の使用：成人期，家族／仕事，交友関係，個人的な興味
   □ カウンセリング技術：共感

- ☐ 面接技術：自己開示；語りの後押し
- ☐ よい聴き手の技術を実践する
- ☐ 今回の訪問の要約
- ☐ 次回訪問の日時を話し合う（約束カード・名刺を渡す）

■ 訪問第6回：まとめと評価
- ☐ 準備（グラスの水，椅子，心地よさ，プライバシー，録音機の電源を入れる）
- ☐ 前回のセッションの振り返り
- ☐ エリクソンの心理社会発達理論：「受容 対 否定」（老年期）
- ☐ ライフレヴューフォーム（LRF）の使用：（自己）評価の開始，すべての質問を使用する，繰り返して質問する
- ☐ カウンセリング技術：調和
- ☐ 面接技術：まとめる
- ☐ よい聴き手の技術を実践する
- ☐ 今回の訪問の要約
- ☐ 次回訪問の日時を話し合う（約束カード・名刺を渡す）

■ 訪問第7回：統合
- ☐ 準備（グラスの水，椅子，心地よさ，プライバシー，録音機の電源を入れる）
- ☐ 前回のセッションの振り返り
- ☐ エリクソンの心理社会発達理論：「自我統合性 対 絶望」（老年期）
- ☐ ライフレヴューフォーム（LRF）の使用：まとめの質問のすべてを完了する
- ☐ カウンセリング技術：全容の振り返りとその他すべての技術を使用する
- ☐ 面接技術：統合する
- ☐ よい聴き手の技術を実践する
- ☐ ライフレヴューの全容を要約する
- ☐ 次回訪問の日時を話し合う（約束カード・名刺を渡す）

■ 訪問第8回：終結と成果
- ☐ 準備（グラスの水，椅子，心地よさ，プライバシー，録音機の電源を入れる）
- ☐ 終結を切り出す
- ☐ 専門家への紹介
- ☐ 約束していた（身体的・精神的）健康に関する資料を提供する

- ☐ すべての事後テストと尺度を完了する
- ☐ 語り手自身にライフレヴューの全過程を評価してもらう
- ☐ 連絡先
- ☐ 感謝の手紙やその他のカード

付録B：ライフレヴューフォーム（LRF）

　ライフレヴューの最も重要な目的は，語り手が乳児期から現在まで，人生のすべての段階について語る機会を保証することです。このライフレヴューフォーム（LRF）は，語り手が人生のすべての段階について振り返るためのガイドとなる質問で構成されています。太字で書かれた質問は，人生の各段階（エリクソンの心理社会発達段階）で特に重要な側面に焦点を当てる質問になっています。

　語り手とのはじめての面会の目的は，ライフレヴューの準備です。語り手にこのLRFのコピーを渡し，さまざまな質問があることを示すようにしてください。しかし，LRFを使った質問は訪問第2回までしないようにしてください。

　語り手との2度目の面会では，実際にライフレヴューを開始し，児童期について話を聴きます。まずは，LRFの最初の質問から始めることをお勧めします。それから，注意深く聴くことと応答することを意識しながら，語り手の語りに委ね，ついていきます。すべての質問を聞く必要はありません。ほとんどのものは，語り手が話し始め，思い出し，対話を続けるためのきっかけを作る聴き手を手助けするための質問です。各訪問の前に，いくつか今回の訪問中にたずねたいと思う質問に見当を付けておくようにしてください。

■ 訪問第2回：幼児期

- あなたの人生において1番最初に思い出すことができるものは何ですか？　できるだけ昔にさかのぼってみてください。
- あなたがとても小さかった時のことについて，他にどんなことを思い出すことができますか？
- あなたが子どもの時は，どのような生活でしたか？
- ご両親はどうでしたか？　弱い存在でしたか？　強い存在でしたか？
- 兄弟や姉妹はいましたか？　どのような人だったか，それぞれ教えてください。
- あなたの成長にともなって，親近者が亡くなったりしましたか？
- あなたの大切な人が去ってしまったことがありますか？
- **あなたは，子どもの時に守られていると感じましたか？**
- あなたは，事故や病気のことを覚えていますか？
- あなたは非常に危険な状況になったことを覚えていますか？
- あなたは，大人の役割を演じたりゲームで遊んだりしましたか？　あなたは，子

どもの頃はリーダー的でしたか，ついていく方でしたか？
- あなたはどのような大人でも恐れていましたか？
- 失くしたり，壊れたりしたものの中に，大切なものがありましたか？
- あなたは，子どもの頃に友人や遊び相手がいましたか？ 親友はどうでしたか？
- あなたにとって，教会はあなたの人生の道しるべでしたか？
- 自分のために，決心をする機会がありましたか？ 自分のために，独自でしたことは何ですか？

■ 訪問第2回&第3回：家族や家庭

　家族や家庭についての質問は，幼い頃の記憶の大部分を占めるものです。また，これらの質問は，語り手が子ども時代の人間関係に思いをめぐらすのを手助けしますので，語り手が幼少の頃や思春期を思い出し，評価する第2回と第3回の訪問で使用してください。
- あなたは，年上の子どもとしてどのような生活をしていましたか？
- あなたの家族について教えてください。
- ご両親はどのように仲良くしていましたか？
- あなたの家の他の人たちはどのように仲良くしていましたか？
- 家族の雰囲気はどうでしたか？
- 家族の食べ物と必需品は十分にありましたか？
- あなたは子どもの時に怒られましたか？ どのようなことで怒られましたか？ 誰があなたの家で主要なしつけをしましたか？ 誰が主でしたか？
- あなたは子どもの時に，愛され守られていると感じていましたか？
- あなたが子どもの時に始めた計画について，私に話してください。
- あなたがご両親（または保護者）に何かを望んだ時に，どのようにそれを得ようと思いましたか？
- あなたは若い頃，疑いや恥，罪悪感を感じたことがありますか？
- あなたのご両親はどういう人が最も好きでしたか。どういう人が最も好きではありませんでしたか？
- 家族の中で誰と最も親しかったですか？
- 家族の中で誰があなたに1番似ていましたか？ どんなふうに？
- 子どもの時に，どのような不愉快な経験がありましたか？
- 叔母，叔父，祖父母，いとこなど，あなたの親族について教えてください。

■ 訪問第3回：青年前期

　第3回の訪問中，聴き手は，語り手が学童期の前半の思い出について語り尽くしたことを確かめてから，児童期の後半と青年前期へと誘います。例えば「それについてはどう感じましたか？」とか「それはあなたにとってどんな意味がありましたか？」というように，「気持ちを問う質問」を挿入することで，肯定的な出来事や否定的な出来事の両方について，語り手自身に詳しく評価してもらうよう心掛けてください。何度も述べますが，これらのLRFの質問は，あくまでも奨励であって，すべての質問を使用しなければならないわけではありません。

- **成長している中で，うまく指導してもらったと感じていますか？**
- 10代の頃のあなた自身や生活について考える時，最初に何を思い出しますか？
- **10代の頃，自分自身について自信をもっていましたか？**
- 思春期の思い出で，他によく覚えていることはありますか？
- あなたにとって重要な人は誰でしたか？　その人たち（両親，兄弟，姉妹，友人，先生など）について教えてください。
- 特に親しかった人たちは誰ですか？　尊敬していた人は誰ですか？　最も「あの人のようになりたい」と思った人は誰ですか？
- **毎日一緒にいた仲間や特別なグループはありましたか？**
- 礼拝や青年団には参加しましたか？
- 学校には何年生まで行きましたか？　学校を楽しんでいましたか？
- **学校やグループに所属している感覚はありましたか？**
- 当時，働いたりしましたか？
- その頃に経験した苦しかったことについて何でも話してください。
- **運動会や学校の活動に参加しましたか？**
- 学校の活動を楽しんでいましたか？　それはなぜですか？
- 児童期や青年期の時に，ひとりぼっちだと感じたり，見捨てられたと感じたり，十分な愛情や世話を受けてないと感じていましたか？
- 青年期の楽しい思い出は何ですか？
- **学業はよくできましたか？　努力した方ですか？　それはなぜですか／なぜしなかったのですか？**
- すべてを考慮に入れて，10代のご自分は幸せだったと思いますか？　それとも不幸だったと思いますか？
- **はじめて他の人に惹かれた時のことは覚えていますか？**
- あなたの性的活動や性的なアイデンティティについて，どう感じていましたか？

■ 訪問第4回：成人初期

　訪問第4回は，「さて，大人になってからのあなたの人生について教えてください。まずは20代の頃から始めましょう。あなたにとって大人になってから最も重要な出来事とは何でしたか？」という質問から始めてください。良い聴き手として，成人初期の質問は必要に応じて使うようにしましょう。まずは傾聴し，応答することがあなたの義務であるということを忘れないようにしましょう。

・一人前の大人として，人生の中で当然するべきことはできましたか？
・20代，30代の頃のあなたにとって人生はどんなものでしたか？
・**責任感はある方でしたか？**
・どんな人でしたか？　楽しみは何でしたか？
・お仕事について聞かせてください。お仕事は楽しかったですか？　生活は苦しくなかったですか？　当時はお仕事に没頭していましたか？　職場では認められていましたか？
・**自分の決断に満足していましたか？**
・収入は十分ありましたか？
・誰か親密な関係の人はいましたか？
・ご結婚はされましたか？
　　□（はい）お相手はどんな方でしたか？
　　□（いいえ）なぜですか？
・年を経るごとに結婚は良くなるものですか，それとも悪くなるものですか？　ご結婚は1度だけですか？
・お子さんはいましたか？　お子さんについて聞かせていただけませんか？
・当時，何か重要な決断をされたことはありますか？
・全体的に見て，ご結婚はうまくいきましたか，それともあまりうまくいきませんでしたか？

■ 訪問第5回：中年期

　中年期について話を進めてもらううえで，語り手の進む方へついて行くことを心掛け，また，語り手が本当に興味のあることや人生の大きな決断について評価することを促すために，適切な質問のみをするように心掛けましょう。共感する，成果をほめる，失望した出来事を捉え直す，良き聴き手の技術の実践など，各章の面接技術やカウンセリング技術を使うようにしましょう。

・あなたのご結婚に足りないものは他に何がありますか？

付　録

- 生涯を通じて，心に浮かぶ1番重要な交友関係は誰との関係ですか？
- あなたのお子さんについてもう少し聞かせてください。親になって良かったなと思いますか？
- あなたは信心深い人だと思いますか？
- 友情やその他の人との交友関係について聞かせてください。
- 性的に親密な関係はあなたにとって重要でしたか？
- **趣味や興味のあるものは何でしたか？**
- 次の世代の役に立ったと思いますか？
- 大人になってから（成人期）した辛い経験は何でしたか？
    - ☐ 誰かあなたと親しい人は亡くなりましたか。離れていった人は？
    - ☐ 病気になったことはありますか。事故にあったことは？
    - ☐ よく引っ越しましたか。職業を変えたことは？
    - ☐ 孤独に感じたことはありますか。見捨てられたことは？
    - ☐ 満たされていないと感じたことはありますか？
- 他に何か話したいことを思い出しましたか？
- **次の世代の人たちに伝えたいあなたの経験や知恵は何ですか？**

■ 訪問第6回：まとめと評価

　これからの2週間，あなたは可能なかぎり，ライフレヴューフォーム（LRF）の「まとめと評価」内の質問のすべてをたずねなければなりません。第6回と第7回の訪問のための質問は，どちらの訪問で使ってもかまいません。これらの質問は，語り手が人生を全体的に捉え，評価するための質問です。評価することは，和解と受容へのカギであり，また受容は「統合」を達成するためのカギとなります。

- 押し並べて，どんな人生を歩まれたと思いますか？
- もし全く同じ人生を歩むとしても，もう1度人生をやり直したいと思いますか？
- もしもう1度人生をやり直すとしたら，何を変えますか？　それとも何も変えませんか？
- これまであなたの人生についていろいろ話していただきました。あなたが全体を通して感じること，これまでの人生についてどう思っていらっしゃるかお話しましょう。人生で主に満足したことは何ですか？　3つあげてください。その3つのことに満足を感じたのはなぜですか？
- すべての人は失望を経験します。あなたの人生で主立った失望とは何でしたか？
- あなたの人生で向き合った最も辛いこととは何でしたか？

- あなたの人生で最も幸福だった時期はいつ頃でしたか？　その時期が最も幸福だった理由は何ですか？　なぜ現在のあなたの人生はその時ほど幸せではないと思われますか？
- あなたの人生で最も不幸な時期はいつ頃でしたか？　現在のあなたはその時より幸福ですか？　それはなぜですか？
- あなたの人生で最も誇りに思う瞬間は何でしたか？

■ 訪問第7回：統合

　訪問第7回は，訪問第6回の続きです。評価と統合の過程のために，語り手に振り返りの時を2週間設けることは，訪問第6回と7回のすべての質問に答え，将来について考え始めるために十分な時間をもっていただくことになります。
- もし人生のある時期をずっと続けて過ごせるとしたら，何歳頃を選びますか？　それはなぜですか？
- どの程度満足のいく人生を歩んできたと思いますか？　願っていたよりも良かったですか，悪かったですか？
- **人生を願ったとおりに歩みましたか？**
- 現在のあなたについてちょっとだけお話しましょう。今のお年になられて最も良いこととは何ですか？
- 今のお年になられて最も嫌なこととは何ですか？
- 現在あなたにとって最も大切なものとは何ですか？
- お年を重ねていって，これから先どんなことを望まれますか？
- これから先何が起こるか不安ですか？
- **これまでの人生の選択や決断について満足していますか？**
- 将来を見つめた時，自分自身のために何を望みますか？
- このようにあなたの人生の振り返りをしてみていかがでしたか？
- 何かご意見やご提案はありますか？

■ 訪問第8回：終結と成果

　訪問第8回は，終結のための時間であり，語り手にとってのライフレヴューの成果を見極めるための時間です。訪問第7回でライフレヴューフォーム（LRF）の質問をすべてたずね終えました。ここでは第10章の第1節「訪問第8回：聴き手のガイドライン」を参照してください。

付　録

注：ライフレヴューフォーム（LRF）は，近年の研究結果と以下の未刊行の学位論文に由来します（訳注：原著刊行当時）。

Gorney, J. (1968) *Experiencing and age: Patterns of reminiscence among the elderly.* Unpublished doctoral dissertation, University of Chicago.

Falk, J. (1969) *The organization of remembering the life experience of older people: Its relation to anticipated stress, to subsequent adaptation and to age.* Unpublished doctoral dissertation, University of Chicago.

付録C：同意書（見本）

ライフレヴュー同意書

私（語り手）＿＿＿＿＿＿＿＿＿＿＿＿は，聴き手＿＿＿＿＿＿＿＿＿＿＿＿から口頭で次の項目について詳しい説明を受け，十分理解し納得できましたので，構造的ライフレヴューをするため，8週間にわたって訪問を受けることに同意します。

A：目　的

　このライフレヴューは，私の幼い頃から現在までの人生の段階を振り返るものです。

B：手　順

　私は，6〜8週間の期間，1回1時間の聴き手による訪問を受けます。聴き手は，私の人生に関する質問をします。私は，私の希望する話題についてのみ回想することが許されています。私の現在の状況を判断するために質問紙によるアンケートをする場合があります。ライフレヴューとは，回想の一種であり，全般的な健康状態をより良くする助けとなります。全過程は，幼い頃から家族，家庭，大人になってからのことにわたる質問によって進められます。最後には，私の人生を省みて自分なりの評価をします。ライフレヴューの中で聞かれる質問は見せてもらいました。私はそれらの質問を承認します。

C：不利益

　このライフレヴューをする中で，悲しい出来事を思い出したりして，一時的に気分が落ち込むなどの不快を感じる可能性が考えられます。一度同意した場合でも，たとえ訪問期間中であっても，中止したい時はいつでもその旨を表明して，中止することができます。

D：費　用

　このライフレヴューをするために，私が費用を負担することはありません。また，私が経済的利益を得ることはありません。

　　　　　　　　　　　　　　　　　　　　　　　　　　　年　　　月　　　日

（自署）

　語り手　氏名＿＿＿＿＿＿＿＿＿＿＿＿＿＿＿＿＿＿＿＿＿＿＿＿＿＿　印

　聴き手　氏名＿＿＿＿＿＿＿＿＿＿＿＿＿＿＿＿＿＿＿＿＿＿＿＿＿＿　印

（必要に応じて）

　立会人　氏名＿＿＿＿＿＿＿＿＿＿＿＿＿＿＿＿＿＿＿＿＿＿＿＿＿＿　印

付録D：身体機能チェック表

基本的活動
  摂食
  入浴
  着替え
  身仕度
  排泄
日常生活関連動作
  歩行
  自動車の運転
  買い物
  食事の支度
  家事
  金銭の管理
  電話の使用

　上記の活動や動作について，それぞれ1から3まで（1＝自分でできる，2＝援助が必要，3＝介護者に依存）の尺度で評価してください。あなた自身が活用するために，各活動や動作のとなりに追加のコメントをメモしてください。

付録E：語り手のベースライン評価

　この評価ツールは，最初と最後のセッションにおける聴き手から見た語り手の観察内容を記録するものです。観察は，描写的（質的）な観察と数値的（量的）な観察の両方で記録されるべきものです。それぞれのカテゴリーの度合いとして「1」から「10」までの数字を割り当てても良いでしょう。例えば，「10」が「最も高い／最もあてはまる」で，「1」が「最も低い／最もあてはまらない」などです。このようにして，訪問第1回から訪問第8回に至るまでの変化を測ることができます。

語り手のベースライン	訪問第1回	訪問第8回
身体的制限：		
精神的制限		
認知的：		
心理的：		
社会的制限		
他者との交流：		
家　族：		
友　人：		
社交的：		
引っ込み思案：		
容　姿		
きちんとしている：		
身仕度良く世話が行き届いている：		
適切な服装：		
栄養面		
料理できる：		
虚　弱：		
肥　満：		

気　分
　　幸福そうに見える：
　　悲しそうに見える：
考え方
　　悲観的：
　　楽観的：
金銭面：
　　十　分：
　　貧　窮：
支　援
　　食　料：
　　交通手段：
　　家　事：
　　庭仕事：
　　その他：

付録F：心理社会機能チェック表（気分尺度）

最近1週間で，あなたが感じたことに近い方の答えを選んでください。

1. あなたは，人生について基本的に満足していますか？　　　　　はい／**いいえ**
2. 日常生活に関連した活動や趣味などやめたことがたくさんありますか？
　　　　　　　　　　　　　　　　　　　　　　　　　　　　　　はい／いいえ
3. あなたは，人生が虚しいと感じていますか？　　　　　　　　　**はい**／いいえ
4. あなたは，退屈に感じることがよくありますか？　　　　　　　**はい**／いいえ
5. あなたは，たいていの場合上機嫌ですか？　　　　　　　　　　はい／**いいえ**
6. あなたは，何か悪いことが身の上に起こるのではないかと心配していますか？
　　　　　　　　　　　　　　　　　　　　　　　　　　　　　　はい／いいえ
7. あなたは，たいていの場合幸せに思いますか？　　　　　　　　はい／**いいえ**
8. あなたは，よるべないと感じることが多いですか？　　　　　　**はい**／いいえ
9. 外に出かけて新しいことをするよりも，むしろ家にいる方が好きですか？
　　　　　　　　　　　　　　　　　　　　　　　　　　　　　　はい／いいえ
10. あなたは，他の人よりも，記憶について困っていると感じていますか？
　　　　　　　　　　　　　　　　　　　　　　　　　　　　　　はい／いいえ
11. あなたは，今，生きていることがすばらしいと思いますか？　　はい／**いいえ**
12. あなたは，今の状態では，生きている意味が無いと感じていますか？
　　　　　　　　　　　　　　　　　　　　　　　　　　　　　　はい／いいえ
13. あなたは，元気いっぱいに感じていますか？　　　　　　　　　はい／**いいえ**
14. あなたは，今の状況が絶望的だと感じていますか？　　　　　　**はい**／いいえ
15. あなたは，たいていの人が自分よりもうまくいっていると思いますか？
　　　　　　　　　　　　　　　　　　　　　　　　　　　　　　はい／いいえ

太字の答えが気分の落ち込み（うつ症状）を示しています。それぞれの太字の答えに1点を配点してください。臨床的目安として，スコアが5点より大きい場合は，うつ症状の可能性があります。スコアが10点より大きい場合は，うつ病の可能性が高いことを示しています。

（出典）　Public Domain. http://www.stanford.edu~yesavage/GDS.hitml.

謝　辞

　　記憶に感謝して。　　　　　　　　　　　　　　　　　　ボブ・ホープ

　多くの研究の仲間たち，実践家，学生たちに心から感謝します。皆さまには20年間のさまざまなライフレヴュー・プロジェクトに関わっていただき，皆さん自身も見事な治療的聴き手でいらっしゃいました。初めに感謝したいのはシャーリー・ヘンドリクスで，彼女はプロジェクトのほとんどすべてを運営してくれました。そして，キャシー・ブランガードも私たちの調整役をしてくれました。フィル・ダンは，シャーリーとともに有能なマネージャーで，見事な聴き手であり，次にあげさせていただく多くの治療的聴き手にさまざまな技術を教えてくれました。エイミー・ハント・キング，カレン・ルカックス，フィリス・ラマシア，ケイ・スイガー，ゾラ・スルー・ドゥリガー，アリソン・ニックス，ジョレーヌ・ジョンソン，デブラ・ブラウン，マンディ・ショート，スーザン・ダンドレード，リンダ・ラフォーギア，サラ・ディーシュ，ゲイル・スコット，リビアン・フリードマンの皆さまに心から感謝します。

　今回の研究基金の以前から私と一緒に研究してくださったケリー・マリー，リン・マリーそしてまた，私の指導者であるシスター・ローズ・テレサ・バールに心から感謝します。

　加えて，私たちと研究を共にしてくれた同僚である統計学者のイボンヌ・マイケル，神経学者のダビット・バックマン，心理学者のマーク・ワグナー，免疫学者のマリオ・ラビア，薬学者のエド・サムナー，そして精神科医のチャールズ・ケルナーに感謝します。さらに，私たちの国際的な同僚であるジェフ・ウェブスター，フェイス・ギブソン，野村豊子に感謝します。

　最後に，ライフレヴューを十分に展開することに資金提供をしてくださった機関であるシグマ・テタ・タウ，米国退職者協会（AARP），国立精神保健研究所（NIMH），国立アルツハイマー協会，サウスカロライナ医科大学看護学部（MUSC）とサウスカロライナ大学（USC），サウスカロライナ高齢者委員会，保健福祉省，日本財団，疾病管理センターに感謝します。

監訳者あとがき

　1963年にロバート・バトラーにより高齢者のライフレヴュー・回想の意義が提示されて以降，さまざまな研究者・実践家が回想法やライフレヴューの方法・効果とともに理論の検証を重ねてきました。1970年代にバーバラ・ハイトによって提唱された構造的ライフレヴューは，本書の執筆に至るまでに，方法の確立，効果測定，各国での応用に関する検証を蓄積し，その成果は学術的にもきわめて高い評価を得ているものです。さらに著者は，国際回想法・ライフレヴュー協会の初代会長として，学際的・国際的な見地からロバート・バトラーとともにライフレヴューや回想の意義・方法の提示，諸分野における応用の可能性等に言及し，多大な貢献をされてきました。

　本書は，構造的ライフレヴューをわかりやすく示したハイト夫妻による書物の日本語訳です。バトラーの提示した高齢者のライフレヴューは，エリクソンによる自我発達段階の老年期の課題である"自我統合に向けて活用できる実践的方法"として把握されてきました。バトラーは，ライフレヴューの具体的な方法として，本書で述べられているハイトの構造的ライフレヴューおよび老年心理学の権威であるビレンのライフレヴューグループをあげています。

　ハイトは，一般的回想法とライフレヴューの相違を明確にし，両者の機能および方法を別個に検討する代表的な論者です。看護学の専門領域における回想法の研究・教育・臨床に基礎を置くとともに，諸学の領域を超えた協同や連携による回想法の理論と実践の統合的な展開においてバトラーに続くリーダーとして現在に至っています。エリクソンの自我発達段階説を反映させて，Life Review and Experience Form（LREF）を用いることの有用性を示唆しています。自分の人生がどのようなものであったかについて肯定的に受容することにより，人生は山あり谷ありと知る過程そのものが生きる力を生み出すと捉えられています。ライフレヴューの結果ではなく，その過程自体が回想行為者に与える意味をより重視しています。ライフレヴューの特徴として①構造的であること，②評価的であること，③個別的であることをあげています。ライフレヴ

ューの過程は，誕生から現在に至るまでの人生の各発達段階を十分に網羅する構造をもち，誕生から順に年代を追う必要はないのですが，回想行為者は，さまざまな体験や出来事が自分にとってどのような意味をもつのかを見直し，人生という絵を塗り替えていきます。質問の種類，内容のほか，時間設定の構造化が自分の人生における出来事の影響の評価に関わります。治療的聴き手は，そのときの思いや出来事のもつ意味の理解を促します。ライフレヴューは一対一の関係の中で起きるとしています。

　バーバラ・ハイトと筆者は20年来の友人であり，日本での共同研究も行ってきました。そのためこれ以後は，ハイトではなく，いつものとおりバーバラと呼ぶことにします。
　以下では，バーバラと共同で行った構造的ライフレヴューの一端を紹介します。Aさんはアルツハイマー認知症を発症し，6年が経過していました。Aさんとのライフレヴューの全体の構成は，第1回ふるさとの思い出，第2回小学校に入学後の思い出，第3回中学校時代から高校時代の思い出，第4回仕事の思い出，第5回人生を振り返っての評価，であり毎回の終わりに次回の予定をAさん夫妻と検討して決めました。週1回，ご自宅に訪問させていただく日程・曜日・時間をあらかじめ決め，ライフレヴュー同意書（付録C参照）を一緒に記しました。加えて各回ごとに日程の再調整をしました。各回ではアルバムを見ながら写真を示して行う場合，及び写真を用いずにライフレヴューを行う場合をAさんのご意向をもとに組み合わせました。
　ふるさとの思い出では故郷の土地の名と情景が細かく説明され，かけがえのない父母への想いが伝わってきました。小学校に入学後の思い出では，学校全体の様子，学級の様子を「貧しかったけれど，体の弱い子だったから父母が心配してくれていつも見守ってくれていた。クラスではやんちゃで好き勝手なことをしていたが，先生はそんな自分を面白い子だとかわいがってくれた」といきいきと語られ，ユーモアがあふれていました。「こんなこと久しぶりに思い出した」と，回想している自分を客観視もされていました。中学校時代から高校時代の思い出では，貧しい生活だったがみんなに大事にされ，伸び伸びと過ごし，この時期が人生の中で大きな意味をもつということを繰り返し認めておられました。続く仕事の思い出では，「自分にとっては思うようにならなかっ

たことが多かった時だ」とし，戦後の就職難の時に転々と仕事を移る中で結婚し，妻とともに歩んできたことを語られていました。最終回の人生をふり返っての評価では，全体を統合的に語ることはされず，第2回目から第3回目にかけて語られた「他の兄弟は学校に行くのが難しかったが，自分は体が弱かったので学校に行かせてもらった。学校ではやんちゃだった。先生から色々とかわいがられた」という話の繰り返しが多くみられました。ただ，もう1度写真を見ながら伺うと「今でも昔の故郷のあるK駅に行ってみたい」と，今後なさりたいことを付け加えておられました。

　ご自分の人生を語ることによりAさんはライフヒストリーを再度手に入れると言えるのではないでしょうか。語られる短い文章や語句は，それ自体が振り返りであって，人生そのものです。聴き手に伝わるその方のライフレヴューは，語ることそれ自体が人生であり，認知症の症状の進行過程と必ずしも重複するものではありません。認知症の軽症の段階で，その方の回想を含めた語りを伺い，核となる人生の体験やそれにまつわる価値観を理解することで，その後のケアの方向は大きく変わってきます。バーバラが明確に指摘するように，長い人生を歩まれた方のかけがえのないライフレヴューを伺うことの意義を理解し，同時に伺う側の倫理や深い配慮を重ねることが欠かせないことだと考えます。Aさん夫妻のライフレヴューを伺うバーバラの姿勢には文化を超えて，また，言語を超えて共有できる人生の智恵があふれているように思えました。

　人生は過去の体験や出来事が縦糸や横糸となって織り成される1枚の織物のようなものであり，無数の織り目には，楽しさや嬉しさと同時に，辛さや悲しみも込められています。その織物には1枚として同じ物はありません。これは高齢者に限らず，全ての人に等しく備わった力でもあります。バーバラは，ライフレヴューは過去に生きることではないことを伝えてくれています。過ぎ去った出来事や経験の中に，その人の力を見出し，それを現在に活かし，次の未来に解き放つ，それがライフレヴューの魅力であることをていねいに描いています。

　本書の翻訳にあたっては，長坂剛夫，青井夕貴，野村彩の3氏のご尽力をいただき，ハイト夫妻の意向が伝わるように努めました。しかしながら，全体の責任は監訳者にあります。本書はアメリカだけではなく，イギリス・カナダ・

オランダ等世界各国においても共感をもって迎えられています。日本においても文化・国・言語等の枠を超えて多くの方々に読み継がれ，ライフレヴューや回想の意義，またその方法がさらに深く理解されていくことをバーバラとともに願っております。終わりに，翻訳作業の歩みをともにしてくださったミネルヴァ書房編集部の日和由希氏に心から感謝申し上げます。

2016年6月吉日

訳者を代表して　野村豊子

索　引

あ 行

アイデンティティ　xviii, xix, 19, 127, 128, 220
アセスメント　8, 10, 62, 66-68, 72, 73, 77, 78
安心　209
安全な環境　23
言い換え　34, 40, 42, 87, 137, 138
意義　204, 205, 208
生きる喜び　209
意見　25
意思決定　62
椅子　71
　　──の配置　70
一対一
　　──介入　13
　　──の状況　22
　　──の方法　25
一致　48
癒やす　22
意欲　xviii
インタビュー技術　31, 32, 99, 112
インデックスカード　65
ウェルビーイング　74
うつ状態　74
うわさ　29
英知　xvi
エビデンス　xvi
エリクソン（エリック・エリクソン）　xvi, xviii, xx, 4, 7, 10, 79, 81, 101, 115, 181
　　──の統合の定義　xxii
　　──の発達段階　xvi, 7
　　──の発達モデル　ix
　　──のモデル　xv, xvi, xix, xxii, 3, 8, 11, 12
エリザベス・キューブラー＝ロス　xiv
エリック・エリクソン➡エリクソン
エレノア・ルーズベルト　141
応用　10
想い　36-38
　　──への対応　36, 37
思いやり　45, 46, 182, 189

重荷　12, 21
折り合い　38, 132, 133, 164, 171, 181-183, 185-187
　　──をつける　18
音声応答　91
音声増幅器➡ボイスエンハンサー
温度　70

か 行

解決　17, 22
外傷体験　12, 24, 83
回想　viii, xx, xxi, 11, 19, 22
　　──の形　11
　　──の聴き手　14
　　──のタイプ　xi, 3
　　──法　13
ガイド　5, 6
ガイドライン　4, 10, 58, 61, 79
介入　13
　　──後　201
　　──効果　13
　　──方法　xxi
　　──前　201
カウンセリング　44
　　──技術　11, 31, 71, 79, 90, 99, 110
　　──スキル　ix, 44
　　──の基本　x
顔の紅潮　37
学童期　xviii
学童時代　150, 157, 165, 171, 176, 186, 219
過去　38
　　──のぼやけた出来事　37
　　──のわだかまり　17
家族　21
　　──や友人達との関係　4
課題　10
語り方　58
語り手　4, 9, 11, 23
　　──との一致　48
　　──のアセスメント　71
　　──の気分　48

263

カタルシス xiv, 91, 208
活気 209
葛藤 xxi, 17, 21, 22
過程 3, 6, 9, 61
　——の構造化 6
悲しみ 17, 19
カバー 23
身体・認知機能のテスト 66
ガリレオ・ガリレイ 159
感音難聴 67
感覚神経的聴力損失 69, 75, 76
環境 67, 69-72
　——のアセスメント 61, 67, 71
関係 10
　——形成を促す力 22
　——性 22
看護師 xi, xii, xiii-xv
感情 36, 38, 47
　——移入 84
　——的側面 36
　——の質問 110, 113, 115
　——の反射 112, 114
　——の表出 37
関心 71
関節炎 77
記憶 7, 9, 11-13, 18, 21, 38, 69, 82
期間 11, 13, 114, 192
危機 xxi
聴き手の個性 41
技術 31
傷口 22
絆 61
機能的な能力 73
機能的な評価 73
気分のテスト 66
基本的信頼 xvii, 7, 81, 83
客観的な見方 25
教会 51
共感 45, 47, 48, 151-153, 182, 189
共感的 35
　——聴き手 37, 41, 42, 45, 121, 129, 132, 134-137, 144, 148, 151, 153, 155, 159, 163, 165, 171, 172, 174, 176, 177, 183, 186, 189, 190, 194, 195, 200-202, 205-207, 214, 217, 218, 220, 23-225, 227
競争 xviii

協和 48
居住の移動 50
拒否する権利 122
拒否的な語り手 56, 57, 155-157, 164
記録 77
勤勉性 xviii, 99, 101, 102
薬 74, 80
クライエント 22, 25
繰り返し 8, 21, 33, 42, 91-93, 168, 169, 176
グループ 13, 22
　——回想法 13
　——介入 13
　——ミーティング 25
苦しみに苛まれる語り手 57, 144, 159, 176, 177
車椅子 71
ケア付き老人ホーム 51, 65, 67, 72
ケアリング 99, 110-112
計画 xviii
傾向 72
傾聴 35
　——技術 79
　——スキル 80
ゲオルク・クリストフ・リヒテンベルク 179
決定力 22
言語聴覚士 75
後悔 10
公式的な療法 23
構造 7, 11, 12, 114, 115, 192
　——化 xv, xxii, 3, 5, 7, 11
　——化された過程 13
幸福感 209
高齢者センター 51
高齢者用抑うつ尺度 202
声の大きさ 37
声のトーン 35
ゴール xix, xxii, 4
心地よい時 19
心の平安 4, 38, 209
個室 70
個性的 58
孤独感 19
個別化 11, 13, 155, 192
個別的 114
コミュニケーション xi, 75
コメント 40
孤立 xix, xxi, 127-129

――化　xix
――感　xix
コンサルテーション　xiv, 75
困難な記憶　19

さ　行

罪悪感　xviii, 99, 101, 102
再形成　93, 94
再構成　xx
最終回の訪問　8
罪責感　58
再統合　xxi, 9, 17, 93
サウンディングボード→反響板
座席の配置　71
雑音　69, 70, 75, 76, 80
参加者　31
死　xix, 18
自我統合　182
――性　xix, 181
時間　13
――の流れ　12
時系列　5, 12
――的なシステム　xvi
刺激　7
自己　19, 20
――開示　40, 41, 62, 153, 154
――嫌疑　133
――受容　4, 108, 203, 204
――責任　xviii
――洞察　107
――認識　37
――の同一性　xviii
――反省　37
――評価　169, 174, 180
――理解　37
事後調査　200
事後評価　66
示唆　25
四肢の切断　77
自信　xviii
静かな部屋　70
施設への新規入居　50
視線　91
事前評価　66
自尊心　xvi-xviii, 127, 128

失敗　xviii
失望　xviii
質問　11
質問群　5-7, 12
質問紙　201
――検査　66, 73
児童　xviii
児童期　xviii, 81, 123-126, 128, 140, 160, 223
児童虐待　109
死に至るプロセスでの怒り　xiv
死の受容のプロセス　xiv
社会的スキル　129
社会的役割　127
弱視　77
周囲の雑音　67, 69
習慣　72, 77
終結　10
集中力　71
重度難聴　76
十分な時間　13
終末期　217, 218
終了のまとめ　10
主導権　42
守秘義務　26-29, 85, 225
守秘性　64, 68, 76
受容　22, 36, 45, 71, 90, 161, 163, 164, 169, 176, 177, 181, 182, 186, 187, 189, 203, 208
浄化　4
――作用　21
消極的な語り手　53, 96, 97, 193
賞賛　25
情緒　202
情動　37, 38
承認　42
照明　68, 69
奨励の言葉　42
初回の訪問　8, 10
書式　10
初心者　39
書面による同意　63
自律　81
――性　xvii, xviii, 81-83
自立心　xvii
視力　67, 68, 76, 77, 121
親近感　50
人生　21

――史　xxi, 89
――全体　10, 18, 23
――の重要な出来事　7
――の受容　xix, xxii
――の分岐点になるような出来事　viii
――の予期せぬ出来事　161
――満足感　xvi, 4
身体・機能・精神状態のアセスメント　61
身体機能　73
――評価　73
親密性　xix, xxii, 127-131
信頼　xvii, 81
――関係　10, 24, 26, 61
――性　201, 202
心理機能　74
心理社会機能　73, 74
心理社会的な発達モデル　xvi
心理社会的な問題　74
心理的課題　xvi
親類とのライフレヴュー　29
親和　47
スーパービジョン　6, 16, 25, 27, 58
スキル　31, 45, 47-49, 58
スケジュール　8, 9
成果　xviii, 10
――の評価　10
生活パターン　72
成熟　xix
精神・身体状態のアセスメント　62
成人期　127, 130, 134, 167, 223
精神機能　73, 202
成人初期　xix, 121, 123-125, 127, 130, 133, 136, 145, 160, 170
精神的苦痛　124
精神療法　93
成長　xviii
性的な欲求　xix
青年期　xviii, 127
セクシュアリティ　5
積極性　xviii, 99, 101, 102
積極的な治療的聴き手　6
セッションの計画　61
絶望　xvi, xix, xxi, 181, 182
セラピー効果　36, 37
セラピスト　24
全過程　8

全人生　12
戦争体験　20
戦争の影響　19
全体　12
――として振り返る　159
――の過程のチェックリスト　61
選択肢　xix
全般的な健康状態　202, 215
総括的評価　159
想起　xxi, 12, 18
相互作用　91
創造的な語り手　55, 57, 139

た　行

第一印象　61
対外的な語り手　54
体系的　11
体験　10, 18
対処機能　12
退職者ホーム　51
タイプ　62
タイミング　35
対話　38
他者との関係　xix
――の再形成　4
達成感　xviii, 10
妥当性　201, 202
楽しみ　19
タペストリー　44
探索　17
――的質問　107, 108
短縮版GDS　74
地域の年表　39
チェックリスト　10, 67, 80
力　22, 23
中年期　xix, 141, 142, 145, 149, 160
聴覚　77
――障害　76, 77
長期記憶　134
聴力　67, 75, 121
――損失　75, 76
調和　45, 48, 159, 169, 171, 172, 190, 204
直感的　32
治療者　22
治療的効果　66, 215

266

索引

治療的な介入　xvi
治療的な聴き手　3
次の約束　65
つながりの再構築　205, 206
停滞　xix, 142, 143
テープの所有主　28
適応障害→反応性うつ病
出来事　10, 38
　　——の回想　12
テストの結果　11
転換点　10
同意書　63
同一性　xviii, 127
道具　44
統合　xvi, xix, xxii, 3, 4, 9, 17, 18, 38, 44, 115, 159, 161, 169, 176, 179, 181, 186, 190, 192, 203, 227
　　——する力　43
洞察　17, 37
同情　47, 48, 151
統制　22, 24
糖尿病　77
読唇術　76
特定の語り手　x
特別養護老人ホーム　65, 67, 72, 73, 80
匿名性　28, 64
怒声　37
途中で止める権利　123
トピック　5, 62
トラウマ　83
捉え直し　182, 186, 187, 220

な　行

ナーシングホーム　73
内在化　19
内在的効果　139
仲間　xviii
ニーズ　72-74, 76, 99
日常生活　73
乳児期　xvii
認識　36
認知機能　73, 74
　　——検査　74
認知症　xv
ネグレクト　109

脳卒中　75, 77
能力　xviii

は　行

パーソナリティ　xx
パートナー　44
ハーブ・カーン　121
背景の雑音　69
白内障　68
恥　83
恥・疑惑　xvii, 81
場所　121
発想　10
発達段階　xx, 7, 8, 12, 13, 23, 79, 81, 84, 96, 101, 115
　　人生の——　xv-xvii, 3, 11
　　人間の8つの——　xv, xvi
　　人間の——　xv, 4
発達モデル　81
発話　75
　　——能力　75
バトラー　xxi, xxii
話すスピード　37
反響板（サウンディングボード）　xxi, 121, 153, 206, 214
反応　112-114
反応性うつ病（適応障害）　163
反復　182
悲嘆作業　147, 152, 218, 219
否定　163-165
秘密　26, 36
病院　71
評価　9-11, 15-17, 23, 38, 115, 159, 174, 175, 178, 182, 186, 190, 192, 196, 201, 202, 224
　　——質問　16
　　——する力　43
　　——セクション　179, 184
　　——的な質問　110
不安　85, 86
フィードバック　xxi, 25, 26, 69
フォーム　5, 6
不快な出来事　18
不幸せな記憶　18
不幸せな出来事　18
不信　xvii, 7, 81

267

——と恥　83
物理的注意　91
不適切感　xviii
普遍性　xix, 142, 145
普遍的　142-144, 146
プライバシー　51, 68, 76, 85, 119
振り返り　7, 9, 11, 23, 27, 159
プリテスト　10
プロセス　xxi, xxii, 9, 115
ベースライン　10
変化への対応　50
編集　9
返答　35, 36, 47
ボイスエンハンサー（音声増幅器）　76
防衛機制　156, 157
方法　13, 58
訪問　9, 10
　　——時　10, 13
　　——初回　62, 121
　　——セッション　x
　　——面接　13
補聴器　76
ボディランゲージ　112, 114

ま　行

まとめ　159, 178
　　——・（自己）評価セクション　165-167, 169, 173, 174
　　——・（自己）評価の段階　170
まとめる　42, 43
マルセル・プルースト　197
慢性疾患　77
慢性の病気　77
慢性閉塞性肺疾患　77
ミーティング　25, 26
未解決の課題　17, 125, 126, 140, 188, 217
未解決の葛藤　17
未解決の問題　185, 208
未完了の仕事　xix
短いフレーズ　42
未達成の段階　xvii
ミラーリング　114
無条件の肯定的受容　45, 46, 135, 136, 189, 207
難しい記憶　19
結び付き　4, 12

名刺　61, 65
メッセージ　40, 77
メモ　64, 67
面接　11
　　——技術　37, 40, 42, 45, 79, 90
　　——技法　93
メンター　xviii
モデル　10
物語の語り手　6, 7, 51, 52, 95, 139, 166, 193

や　行

約束カード　61, 78, 98, 119
役割拡散　xviii, 126
役割の混乱　xviii
勇気づけ　25
融通性　8, 9
ゆとり　26
よい聴き手としてのあり方や方法　10
幼児期　xvii, xviii, 81, 82, 134
幼児後期　xviii
幼児前期　xvii
要約　172, 173, 184
抑うつ　74
　　——感　xvi, 4, 50
抑制された出来事　37
4つの特別な性質　114
予定　72

ら　行

ライフイベント　38, 161
ライフステージ　38
ライフストーリー　xxi, 29, 42, 43, 56, 130, 138, 141
　　——ブック　224-226
ライフレヴュー
　　——過程　vi, xxi, 3, 10-13, 19
　　——過程の構造　7
　　——記録用紙　ix, 84, 130-132, 144, 158, 165-169, 173, 174, 179, 180, 184, 186, 187, 190, 193, 202
　　——のゴール　3
　　——の実践方法　x
　　——の質問　19
　　——の約束　24

ライフレヴューフォーム（LRF） ix, xv, xx, xxii, 3-12, 23, 31, 45, 62, 63, 84
ライフレヴュープロセス xx, xxii
ライフレヴュー訪問面接 4
ラウンジチェア 71
楽観的な気持ち 209
リアクション 35, 47
理解力 71
臨機応変 12, 13, 138
倫理 xviii
歴史的出来事 39
劣等感 xviii, 99, 101, 102
老人ホーム 51, 71
老年期 xix, 161, 181
録音 16, 25, 27, 28, 63, 100
　──機 64, 65, 80
録音する許可 63, 64
ロバート・バトラー xiv, xx

わ 行

分かち合い 38-40, 136, 153, 172
　──の行動 39
話題 69
笑い 19

欧 文

Dunn, Haight 24
Falk, J. xv, 5
Gorney, J. xv, 5
Hendrix 24
Ivy, A. E. 32
LRF →ライフレヴューフォーム
　──の質問群 6, 7
MMSE 74, 222
Rogers, C. R. 31
Webster, J.D. 57

〈著者紹介〉

バーバラ・K・ハイト（Barbara K. Haight）

　　保健学博士，サウスカロライナ医科大学の看護学部名誉教授。現在は退職。ハイト博士は，25年間にわたり構造的ライフレヴューの8つの研究プロジェクトを遂行してきた。またライフレヴューを実践する学生や専門家のスーパービジョンを行ってきた。彼女は国際ライフレヴュー協会の初代会長であり，アメリカ，イギリス，日本，北アイルランドにおいて実際にライフレヴューを実践してきた。また，彼女は，回想法とライフレヴューに関する2冊の著書の共同編者であり，グループ・プロセスに加え，ライフレヴューや老年学の分野で広範に刊行されている。

　　ハイト博士は，アメリカ老年学協会の名誉会員であり，回想法に関する研究者グループを指導してきた。また，彼女はアメリカ看護学協会とフローレンス・ナイチンゲール協会の会員である。

バレット・S・ハイト（Barrett S. Haight）

　　法務博士，世界各国で多様な役職に23年間勤務し，アメリカ軍大佐退職。その後，チャールストン市開発公団土地計画局長を17年間歴任。上記の勤務期間にビジネスと憲法学の学部で講義を行い，サウスカロライナ医科大学において，健康保険法の大学院で教鞭をとる。ハイト大佐は，ディキンソン法学レヴューとアメリカ陸軍指揮幕僚大学の刊行物の著者でもある。

　　さらにチャールストン市開発公団のニュースレターであるフォーカスの編者である。公団退職後，老年学事典の回想法の項目を共同著者として執筆し，多くの健康保険に関する雑誌の編者として活躍した。

＊現在（訳注：原著刊行当時）著者たちは，戦時下から戻った兵士の回復に構造的ライフレヴューを応用することに関心をもっている。

〈訳者紹介〉（担当章順）

野村豊子（のむら・とよこ）日本語版への序文～背景・第1章・付録
　　監訳者紹介参照。

野村　彩（のむら・あや）第2章
　　人間文化研究機構国立歴史民俗博物館プロジェクト研究員。

青井夕貴（あおい・ゆうき）第3章～第6章
　　仁愛大学人間生活学部子ども教育学科准教授。

長坂剛夫（ながさか・たけお）第7章～第11章
　　国際回想法・ライフレビュー協会理事。

〈監訳者紹介〉

野村豊子（のむら・とよこ）
1947年　生まれ。
1984年　トロント大学社会福祉大学院修了（Master of Social Work）。
現　在　日本福祉大学社会福祉学部教授。
主　著　『回想法とライフレヴュー』（単著）中央法規出版，1998年。
　　　　『高齢者の「生きる場」を求めて』（編著）ゆまに書房，2006年。
　　　　『高齢者とのコミュニケーション』（単著）中央法規出版，2014年。
　　　　『ソーシャルワーク・スーパービジョン論』（共著）中央法規出版，2015年。

MINERVA 福祉ブックス①
ライフレヴュー入門
——治療的な聴き手となるために——

2016年7月10日　初版第1刷発行　　　〈検印省略〉

定価はカバーに
表示しています

監訳者　野　村　豊　子
発行者　杉　田　啓　三
印刷者　中　村　勝　弘

発行所　株式会社　ミネルヴァ書房
607-8494 京都市山科区日ノ岡堤谷町1
電話代表　（075）581-5191
振替口座　01020-0-8076

© 野村豊子ほか，2016　　　中村印刷・藤沢製本

ISBN978-4-623-06797-8
Printed in Japan

コミュニケーション技術
　　　　　　　野村豊子編　B5判　184頁　本体2400円

人間関係とコミュニケーション
　　　　　　　野村豊子編　B5判　162頁　本体2400円

臨床ナラティヴアプローチ
　　　　　　　森岡正芳編著　A5判　300頁　本体3000円

エピソードでつかむ老年心理学
　　　　　大川一郎・土田宣明・ほか編著　A5判　296頁　本体2600円

――――――― ミネルヴァ書房 ―――――――
http://www.minervashobo.co.jp/